农地流转市场建设与制度安排研究
——以河南省数据为例

NONGDI LIUZHUAN SHICHANG JIANSHE
YU ZHIDU ANPAI YANJIU
Yi Henansheng Shuju WeiLi

杨伯坚◎著

西南财经大学出版社

图书在版编目(CIP)数据

农地流转市场建设与制度安排研究:以河南省数据为例/杨伯坚
著.—成都:西南财经大学出版社,2012.8
ISBN 978 – 7 – 5504 – 0816 – 6

I.①农… Ⅱ.①杨… Ⅲ.①农村—土地流转—市场建设—研究—中
国②农村—土地流转—制度建设—研究 中国 Ⅳ.①F321.1

中国版本图书馆 CIP 数据核字(2012)第 196013 号

农地流转市场建设与制度安排研究
——以河南省数据为例

杨伯坚 著

责任编辑:孙 婧
助理编辑:涂洪波
封面设计:墨创文化
责任印制:封俊川

出版发行	西南财经大学出版社(四川省成都市光华村街55号)
网 址	http://www.bookcj.com
电子邮件	bookcj@ foxmail.com
邮政编码	610074
电 话	028 – 87353785 87352368
照 排	四川胜翔数码印务设计有限公司
印 刷	郫县犀浦印刷厂
成品尺寸	148mm ×210mm
印 张	9.25
字 数	225 千字
版 次	2012 年 8 月第 1 版
印 次	2012 年 8 月第 1 次印刷
书 号	ISBN 978 – 7 – 5504 – 0816 – 6
定 价	29.80 元

序

    2011 年 10 月 8 日，随着《国务院关于支持河南省加快建设中原经济区的指导意见》的下发，建设中原经济区的活动已全面展开。建设中原经济区，重点是实现新型城镇化、新型工业化和新型农业现代化（以下简称"三化"）协调发展，实现不以牺牲农业和粮食、生态和环境为代价的工业化、城镇化、农业现代化协调发展。河南省九次党代会提出了"三化"协调发展，新型城镇化是引领，新型工业化是主导，新型农业现代化是基础。从河南省的实际来看，农村人口多、农业比重大、保粮任务重，"三农"问题突出是制约"三化"协调的最大症结，人多地少是制约"三化"发展的最现实问题。其中，人多地少既有人口数量多的绝对性，又有土地利用程度不够的相对性问题。如何提高土地利用程度，做好城镇化过程中人口从农村的流出问题，都需要建立完善的河南省农地流转市场的制度安排。

    河南位于北纬 31°23′～36°22′，东经 110°21′～116°39′之间，东接安徽、山东，北临河北、山西，西连陕西，南临湖北，呈望北向南、承东启西之势。河南地理位置优越，古时即为驿道、漕运必经之地，商贾云集之所。今天，河南地处沿海开放地区与中西部地区的结合部，是我国经济由东向西梯次推进发展的中间地带。国家促进中部地区崛起的战略部署，更加凸显了河南独特的区位优势。全省总面积 16.7 万平方千米，居全国各省区市第 17 位，占全国总面积的 1.73%。地势西高东低，北、西、南三面由太行山、伏牛山、桐柏山、大别山沿省界呈半环形分布；中、东部为黄淮海冲积平原；西南部为南阳盆地。平原和盆地、山地、丘陵分别占总面积的 55.7%、26.6%、17.7%。灵宝市境内的老鸦岔为全省最高峰，海拔 2413.8 米；海拔最低处在固始县淮河出省处，仅 23.2 米。河南省辖郑州、开封、洛阳、平顶山、安阳、鹤壁、新乡、焦作、濮阳、许昌、漯河、三门峡、南阳、商丘、信阳、周口、驻马店 17 个省辖市，济源市 1 个省直管市，20 个县级市，88 个县，50 个市辖区，1892 个乡镇。2007 年，全省耕地面积 8 万平方千米，人均耕地 0.0008 平方千米。

2008 年，全省实现生产总值 18 407.78 亿元，年均递增 8.5%。其中工业增加值为 9546.08 亿元，年均递增 13.9%。社会消费品零售总额为 5662.55 亿元，第三产业增加值为 5271.06 亿元，年均增长 10.9%。第一产业增加值为 2658.80 亿元，年均递增 4.8%，其中 1979—2008 年均递增 6.0%。特别是"十五"以来，河南认真贯彻执行中央各项支农惠农政策，全面取消农业税，不断加大支持"三农"力度，农业生产活力得到进一步激发。2004—2008 年全省粮食产量连续 5 年大丰收，连续 3 年超越 5000 万吨台阶，2008 年达到 5365 万吨的历史最高水平，是 1949 年的 7.52 倍、1978 年的 2.56 倍。粮食总产量占全国的 1/10，小麦产量占全国的 1/4，连续 8 年位居全国第一，为国家的粮食安全做出了重大贡献。与此同时，全省油料产量 505 万吨，居全国第 1 位，是 1949 年的 20.8 倍；棉花产量 66 万吨，居全国第 3 位，是 1949 年的 10.5 倍；肉类总产量 542.90 万吨，居全国第 3 位，是 1978 年的 11.9 倍。

前　言

　　自20世纪80年代以来，我国在农村开始实施农村家庭土地承包责任制，我国农地使用权流转市场得以产生、发育和发展。随着经济社会的发展和国家土地政策的调整，农村土地问题越来越突出，大量农民外出务工以及"农转非"的出现，一方面使得耕地面积收到严重制约，另一方面又出现农地闲置的现象。为解决这一问题，同时也作为解决"三农"问题的一个重要手段，农村土地流转在全国各地得以推广和发展，农村土地流转使土地实现了部分资本化，为农村经济发展带来新的活力。为发育农地使用权市场，推动农地流转，优化农地资源配置，各级政府相继出台了许多法规和政策。然而，这些政策的实施并没有达到政策的预期效果，大量的农地流转并没有随之到来，直到20世纪90年代中期以前，我国农地流转率一直偏低。20世纪90年代末直至近几年，随着国民经济的快速发展，农地流转有进一步加快的趋势，但是与其他发展中国家相比，我国农地流转率仍然偏低，远不能适应我国经济飞速发展的需要，而且农户超小规模经营没有得到根本改变，局部地区的农地撂荒现象依旧存在。因此，如何发育农地市场，加快农地流转，减少农地撂荒，促进农地规模经营，提高农地使用效率，提升我国农业国际竞争力，是当前我国农业面临的重大课题。研究如何发育农地市场、加快农地流转不仅具有理论意义，而且具有重要的实践指导作用。

本书回顾了我国农村土地制度变迁，并结合农地流转的相关理论，分析了我国农地流转的现状及存在的问题，在借鉴国内外先进经验和成功案例的基础上，以河南省的具体情况和数据为例，提出了相应的对策和建议，为我国农地流转的发展和进步建言献策。

由于笔者学识有限，对于书中出现的错误和不足之处，恳请各位读者批评指正。

作　者

2012 年 6 月

目　录

第1章 基本研究框架

第一节 研究背景

  土地是农民最重要、最基本的生产要素。如何解决土地规模经营与分散的家庭土地使用制度之间的矛盾，是农村改革与发展中亟待解决的重大问题。党的十七大报告中明确提出健全市场，促进承包经营权的流转："坚持农村基本经营制度，稳定和完善土地承包关系，按照依法自愿有偿原则，健全土地承包经营权流转市场，有条件的地方可以发展多种形式的适度规模经营。"《中共中央、国务院关于2009年促进农业稳定发展农民持续增收的若干意见》，明确要求建立健全农村土地流转市场，规定土地承包经营权流转，不得改变土地集体所有性质，不得改变土地用途，不得损害农民土地承包权益。坚持依法自愿有偿原则，尊重农民的土地流转主体地位，任何组织和个人不得强迫流转，也不能妨碍自主流转。按照完善管理、加强服务的要求，规范土地承包经营权流转。鼓励有条件的地方发展流转服务组织，为流转双方提供信息沟通、法规咨询、价格评估、合同签订、纠纷调处等服务。强化对土地承包经营权的物权保护，做好集体土地所有权确权登记颁证工作，将权属落实到法定行使所有权的集体组织；稳步开展土地承包经营权登记试点，把承包地块的面积、空间位置和权属证书落实到农户，严禁借机调整土地承包关系，坚决禁止和纠正违法收回农民承包土地的行为。加快落实草原承包经营制度。

近几年来，河南省各地在建设农村土地流转市场方面进行了一些有益的尝试，也取得了一定的成效，但总体来说，流转规模不大，进展减缓，效益不高，与现阶段农村生产力发展水平不相适应。如何正确理解和把握党和国家的土地承包法律、政策，加快农村土地流转市场建设，引导和保护农民土地承包经营权流转的积极性，顺应形势，因地制宜，因势利导，加快推进农村土地承包经营权流转是当前河南省农村经济发展中急需研究和解决的重要问题。

本研究在充分尊重农民认知意愿及调查农地制度变迁中的农户行为响应的基础上，从法学和经济学等不同视角系统诊断农民土地权益受到侵害的形成机理；在农地集体所有不变的框架下，提出现阶段保护农民土地权益的具体对策；以系统的、动态的、发展的眼光来研究农地产权制度创新的战略思路，以及未来可能的发展方向。通过本书的研究，力图达到以下目的：一是调查分析河南省农地流转市场建设的现状；二是深入剖析河南省农地流转市场存在的问题及原因；三是研究影响农地流转市场建设的因素及它们之间的互动关系；四是提出河南省农地流转市场建设以及制度安排的建议，为政府的农地政策提供决策参考，也为我国农村改革与发展提供新思路。

探索河南省农地流转市场建设与制度安排，不仅可以对河南省农地政策的决策提供参考，还可以为我国农村改革与发展提供新思路。本书将国外农地及农地流转的理论与实践，结合河南省的省情，进行比较和借鉴，引入、消化和应用，无疑也会发展和丰富我国的农地理论。

第二节　问题的提出

土地是农民赖以生存的最基本的生活保障来源，也是农村经济发展的最基本的条件。在中国农村土地实行家庭联产承包责任制之后，农民生产积极性空前高涨，农业生产取得了较快的发展，政策和体系不断完善，对农业增长、农村发展、农民增收起到了重要作用。但作为一项制度创新，土地承包经营责任制模式不可能一劳永逸地解决农业增长中的全部问题。从20世纪90年代开始，随着农村大量剩余劳力向城市转移，农村土地的这种单家独户的经营模式，已逐步显现出许多弊端，产生了土地产权主体不清、使用权不稳、收益权受限、流转困难、配置效率低下等一系列问题。例如：土地复种指数下降、抛荒现象严重；对市场变化反应迟缓，农产品与市场的适应度不高；农业生产新技术、农业机械化的推广运用受到很大制约等。分田到户，一家一户的耕作是一种原始的小农经济发展方式。如果要发展工商业，或者实现大规模的农业机械化，发展规模效益，客观上要求农村土地要逐步的适度集中，实行规模经营，才能进一步促进农村经济的快速发展。农村土地作为一项资产并没有产生应有的资产化收益，被视为农民重要财产权的土地承包经营权也没有为农民带来应有的财产性收入，土地规模效益难以发挥，农民无法从土地上获取最大化收益，严重影响了"三农"问题的解决和新农村建设工作的推进，农村土地制度模式创新的呼声越来越高。党的十七届三中全会出台了《中共中央关于推进农村改革发展若干重大问题的决定》，允许农民按照依法自愿有偿的原则，以转包、出租、互换、转让、股份合作等形式流转土地承包经营权，发展多种形式的适度规模经营，为农村经济快速发展指明了一条光明大道。本书从分析河南省虽多年提倡农地流转，但农地流转市场建设不完善的原因入手，分析农户不愿意进行土地流转、社区集体大多不赞成土地流转、政府下不了大的决心支持土地流转的原因，并在分析原因的基础上，借鉴国内外农地流转的经验，提出如何从河南省省情和农村实际出发，适应农业发展需要，分析农村土地制度存在的问题，利用现有条件，抓住创新机遇，通过农村土地制度模式的创新，推动农村土地向资产化方向发展，发挥其资产性效益，加快河南省农村土地流转市场建设。

第三节　土地流转与土地使用权的内涵

一、土地流转

土地流转顾名思义是指土地的转让和流通。科斯在《社会成本问题的注释》一文中指出，权力的界定是市场交易的基本前提。也就是说，土地流转的基本前提是土地的所有权及各项权力的明确，否则将无法进行流转。土地所有权是土地各项权力中最重要的一项，它包括对土地占有、使用、收益和处分。国外的土地流转大致可以分为两类：一类是土地私有化，所有权可以流转，如美国；另一类是土地国有，使用者长期拥有使用权并可以转让，如英国。而我国有着不同于其他国家的土地制度，在土地的所有权和经营权（使用权）之间存在着一个承包权，这是世界上其他国家土地制度中都不具有的特征。我国农村土地所有权归集体所有，农民只拥有土地的承包权和使用权。因此，我国土地流转的概念有别于其他国家，有着特定的内涵和特征。

在我国，土地流转指的是土地使用权流转。土地使用权流转是指拥有土地承包经营权的农户将土地经营权（使用权）转让给其他农户或经济组织，即保留承包权，转让使用权。农村集体土地使用权流转机制的思路框架是：将按照"土地确权、两权（所有权和使用权）分离、价值显化、市场运作、利益共享"的方针，依据土地有偿使用原则，对农业用地和建设用地使用权实行有偿有期限流转制度。农业用地在土地承包期限内，可以通过转包、转让、入股、合作、租赁、互换等方式出让承包权，鼓励农民将承包的土地向专业大户、合作农场和农业园区流转，发展农业规模经营。集体建设用地可以通过土地使用权的合作、入股、联营、转换等方式进行流转，鼓励集体建设用地向城镇和工业园区集中。其要点是：在不改变家庭承包经营基本制度的基础上，把股份制引入土地制度建设，建立以土地为主要内容的农村股份合作制，把农民承包的土地从实物形态变为价值形态，让一部分农民获得股权后安心从事第二产业和第三产业；让另一部分农民可以扩大土地经营规模，实现市郊农业由传统型转变为现代型。

二、土地使用权

土地使用权是指单位或者个人依法或依约定，对国有土地或集体土地所享有的占有、使用、收益和有限处分的权利。在中国，土地使用权的主体是广泛的。国家机关、企事业单位、农民集体和公民个人以及三资企业，凡具备法定条件者，依照法定程序都可以取得土地使用权，成为土地使用权的主体。

（一）国有土地使用权

国有土地使用权是指国有土地的使用人依法利用土地并取得收益的权利。国有土地使用权的取得方式有划拨、出让、出租、入股等。有偿取得的国有土地使用权可以依法转让、出租、抵押和继承。划拨土地使用权在补办出让手续、补缴或抵交土地使用权出让金之后，才可以转让、出租、抵押。

（二）农民集体土地使用权

农民集体土地使用权是指农民集体土地的使用人依法利用土地并取得收益的权利。农民集体土地使用权可以分为农用土地使用权、宅基地使用权和建设用地使用权。①农用地使用权是指农村集体经济组织的成员或者农村集体经济组织以外的单位和个人从事种植业、林业、畜牧业、渔业生产的土地使用权。②宅基地使用权是指农村村民住宅用地的使用权。③建设用地使用权是指农村集体经济组织兴办乡（镇）企业和乡（镇）村公共设施、公益事业建设用地的使用权。按照《中华人民共和国土地管理法》的规定，农用土地使用权通过发包方与承包方订立承包合同取得；宅基地使用权和建设用地使用权通过土地使用者申请，县级以上人民政府依法批准取得。

（三）土地使用权出让

土地使用权出让是指国家以土地所有人的身份将土地使用权在一定期限内让与土地使用者，由土地使用者向国家支付土地使用权出让金的行为。土地使用权出让有拍卖、招标和协议三种方式。

（四）土地使用权转让

土地使用权转让是指通过出让方式取得国有土地使用权的单位和个人，将土地使用权再转移的行为，如出售、交换、赠与等。土地使用权的出让构成土地使用权流转的一级市场，土地使用权的转让构成土地使用权流转的二级市场。集体土地使用权的转让，目前情况比较复杂，在法律中并无系统的规定，各地的做法也不一致。从原则上讲，农民集体所有的土地使用权不得出让、转让或者出租用于非农建设。因此，集体土地使用权的转让，目前一般是指不改变农用地性质的承包和转包。

通过土地划拨及建设用地程序取得的使用权是无限期的，通过土地使用权出让取得使用权的，按照土地的用途不同，使用权的年限也不同。

（五）土地使用权出租

土地使用权出租是指土地使用者作为出租人将土地使用权随同地上建筑物、其他附着物租赁给承租人使用，由承租人向出租人支付租金的行为。未按土地使用权出让合同规定的期限和条件投资开发、利用土地的，土地使用权不得出租。

（六）土地使用权买卖

土地使用权买卖是指土地使用权人以获取价款为目的将自己的土地使用权转移给其他公民或法人，后者获得土地使用权并支付价款的行为。

（七）土地使用权交换

土地使用权交换是相邻的集体所有制单位，为了改变土地利用的缺点、机械化作业条件和水利灌溉条件，进行局部土地界线的调整与交换部分土地的行为。土地使用权的交换必须在自愿基础上产生，在平等互利的原则上协商解决，因而可由交换单位提出申请，在土地管理部门指导下，经协商提出方案，经县级以上地方人民政府批准后，进行划界，申请办理变更登记。土地使用权可以作为抵押权的标的物，以土地使用权设定抵押权时，其地上的建筑或其他工作物也随之抵押；当地上的建筑或其他工作物抵押时，其适用范围内的土地使用权也随之抵押。

（八）土地使用权变更

土地使用权变更指国有土地使用权、集体土地使用权在初始登记后发生的变更。土地使用权变更主要有以下几种类型：①国有土地划拨、集体土地内部划拨；②依法通过土地有偿出让、转让取得土地使用权；③因赠与或继承、买卖、交换、分割地上附着物引起；④因土地交换、机构调整、企业兼并等原因引起；⑤因宗地合并或分立引起；⑥因处分抵押财产取得土地使用权；⑦更改土地使用者名称、地址等。

（九）土地使用赠与

土地使用权赠与是指土地使用权人将土地使用权无偿地转移给相对人，相对人予以接受的行为。

（十）土地使用权继承

土地使用权继承是指公民按照法律规定或者合法有效的遗嘱取得死者生前享有的土地使用权的行为。继承人除继承土地的使用权外，其地上附着物的所有权也随之得到继承。

（十一）土地使用权划拨

土地使用权划拨是指国家依法按照一定的程序将国有建设用地的使用权无偿地转移给建设用地者的行为。土地使用者以无偿方式取得土地使用权，但需要支付给原土地使用者拆迁安置及各项补偿费用。

（十二）土地使用权终止

土地使用权终止是指因某种原因造成土地使用权的结束或停止的行为。它一般有四种情况：①使用年限届满，未经批准续期，土地使用权即告停止；②情况特殊，根据社会公共利益的需要，国家在给予合理补偿的前提下，依法提前收回土地使用权；③土地灭失；④土地使用权受让人逾期未全部支付出让金的，出让方依照法律和合同规定，终止其土地使用权。

三、农村土地市场

（一）农村土地市场的含义

农村土地市场是指以农村土地权利作为交换对象的土地市场。狭义的农村土地市场仅指农村土地流转的场所，如农村土地交易所，由于土地不能像其他商品将实物集中到交易所进行交易，所以它只是土地权利的集中与流转。广义的农村土地市场不仅包括土地权利的集中与流转，还包括土地权利流转的各种关系及其运行机制的总和，具体包括流转主体、交易行为、政策引导、管理监督、市场调节和法律规制等。

目前，我国除了公开合法的农村土地市场之外，还存在非法的土地市场（隐形市场）。主要有以下几种形式：①私下非法有偿转让集体土地所有权和使用权。表现为将集体土地私自卖给公司开办企业，以及以买卖房屋为名买卖宅基地的长期使用权。②农村集体仿照国有土地出让方式出让一定期限的土地使用权兴办企业。非法土地市场的存在，主要是由于城市建设用地和农村集体土地之间的比较利益相差过大，集体或农民个人为追求比较利益而将农村土地非法进入城市非农用地市场。

（二）农村土地市场的类型

从我国农村土地产权、管理制度等方面看，农村土地市场的类型主要包括土地征收、集体其他建设用地使用权出让、集体建设用地（宅基地）流转、农地承包经营权流转四种市场。

第四节　研究方法

本书主要运用规范分析与实证分析相结合的方法，从宏观和微观层面研究了河南省土地使用权流转问题，在结合河南省实际情况的基础上，分别采用了定性分析和定量分析的方法。

一、规范分析与实证分析相结合

实证分析主要回答"是什么"和"能不能"这类问题，不涉及价值判断，而规范分析主要回答"应该怎样"和"该不该"这类问题。事实上，实证分析与规范分析是难以截然分开的，任何人在进行实证分析时，总有一定的价值判断标准。之所以选择这样的事实加以分析而舍弃其他一些问题，这本身也包含了价值判断。规范分析也同样离不开实证分析，因为要使规范分析有说服力，就必须使自己的分析建立在实证分析的基础上。因此，实证分析与规范分析往往是相互结合在一起的。正是基于上述理由，本书力图把规范分析与实证分析结合起来，在对农村土地流转发生、发展的制度、经济成因总结研究的基础之上，通过实地调查，分析和探讨农户土地流转的内生机制和本质规律，从而探求促进河南省农村土地流转市场建设的制度和配套措施。

二、微观分析与宏观分析相结合

事物运行往往在不同的层次上表现出来，而层次划分是相对的。从微观和宏观两个层次分析经济问题有利于深化和拓展对事物的把握。微观是宏观的基础，而宏观是微观的总和。本书从宏观的角度阐述了农村土地流转发生、发展的理论基础和动力机制，回顾河南省的土地流转的基本情况；在微观层次上，对农户的土地流转意愿和行为进行实证分析，寻找农村土地流转的微观动因。

三、定性分析和定量分析相结合

定性分析是用语言描述形式以及哲学思辨、逻辑分析揭示被评价对象特征的信息分析、处理方法。其目的是把握事物质的规定性，形成对被评价对象完整的看法。定量分析是指用数值形式以及数学、统计方法反映被评价对象特征的信息分析、处理方法。其目的是把握事物量的规定性，客观地揭示被评价对象重要的可测试性特征。定性分析和定量分析这两种方法各有所长，两者是优势互补的。评价者绝不能根据自己的偏好，盲目地信奉、赞赏某一种方法，而排斥、贬低另一种方法。

在分析评价数据时，评价者应当根据评价信息的特性和其他因素选择最适当的方法。如果评价信息主要用于帮助被评价者改进工作时，定性的分析比定量的分析更有价值；而当评价的主要目的是比较、评比时，定量分析更为适合。因此，评价者应当尽可能地结合使用这两种方法，从质和量两个方面把握被评价者的本质特性，在此基础上做出符合实际的综合判断。

此外，任何事物都是质和量的统一体。在实际运用中，定性和定量方法并不能截然分开。一方面，量的差异在一定程度上反映了质的不同，同时由于量的分析结果比较简洁、抽象，通常还要借助于定性的描述，说明其具体的含义；另一方面，定性分析又是定量分析的基础，因为定量分析的量必须是同质的——在数据分析前先要判断数据的同质性，在需要时，有些定性信息也可进行二次量化，作为定量信息来处理，以提高其精确性。本书在获取大量调研资料的基础上，在分析农户土地流转的意愿和行为时注重把两者有机地结合起来，通过对影响农村土地流转的意愿和行为因素的定量分析，探寻农村土地流转的本质规律。

第五节　本书创新之处

本书的创新点在于：

（1）通过丰富的文献掌握和理论分析，完成对我国农村土地产权的理论界定；

（2）在理论分析的基础上，并结合我国农村实际情况和农民的历史习惯风俗，为完善农地产权提出完善相关法律的建议；

（3）基于我国土地不仅是生产资料，还具有社会保障功能的特点，结合目前土地流转定价模型存在的问题和影响因素，构建了包含土地经营权流转租金、最低生活保障、土地增值收益和转让土地后农民再就业培训费用在内的具有社会福利性质的土地流转定价问题，并为河南省农地流转的规范操作和建立河南省农民土地流转收益的增长机制提出政策建议。

第 2 章 农村土地流转制度的历史演进

30 多年前，党的十一届三中全会开启了中国改革开放的大幕，改革首先发轫于农村。1978 年 11 月 24 日，安徽省凤阳县小岗生产队 18 户农民冒着风险，秘密按下手印，实行土地"包干到户"。第二年小岗就获得了大丰收。从此，农村改革就波澜壮阔地展开，我国农民创造了以家庭承包经营为基础、统分结合的双层经营体制，极大地解放了农村生产力。农民人均纯收入从 1978 年的 133.6 元增加到 2007 年的 4140 元，农村贫困人口从 2.5 亿减少到 1479 万人，世界银行称赞这一成果"史无前例"，认为中国"为世界反贫困事业做出了杰出贡献"。我国农民不仅总体上过上了小康生活，而且向全面建设小康社会迈进。

30 多年后，党的十七届三中全会做出了《中共中央关于推进农村改革发展若干重大问题的决定》（以下简称《决定》），标志着农村改革发展进入了新的阶段。早在 1990 年 3 月 3 日，邓小平在一次谈话中说：中国农业的改革和发展，从长远的观点看，要有两个飞跃。第一个飞跃，是废除人民公社，实行家庭联产承包为主的责任制；第二个飞跃，是适应科学种田和生产社会化的需要，发展适度规模经营，发展集体经济。随着我国工业化、城镇化、市场化和信息化的推进，随着现代农业的发展，农村基本经营制度也需要与时俱进、不断完善。家庭经营要加快由自然经济半自然经济向社会化生产转变，才能适应经济市场化和全球化的要求。根据调查，全国农户平均承包土地 0.005 平方千米，分为 5.7 块。耕地规模小、地块零碎，是制约农业生产社会化的根本因素。实现规模经营，土地经营权转让就成为前提条件。而土地经营权转让，又以农业劳动力向非农产业转移为前提。近几年，我国工业化、城市化进程加快，城市化率每年提高 1.3 个百分点，到 2020 年，农村人口将降到 40% 以下，农业劳动力降到 30% 以下，家庭土地经营规模和农业的市场化程度将有一个明显提高。

近几年，农村各类专业合作经济组织发展明显加快，出现了种类多、吸纳农户比例高、合作要素活跃等显著特征。统计显示，仅 2007 年 7 月 1 日至 2007 年年底，全国工商机关就共登记注册农民专业合作社法人 26 397 户，成员共计 35 万户，成员出资总额共计 159 亿元。在人均 GDP 接近 5000 美元、城乡收入"剪刀差"较小的江苏省，农村专业合作经济组织出现了"惊人一跳"，近 4 年中，全省各类专业合作经济组织达到 8310 家，成员 275 万户，带动农户 411 万户，占全省总户数的 27.5%。从形态上分析，这些合作经济组织可分为 5 个主要类型：①企业依托型；②科技推广型；③能人大户带动型；④村级组织主导型；⑤村干部带头型。参加农民专业合作社的农户，增加收入一般在 30% 以上。

党的十七届三中全会《决定》指出："加强土地承包经营权流转管理和服务，建立健全土地承包经营权流转市场，按照依法自愿有偿原则，允许农民以转包、出租、互换、转让、股份合作等形式流转土地承包经营权，发展多种形式的适度规模经营。有条件的地方可以发展专业大户、家庭农场、农民专业合作社等规模经营主体。"这一新的理念和思路，必将有力地推动农业的规模化经营，必将有力地推动农业的现代化进程。20 世纪 80 年代初，全国普遍实行了家庭联产承包责任制，从完成第一个飞跃至今，转眼 30 年过去了。伴随着工业化、城市化浪潮的狂飙突进，我国农村的改革发展将以《决定》为标志，进入第二个飞跃，即进入加快改造传统农业、走中国特色农业现代化道路的关键时刻。再经过三四十年的发展，到本世纪中叶，我国农业将实现历史性的飞跃，由农业大国变为农业强国，基本实现农业现代化。

第一节　我国农村土地制度变迁回顾

农村土地制度，包括两层含义——土地所有制形式和土地经营形式。新中国成立以来，我国农村土地制度经历了三次大的变迁过程。第一次是废除了封建土地制度，实现了农民个体所有基础上的私有经营。第二次是土改完成之后通过农业合作化运动和人民公社化运动，将土地的农民个体所有个体经营一步步变成了所有集体经营。这次集体化运动虽然及时引导个体农民比较顺利实现了合作化，走向了社会主义康庄大道，是一次伟大的历史性胜利，但后期实行的人民公社体现的生产关系，大大超越了我国生产力发展水平，严重破坏了农业生产。第三次农村土地制度变迁是党的十一届三中全会后在全国范围内实行的家庭联产承包责任制，将原来的集体公有公营变成了集体公有家庭私营，实现了土地所有权和使用权的分离。这一土地制度适应了我国生产力发展水平，充分调动了农民的生产积极性和创造性。

一、初始的农地制度安排——农民私有制，是政治的需要

新中国成立伊始，通过土地改革所形成的产权制度是土地

的农民私有制。这一制度安排是政治的需要。在旧中国，占农村人口不到10%的地主和富农，占有百分之七八十的土地和大部分耕畜、农具。广大农民为了养家糊口，不得不向地主租佃土地耕种，忍受残酷的剥削与压迫。可以说，"耕者有其田"是中国农民的梦想。

中国是农业大国，是农民大国，在资本主义发育极为有限的背景下，中国共产党领导的政权革命所依靠的基本力量是农民。农民以农为生，土地被视为农民的命根子。严酷的人地矛盾决定了谁赋予农民以土地的产权，谁就能获得广泛的政治资源与社会支持。因此，共产党领导的中国革命，一个重要的战略是"打土豪、分田地"，广泛开展土地改革运动。

二、国家控制的集体产权———土地集体化，既是政治的需要更是经济的需要

如果说初期农地产权的私有化是政治的需要，那么随之而来的土地集体化则既是政治的需要更是经济的需要。

中华人民共和国的成立尽管结束了中国近代百年的乱局，但毛泽东领导的共产党面临的却是满目疮痍、贫穷落后的农业国家。于是，工业化成为重要的国家目标。国家工业化的原始积累主要来源于农业剩余（压低农产品价格以获取工农产品价格剪刀差）。为了保证其意图的实现，国家在计划体制下逐步实施了垄断农产品市场的"统购统销"、剥夺农民自主经营的"人民公社"，以及控制农民自由流动的"户籍制度"等相互匹配的制度体系。集体产权的国家控制通过土地集体化和政社合一两个方面的结合得以实现。国家意志由此进入了农村集体经济组织。国家计划决定该组织生产什么、生产多少和如何分配。尽管该组织拥有某块土地，但它并不能决定如何使用。事实上，土地的控制权不在所有者而在国家手里。在产权制度安排中，

最重要的是经济资源的排他性收益权和让渡权。而政社合一的集体化公有制，不仅获得了法律保障，而且进一步成为中国农村社会的基本制度和组织基础，时至今日仍然发挥着相当的作用。

从1958年开始，我国农村实行了人民公社制度，农村集体经济组织（人民公社、生产大队和生产队）实行统一经营，农民参与集体劳动，从集体中得到分配，农民并不是独立的生产者，而是集体农业单位的劳动者，单个农户对于生产成果或收入的分配并没有独立处置的权利。集体经济组织按照政府的生产计划安排农业生产，并向政府缴纳农业税（粮食实物税），按照政府规定的收购价格（长期偏低）把农产品销售给政府经营的农产品收购机构。集体经济组织（生产队）按照一定的政策或规定，把农产品及其货币收入分配给各个农户，并用集体经济的收入支持农村的公益事业，如教育、医疗等，维持农村社会的管理。在这种制度下，农民并不直接缴纳农业税，也不直接负担各种管理费用。这种集体经营体制的弊端主要是管理高度集中，搞平均主义，吃大锅饭，农民没有生产经营自主权，人身自由受到限制，积极性和自主性受到严重压抑，造成农业形势特别严峻，农村问题特别严重，农民生活特别困难。

三、长期的低效率以及经济短缺与食品匮乏催生家庭承包经营制度

家庭联产承包责任制是指土地归集体所有的性质不变，经营权承包给农民家庭，在缴纳国家税收和集体提留之后，剩下的产品归农民家庭所有。1978年12月召开的中共十一届三中全会，恢复了党的解放思想、实事求是的思想路线，决定以经济建设为中心，否定以阶级斗争为纲，为农村改革创造了一个良好的政治氛围。正是在这样的环境下，1977年、1978年一些地方出现的农村改革才得以坚持下来。1977 年 11 月，安徽省委在万里的主持下制定了《关于当前农村经济政策几个问题的规定》，简称"安徽六条"。其主要精神是尊重生产队的自主权，允许农民搞正当的家庭副业，其收获在完成国家任务外可以到集市上出售，生产队可以实行定任务、定质量、定时间、定工分的责任制，个别农活可以责任到人。"安徽六条"突破了农村政策"左"的禁区，为农民自发地搞大包干开了路。刚恢复工作不久的中共中央副主席邓小平给予了热情的肯定。四川省仿效安徽省制定了"四川十二条"，安徽省、四川省成为中国农村改革的带头省。1978 年 10 月，安徽省凤阳县梨园公社小岗生产队 18 户农民冒着极大的危险，偷偷将集体耕地承包到户，搞起了大包干，拉开了中国农村波澜壮阔的改革序幕。1979 年，小岗生产队获得了大丰收，由原来的讨饭队一跃成为冒尖队，小岗生产队的行动得到了省委和县委的支持。随着大包干从暗处走到明处，从个别地方走到全国许多地方，由此引起的责难也纷至沓来。在大包干遇到重重阻力的关键时刻，邓小平、陈云始终给予了有力的支持。大包干真正得以正名，是在 1982 年。中共历史上第一个关于农村工作的一号文件明确指出，大包干、包干到户、包产到户，都是社会主义集体经济的生产责任制。1982 年，全国 80% 的农户实行了大包干；1983 年，全国 93% 的农户实行了大包干。

大包干、包干到户、包产到户的兴起，从根本上冲破了"三级所有、队为基础"的人民公社制度，形成了以家庭承包经营为基础、统分结合的双层经营体制，家庭劳动取代了生产队的集体劳动，农民获得了生产经营自主权，积极性得到了前所未有的提高。农村改革以后，农村经济迅速发展，乡镇企业异军突起。据统计，1978—1984 年，我国粮食总产量由 30 477 万吨上升到 40 731 万吨，农业总产值增长 68%，农民人均纯收入增长166%。1987年乡镇企业从业人员达8805万人，产值达4764亿元。农村改革的成功增加了我们的信心，我们把农村改革的经验运用到城市，进行以城市为重点的全面经济体制改革。

1959—1961年间的农业危机导致大量人员非正常死亡、经济衰退，以及接下来低效率经济的长期徘徊，引发了人们对集体化的怀疑，普遍的饥荒使人们从浮夸、表忠心等政治热情中幡然醒悟。表达农民行为能力的一个基本冲动是追求产权的清晰化。事实上，对制度变迁的需求一直十分强烈。

家庭联产承包责任制终于在20世纪70年代末80年代初得以实行并相继获得政治鼓励与法律保障。由此，国家开始从对农村经济无所不在的介入与控制状态中逐步退出，以此换得稳定的税收、低成本的监管系统和农民的政治支持；农民则以保证对国家税收的上缴和承担经营责任，换得土地的长期使用权以及上缴之余资源的剩余索取权。

与20世纪60年代初"包产到户"不同的是，农民家庭对产量的承包已发展成对土地经营的承包。"交够国家的，留够集体的，剩下都是自己的"的新制度安排，初步保证了农民对土地的经营权以及农业剩余的索取权。

（一）家庭联产承包责任制的特点

（1）实行以集体所有为主的体制，农村土地经营是以家庭联产承包责任制为主要方式，农户是经营主体。土地家庭联产承包经营是在土地集体所有的基础上，以土地的所有权与经营权相对分离为前提，以家庭为基本经营单位，以土地承包经营者拥有一定的自主经营权为条件，以经营者独立承担经济责任为核心，以经营者获得超越承包基数的全部经营利益为动力，在承包者身上实现权、责、利相结合的一种土地经营形式。农户之所以是主要的农业生产经营主体，这与农业生产的特点具有密切联系。首先，农业生产的对象是具有生命力的动植物，一直处于生长、发育、繁殖的变动过程中，其生长发育繁殖又具有自身的规律，人们在生产活动中只能遵循其自身规律的要求。农业生产的这一特点，就要求农业经营者随时注意并准确掌握动植物生命活动的状况及其发展变化趋势，并及时和正确地采取措施。其次，农业生产者投放于农业生产劳动的数量和质量难于准确地计量与核定，不同的农业生产者投放农业生产的劳动的数量和质量具有重大的影响和决定作用。最后，任何一种农产品的生产都包含着多项作业，各项作业对劳动者的体力和技术的要求都是不同的，其体力与智能也是多层次的，既有经验较多、技术较好的劳动者，也有经验较少、技术较差的劳动者。家庭内各成员在共同的利益驱动下，会按照分工相互默契地进行自动的合作与自觉的协调，各得其所和恰如其分地从事农业作业，从而既能最充分地利用劳动力（使全劳力、半劳力、辅助劳力都能得以充分利用），又能恰当地进行劳动分工。因此，以农户家庭为主要的农业生产经营的微观主体，是与农业生产的自然情况相适应的，具有客观必然性。农业家庭经营不仅能与自然经济的小生产相适应，而且不排斥技术和社会化大生产，可以同农业商品化社会化现代化的推进协调一致。

（2）占农村土地大多数的耕地的分配机制是平均分配原则。现行承包地分配机制的基本特点，主要表现在承包的分配原则，奉行的是平均主义原则。当然，在家庭联产承包责任制的产生、推广时期，按平均主义原则分配承包地是有其客观原因的，也是有其积极意义的。当时，农村经济不发达，产业结构单一，农业是农村主要的或唯一的产业，并且农业生产力水平很低，农民生活贫困，农民因受旧体制束缚而缺乏生产积极性，解决农民的温饱问题，便是当时的主要任务。承包地的平均分配，就是在这种背景下形成的，它对调动农民的生产积极性和解决农民的温饱问题也确实起了重要作用。

2. 家庭联产承包责任制以来我国农村经济的发展

农产品供给不仅解决了占世界 1/5 人口的吃饭问题，还为加快工业化进程提供了重要支持。粮、棉、油、糖的发展变化最能体现新中国成立以来我国农产品供给能力的巨大进步。1949 年我国粮食产量只有 11 318 万吨，人均产量 209 千克；1978 年粮食总产量缓慢增长到 30 477 万吨，人均产量增加到 319 千克。改革开放以后，国家对农业的强力支持和农业科技的进步使粮食产量进入快速增长期，1984 年超过 4 亿吨，1996 年超过 5 亿吨，2008 年达到 52 871 万吨，与 1949 年相比，粮食产量增长 3.7 倍，人均产量增长 91%，见图 2-1；棉花产量 1949 年只有 44.4 万吨，1978 年升至 217 万吨，2008 年达 749 万吨，与 1949 年相比，增长 15.9 倍，人均产量增长 5.9 倍；油料产量 1949 年只有 256 万吨，1978 年升至 522 万吨，2008 年达 2953 万吨，比 1949 年增长 10.5 倍，人均产量增长 3.7 倍；糖料产量 1949 年只有 283 万吨，1978 年为 2382 万吨，2008 年升至 13 420 万吨，与 1949 年相比，增长 46.4 倍，人均产量增长 18.4 倍。肉类、水果和水产品的迅速增长则反映了人们生活水平从量的满足到质的追求的变化过程。猪、牛、羊肉类产量 1952 年只有 339 万吨，人均产量 5.9 千克，1978 年产量 865 万吨，人均产量 9 千克，2008 年产量 5337 万吨，人均产量增加到 40.3 千克；水果产量 1949 年只有 120 万吨，人均产量 2.2 千克，1978 年升至 657 万吨，人均产量 6.9 千克，2008 年升至 19 220 万吨，人均产量 145.1 千克；水产品产量 1949 年只有 44.8 万吨，人均产量 0.8 千克，1978 年升至 465 万吨，人均产量 4.9 千克，2008 年升至 4896 万吨，人均产量 37 千克。

（1）1978—1994 年的 16 年间，粮食生产连跨 3000 亿千克、3500 亿千克、4000 亿千克、4500 亿千克四个台阶，全国平均每年增产粮食 100 多亿千克，全国人民的温饱问题基本得到了解

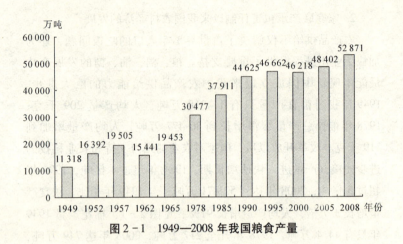

图2-1 1949—2008年我国粮食产量

决，这是一个了不起的成就。然而，我们如果按年份来分析就会发现近年来粮食生产出现了严重的徘徊。我国粮食总产量1990年达到4462.4亿千克，1991年降为4359.2亿千克，减产达110亿千克；1992年粮食总产量出现反弹，达到4426.6亿千克，比上年增长73.7亿千克，但仍未达到1990年的水平；1993年粮食产量继续增长，达到4564.4亿千克；但1994年粮食总产量又减为4446亿千克，比上年少了118.4亿千克，比1990年还少了16.4亿千克。人均粮食占有量这些年也有所下降，1990年为393.1千克，而1993年则降为387.3千克。

（2）农民收入不断增长，生活水平显著提高。全国农民人均纯收入由1978年的133.6元增长到1994年的1220元，增加了1086.4元（平均年增长13.7%）。但如果分阶段来分析，我们就会发现农民收入年增长率出现下降趋势。1979—1984年年增长率为15%，1985—1988年年增长率为5%，1989—1994年年增长率仅为2.7%。

（3）农村经济由传统型向现代型转变。农产品的商品综合率不断提高，已由1978年的不足30%上升到1993年的64%，农村内部产业结构发生变化，由过去农业单一的一元经济转变为农业与非农业共存的二元经济。近年来，农业比重不断下降，第二产业和第三产业蓬勃发展，乡镇企业异军突起。1994年，全国乡镇企业已发展到2200多万个，总产值达42 588亿元，占全国社会总产值的38%，占农村总产值的75%。此时乡镇企业不仅成为农村经济的强大支柱，而且已成为国民经济的重要组成部分。随着第二产业和第三产业的发展，非农业收入在农民收入中占比重不断增大。16年间，农村居民人均纯收入由133.6元增加到1220元，其中人均非农业收入从20.1元增长到40.8元。然而，由于家庭联产承包责任制这一土地制度阻碍着农民和土地之间依存关系的彻底破裂，使农民成为农业和非农业的兼业者，在人力、物力和财力上难以进行专一投入，结果既阻碍了农业内部的分工化生产，又削弱了第二产业和第三产业的发展后劲。我国农业内部未突破"小而全"的生产结构，自给性生产仍占相当比重，农业生产的专业化和社会化水平不高，区域分工尚未形成，乡镇企业近年来的发展速度也减缓，吸纳劳动者的能力减弱，而且尚未形成规模。

（4）农村改革的成功和农村经济的发展为我国城市和工业做出了巨大贡献。从理论上讲，根据我国现代化发展进程，在发展战略上应转向"以工补农"阶段，但由于种种原因，特别是我国国有大中型企业经济效益一直不太好，所以城市和工业发展仍需农村经济的大力扶持。1985—1994年期间，从农民和乡镇企业上缴国家的税金中扣去国家用于农业方面的财政支出，农民净流出资金为3973.8亿元。同时期内，农民存款大于贷款，其总差额为1038.6亿元。我国已建成了包括农业机械、化肥、农药等在内的完整的农用工业体系。1993年，农业机械总动力达到31 558万千瓦，平均每平方千米耕地拥有农机动力3300瓦，化肥施用量达到3150万吨，平均每平方千米施用量为 330 千克。

第二节　河南省农村经济发展状况

一、农业综合生产能力不断提高

2008 年全省第一产业增加值为 2658.80 亿元，比 1949 年增长 15.7 倍，年均递增 4.8%，其中 1979—2008 年均递增 6%。特别是"十五"以来，河南认真贯彻执行中央各项支农惠农政策，全面取消农业税，不断加大支持"三农"力度，农业生产活力得到进一步激发。2004—2008 年全省粮食产量连续 5 年大丰收，连续 3 年超越 5000 万吨台阶，2008 年达到 5365 万吨的历史最高水平，是 1949 年的 7.52 倍、1978 年的 2.56 倍。粮食总产量占全国的 1/10，小麦产量占全国的 1/4，连续 8 年位居全国第一，为国家的粮食安全做出了重大贡献。与此同时，全省油料产量 505 万吨，居全国第 1 位，是 1949 年的 20.8 倍；棉花产量 66 万吨，居全国第 3 位，是 1949 年的 10.5 倍；肉类总产量 542.90 万吨，居全国第 3 位，是 1978 年的 11.9 倍。

二、农村经济结构不断优化

在全省农、林、牧、渔业总产值中，农业产值由 1949 年 89.1% 下降到 2008 年 57%。同时，粮食与经济作物的比例调整为 67.2：32.8，经济作物所占比重上升了 16 个百分点。特别是 1978 年改革开放以后，农村非农产业的崛起，形成了不同层次、不同类别、覆盖全省的农业产业化龙头企业群体。2008 年省级以上农业产业化龙头企业达到 4000 余家，这对于扭转全省农业生产长期缓慢发展、农业内部结构过分偏重种植业的结构格局发挥了积极作用，有效地活跃了整个农村经济。

第三节　改革开放后我国农村土地流转市场的发展阶段及特征

一、农村土地流转市场萌芽阶段（1979—1983）

1979 年党的十一届三中全会召开以后，家庭联产承包的改革大潮经"安徽凤阳—困难地区—广大农村"迅速席卷全国。据资料显示，到 1983 年年底，全国各地包干到户的农户已占国内农户总数的 94.5%。随着改革大潮的迅速推进，个别地方已经开始出现突破政策和法律界限的农地流转的萌芽。

始于 1979 年的中国农村改革，从本质上讲是财产关系与利益关系的大调整。从包产到户到大包干的土地制度变革与农村微观组织系统再造，确定了农户家庭经营的主导地位，实现了土地所有权与经营权的分离，并因此满足了农民对土地经营的真实权利，从而使广大农民获得了人民公社时期不可想象的财产支配权与经济民主权（包括农民的职业转换与身份变迁）。由此产生的激励机制，推动了资源配置效率的改善，农业结构调整和非农产业发展成为可能，从而引发了农村经济流量的迅速扩张，有力地改变了国民经济的原有格局与经济流程。

但是，均田承包在封闭的小农经济背景下是相对有效率的，一旦有了人口的流动与变化，则存在天然缺陷。由于土地集体制赋予村庄内部每个合法成员平等地拥有村属土地的权利，从而社区农民因其天然身份拥有平等的承包权。其结果自然是土地分配随人口的变化而变化。由此，不稳定性与分散性成为其必然的制度缺陷。特别是伴随着农村工业化与城市化的快速发展，使原来隐藏在以"均包制"为特征的土地制度背后的一系列潜在问题，变得异常突出。

（1）家庭承包制所界定的产权形式即土地所有权的社区共有和土地使用权的人人享有的双重产权格局，因其不确定性、封闭性以及规模不经济性的产生而引致了新的制度需求。

（2）随着农村非农产业的发展，普遍出现了半自给性小规模土地经营基础的农户兼业化。农户的抛荒、土地的分散使用、经营规模的狭小在资源配置上造成了巨大的效率损失。于是，按照效益原则配置土地资源，改变现有分散的、狭小的、低效率的土地使用格局，造就土地集中机制，从而实行规模经营，使制度变革提到了议事日程。

（3）随着农村城市化的快速推进，大量的农地转为工业用地，地价及土地资本收益也随之提高。农户原来视土地为不可或缺的福利保障，现在却进一步视土地为增值手段。在此情形下，土地的集中与流转对土地的管理使用制度提出了重新调整的要求。与此同时，农民因职业转换所提出的利益补偿诉求，也促使土地承包权最终硬化或对象化到农户身上，成为一种不可逆转的趋势。

（4）由于土地资源增值收益的直线上扬，在农地向非农地转移的过程中如何合理地分配利益，处理好政府与农民、农民与社区集体的关系，并保障农民的合法权益，也直接涉及土地制度的产权安排问题。因此，环境条件的变化对农村土地制度变革提出了新的需求。经过一次又一次大大小小范围的边际变革之后，农民对产权明晰之需求的制度创新的生产性努力与对利益调整之需求的制度创新的分配性努力，这两方面所产生的制度变迁的需求不仅未因边际渐进而减弱，反而日益强化。

二、农村土地流转市场理论探索阶段（1984—1987）

大量剩余劳动力的积压导致了农业的低效率，而非农产业的发展为农民的转移与就业提供了机会。因此，人地关系的变化与矛盾的转化成为新的制度变革的诱因。事实上，在我国实行第一轮联产承包责任制后，就已经出现了土地使用权流转的现象。在第二轮联产承包责任制后，土地的流转变得广泛而多样。在广东农村，尽管土地制度创新活动的方式多种多样，但基本的思路是：将土地所有权以宪法规定为基准，将土地所有权置于集体所有制的框架内，在此基础上强化并规范农户的土地经营权（使用权）以及与之相应的收益权和转让权，进而对平均地权（均田承包）的资源配置低效率格局进行修正，从而以产权制度建设为中心，培育土地流转的集中机制，逐步推动土地的规模化与企业化经营。

从1984年中央农村工作会议1号文件到1988年《中华人民共和国宪法》中对土地使用权出租、转让的修订之前，虽然国家政策和法律仍不允许土地买卖、出租或以其他形式转让，但理论界已开始高度关注农地的商品性研究，不少专家学者也开始逐渐接受农地的商品性理念。实践中，农地流转的规模和范围进一步扩大。

三、农村土地流转市场制度建设阶段（1988—2003）

1988年《中华人民共和国宪法》修正案删除了土地不得出租的规定，增加了土地使用权可以按照法律转让的规定，为土地市场建设提供了法律基础。该阶段农村土地经农民及农村集体经济组织由最初的小规模流转到后来的大量流转，农村土地市场迅速发育，并在部分地区已经具有一定规模。早在2001年，广东的农地流转发生面积就已经达到1708平方千米，占全省耕地面积的 7.93%，涉及农户 105.05 万户，占农户总数的 9.22%。土地流转方式有转包、转让、互换、小调整、入股、租赁等多种方式。

广东农村沿着"产权界定—使用权流转—土地集中—规模经营"的路线，开始了广泛的土地制度创新活动。广东农村土地制度的多维创新活动，可以归纳为三个方面：一是社区土地产权的界定；二是土地集中机制的培育；三是规模经营形式的安排。其流转集中的运作机制表现为：①土地调整集中制。打破地界、户界、队界，由经济联合社统一集中划段，地块连片承包或自由领包或竞争性投包到户。②土地租赁集中制。由退耕户将其承包地租赁给接包户，收取定额租金，并签订土地转让合同，行使土地承包的权利与义务。③经济补偿集中制。由接包户向退包户提供口粮或在协商的情况下直接给予一次性的经济补贴（实际上是土地使用权的买卖）。有些地方还规定退包户仍有权享受集体的二次分配并保留重新承包的权利。④土地入股集中制。农户以其土地使用权向集体入股，取得股东资格并享有相应的股东权益。

四、农村土地流转市场深入发展阶段（2004 年以后）

从 2004 年开始，《中华人民共和国宪法》修正案将"国家为了公共利益需要可以对土地征用"修改为"国家为了公共利益需要可以对土地征收或者征用并给予补偿"；2005 年，农业部出台《农村土地承包经营权流转管理办法》，进一步明确了农地流转的原则、主体、合同、主管部门及流转方式；2006 年，国务院下发《关于加强土地调控有关问题的通知》，同年党的十六届六中全会做出《关于构建社会主义和谐社会若干重大问题的决定》，强调："加快建立有利于改变城乡二元结构的体制机制，保障农民土地承包经营的各项权利，国家固定资产投资增量主要用于农村，实行最严格的耕地保护制度，从严控制征地规模，提高补偿标准"。以上重大举措，为规范我国农村土地流转市场提供了有力的政策支持和广阔的法律想象空间。不断提高的土地流转发生率，表达了环境条件变化对新制度安排的强烈需求，是农村生产关系适应生产力发展的客观要求，它反映了以土地为代表的农业生产要素要求合理流动和优化配置的要求。实行农村土地流转，有利于解决农村人地矛盾和耕地抛荒问题，保持农村土地承包关系的长期稳定；有利于提高土地利用率，促进农业生产结构调整和稳定农业生产；有利于进一步推进农业产业化经营，加快农业发展，并促进农民增收。

但是，在农村土地流转探索中也出现了一些不容忽视的问题：①由于缺乏明确的政策和法律规定，多数地方农村土地流转处于自发、分散、无序状态；②有些地方在乡村集体组织的流转中，忽视承包农户土地流转收益主体地位，截留、挪用农村土地流转收益，与民争利，损害了农民的利益；③有些地方乡镇政府和村级组织随意变更甚至撤销农户的承包合同，集中土地搞对外招商，强迫承包农户集中流转，影响了农村土地承包关系的稳定；④有些地方存在着借农村土地流转，绕过国家有关法规，大量占用耕地，改变农村土地农业用途（包括：未批先用、少批多占、以租代征；强行征地、补偿偏低、拖欠补偿等）。

这些问题是在农村改革和发展进一步深化过程中出现的，也必须在改革和发展中加以解决。如果任其蔓延，将危害农村土地承包关系的长期稳定，破坏本已稀缺的耕地资源，严重影响农村的社会稳定和经济发展。因此，新的制度供给已经成为了一个重大而迫切的现实问题。

第3章　农村土地流转的
基本问题研究

　　我国土地所有权不能流转，因而农村土地流转仅指土地利用权利的流转，包括乡镇建设用地使用权的流转、宅基地使用权的流转和土地承包经营权的流转。本书所称土地流转仅指土地承包经营权的流转。《中华人民共和国物权法》（以下简称《物权法》）、《中华人民共和国农村土地承包法》（以下简称《农村土地承包法》）等相关法律都明确肯定了土地承包经营权的流转。在理论界，多数学者看到土地流转的积极作用，如能使农业剩余劳动力不受承包地的束缚；能打破一家一产的分散经营；能提高农民的收入等。他们主张我国应鼓励、引导农村积极推行土地流转。实践中，农村土地流转的数量逐年增多，规模也在不断扩大，全国各省（自治区、直辖市）都不同程度地发生了土地流转。2002 年全国土地流转面积为 466.67 万平方千米，占农产承包地面积的 6.7% 左右。而 2005 年年底，福建省土地流转面积为 816 平方千米，占承包耕地面积的 7.33%；2006 年年底，浙江省土地流转面积为 2633 平方千米，占承包耕地面积的 19.8%。农村土地的流转，有其现实需要和客观原因，但怎么流转，则与土地法律政策有直接的关系。《物权法》、《农村土地承包法》等法律、行政法规没有明确、具体地规定土地流转的含义、前提条件、流转目的、流转方式的规范等基本内容，导致诸多私下流转、无序流转、纠纷不断的现象。因此，有必要对农村土地流转的基本问题加以梳理。

第一节 农村土地流转的含义

一、土地流转是土地承包经营权的流转

理论上，农村土地的流转应包括土地归属关系的流转与土地利用关系的流转两个方面。其中，土地归属关系的流转，是指土地所有权关系的转变，如土地的买卖、赠与、征收等；土地利用关系的流转，是指在土地所有权关系不变的前提下，土地利用关系在主体之间发生转变，如承包地的转包、建设用地使用权的转让。我国农村土地属于农村集体所有或国家所有，土地所有权只能单向性转变，即只允许农村集体所有的土地转变为国家所有，而这由土地征收制度加以规范，不纳入土地流转机制。因此，我国农村土地流转实为土地利用关系的流转。农村土地有乡镇建设用地、宅基地和农业用地的区别。其中，农业用地是农民的命根子，不仅是其主要的生产资料，也是其生活保障的来源。自 20 世纪 80 年代以来，我国实行"以家庭承包经营为基础，统分结合的双层经营体制"，赋予农民在农村土地上享有承包经营权。历史与实践证明，这是农村改革行之有效的一项基本政策，在今后相当长的一段时期内必须坚持。因此，农业用地的流转即土地承包经营权的流转是解决"三农"问题的重中之重。

土地承包经营权是我国特有的一项用益物权，是为了充分利用土地资源而设置的。土地承包经营权是指自然人或法人占有集体所有的土地或国有集体使用的土地从事农业生产经营活

动的权利。其权利主体是从事种植、养殖和其他农、林、牧、副、渔之类生产经营活动的自然人或经济组织，即为一切农业生产经营者。土地承包经营权有两大本质特征：一是从事农业生产经营活动。假如在承包地上从事非农业生产经营活动，就不能称为土地承包经营权。例如，在承包地上建住宅，称为宅基地使用权；在承包地上建厂房或桥梁等建筑物，称为建设用地使用权；在承包地上开采煤矿等矿产资源，则称为土地使用权。根据我国严格的土地管理政策，要将原来的土地承包经营权转化为土地使用权，属于土地用途的改变，必须依照法定的程序办理，否则发包方可以收回承包地。二是以占有为利用收益的前提。占有是一切财产利用关系的支点。只有占有承包地，才能利用承包地进行农业生产经营活动，这是自主经营的必然要求，也是用益物权的本质特征所决定的。因此，谁占有承包地且从事农业生产，就享有土地承包经营权；一旦脱离对承包地的占有或者虽占有承包地但不从事农业生产，就不应享有土地承包经营权。因此，流转方移转的只能是土地承包经营权整体。

现在有一种流行的观点，认为土地承包经营权的流转不是全部的，仅仅是其中的经营权。许多学者认为：可将土地的经营权从承包经营权中分离出来，转让给其他农户、其他人或经济组织，即保留承包权、转让经营权。广东南海市也进行了三权分离的实践，即所有权、承包权、经营权相分离。农村集体对土地享有所有权，承包方对土地享有承包权，而流转的结果是使受让方获得土地的经营权，如转包、出租方式。当然，承包方也可以将承包权与经营权两项权利同时转移给他人或经济组织，承包人由此完全脱离承包关系，由受让方与发包方重新订立承包关系，从而获得土地承包经营权，如转让、互换方式。但问题是：土地承包经营权分离后的承包权、经营权是一种什么样的权利？如果说承包权、经营权都属于物权，有悖于物权法定原则。物权法定是指当事人不得创设或变更物权种类、内容、效力和公示方法等。《物权法》第五条明确规定：物权的种类和内容，由法律规定。而承包权、经营权并没有分别出现在《物权法》中，《物权法》也没有允许土地承包经营权可由当事人分拆。

如果说承包人仍然享有用益物权，而受让方所享有的经营权属于债权，不符合用益物权的本质特征。用益物权是权利人依法对他人之物享有占有、使用和收益的权利。使用和收益权能的实现，必须以占有该物为前提。只有占有，才能使用和收益；没有占有，就谈不上使用，更谈不上收益。用益物权的根本目的在于确认和保护用益物权人利用他人之物的事实，而不是让用益物权人另找一个利用他人之物的人。况且，受让人实际从事农业生产却不享有用益物权，脱离了农业生产的承包人仅凭身份继续享有用益物权，显然不公平。这只能促使受让人进行掠夺性生产经营。

将土地承包经营权分离为承包权与经营权，存在着较大的社会风险。以家庭承包取得的承包地，是无偿的；以其他方式取得的承包地，尽管多为有偿取得，但因农村土地的价值往往被低估，普遍表现为对价超低。在这种情况下，假如将承包权、经营权分别由承包人、受让人享有，承包人就不需要在承包地上从事农业生产，凭着承包权在公有土地上坐收渔利。承包虽然有期限，但《物权法》第一百二十六条第二款规定："前款规定的承包期届满，由土地承包经营权人按照国家有关规定继续承包"，如果允许只承包不经营，将使承包权成为变相或实际的土地所有权，承包人将成为实际的地主或至少是无名有实的"二地主"。甚至受让人也会成为"二地主"，因为土地可以多次流转，每一次流转都可能产生出吃差价收益的"二地主"即受让方可以再将经营权移转给他人，坐收渔利。土地不断流转而不断抬高的成本，最终将落在最后真正种田的农民身上，这将给农业生产以毁灭性的打击。

二、土地承包经营权的流转是非永久性移转

农村土地的流转是原土地承包经营权人在承包期限内将土地承包经营权转移给他人的过程。在这个过程中，将土地承包经营权转移出去的一方，称为流转方；将占有该承包地进行利用的一方，称为受让方。每一次的土地流转，实际上就是在一定时期内土地承包经营权的一次换手，即随着土地占有的改变而转移土地承包经营权。实际的土地占有人即受让方享有一定时期的土地承包经营权，流转方在该期限内不能再享有土地承包经营权，只能享有土地流转收益或有权收取其原来投资于土地上的成本；或有权以农村集体成员的身份参与农村集体土地收益的分配。当流转结束时，土地承包经营权可以随着土地占有的移转，回归到最初的土地承包经营权人手中。

土地以土地承包经营权流转的形式而流转，这种土地流转不具有永久性。在土地私有的国家，土地流转主要以土地所有权流转的方式流转，而所有权的转移是永久性的。但我国的土地所有权不能流转，不管土地承包经营权如何流转，流转给谁，土地始终是特定的农民集体所有或国家所有。土地承包经营权是有期限的，期限届满，流转的土地承包经营权归于消灭。新的土地承包经营权须依《农村土地承包法》等法律政策重新发包设立。例如，某一农户将一部分承包地转让给另一农户，转让的其实只是这部分承包地剩余期限的土地承包经营权。年限到了，受让的农户不能当然继续承包这部分土地。《物权法》第一百二十八条明确规定，流转的期限不得超过承包期的剩余期限。《物权法》第一百二十六条规定，承包期届满，由土地承包

经营权人按照国家有关规定继续承包。这是就土地承包经营权没有发生流转的情况而言的。如果发生了流转，需要农民集体依据国家规定的承包资格和条件重新确认土地该由谁承包。现在有学者将以土地承包经营权流转为基础的土地流转混同于土地私有国家以土地所有权为基础的土地流转，以土地永久转让的思维理解我国的土地流转，所借鉴的国外经验和提出的对策很难解决中国的土地问题。

土地流转的非永久性的另一层含义是：对基于家庭承包责任制形成的土地承包经营权而言，在土地流转期间内，土地流转也不是绝对的。例如，某一农户全家外出打工，将承包地转让给另一农产，5年后，因在外谋生困难，外出打工的农户又回乡务农，要求收回承包地，该如何处理？从转让的法理出发，既然土地已经转让给他人，剩余的土地承包期内的土地承包权利已属于受让方的财产，不应允许转让方收回土地。而且受让方已在土地上投入了人力、财力，转让方收回土地很可能造成生产经营损失和财产损失。问题在于，转让方在外不能谋生，回乡不能种田，如何生存？家庭土地承包首先是为了解决农民的生存问题。第一轮土地承包以按照人头均分的原则分配土地到各家各户，第二轮土地承包以增人不增地、减人不减地的原则维持了每户的原承包地，都是一个目的，保证每一农户都有最基本的生产资料和生活资料，都能活得下去。由此而言，转让方基于生存理由要求收回土地，是符合土地承包经营权设立的本意和宗旨，是正当的。当然，在具体个案上，应当分析转让方收回土地的真正动机和目的，如果不具有生存需要的理由，如不是自己种地，就不能允许转让方单方收回土地。

原土地承包经营权人移转其土地承包经营权后，其与农村集体之间的承包合同该如何处理？如果家庭承包经营，则享有成员权和承包经营合同中的权利。农户是农民集体的成员，继续享有成员权。同时作为土地承包经营合同的一方当事人，尽管土地承包经营权随土地的流转而移转给受让人，农户在流转期间内不享有土地承包经营权，但农户与农民集体之间的土地承包经营合同依然存在，该合同中的权利义务不仅仅只有土地承包经营权这一项权利，还有其他的权利义务。承包合同中除土地承包经营权外的其他权利义务，继续由农户享有和承担。如果转让方是以其他方式获得承包的承包方，则继续享有和承担承包经营合同中除土地承包经营权外的权利义务。

三、农村土地流转主要是解决人多地少的矛盾

目前，许多学者把"开展规模经营、集约化经营，促进农业向龙头企业发展"作为农村土地流转的目的，认为我国现行农村承包责任制造成农村土地零星分散，难以开展规模经营、机械化经营。而农民的分散经营导致农地的比较效益低下，农民的收入普遍不高，农村经济落后。通过农村土地的流转，不仅能使农民的收入稳定增加，而且能将土地流向种田能手，把土地集中起来开展规模经营、机械化经营，可以提高农地的产出效率。这一认识不完全符合我国的实际。尽管家庭承包责任制存在着局限性，如土地的细碎化、分散经营、生产上的盲目性等，但其优势也是明显的。例如，因为是为自己干活，一般有较高的生产积极性。分散经营和规模较小同时意味着较低的自然和市场的风险。规模经营在理论上可以降低农业生产的成本，提高土地的产出，但自然风险和市场风险往往比分散经营大。

我国农村土地能否开展规模经营，完全是一个因地制宜的问题，不是土地流转的根本目的。我们调查的广西横县马岭镇良和村，由于气候干旱（冬天基本上不能种农作物）和水费高（每平方千米每月 0.05 元）等，基本上不存在规模经营的条件，

即便是已形成一定市场规模的茉莉花生产，也是农户各自分散种植的。但良和村有土地流转现象，一些农民外出打工或从事第二产业和第三产业，如该村有许多农民长年在南宁等地承包鱼塘，将土地转包给本地或外地农民种植。

农村土地流转首先是为了满足不想种地的农民的需要。我国的工业化、城市化推动着农民与土地的分离，大量的农村劳动力脱离了农业生产，进入了工业生产和服务行业，进入了城镇生活。在我国，一般而言，农业生产收入明显低于打工收入，农村生活质量明显低于城镇生活，当农民在城镇能够通过打工长期谋生时，他们会选择脱离农业生产，从而需要将承包的土地转给他人耕种。但进城的农民不在我国城镇社会保障的范围之内，几乎没有抗风险的能力，承包地仍然是他们最后的生活保障。因此，他们只能选择在不绝对放弃承包地的情况下将土地转给他人耕种。同时，农村土地流转是为了满足想种地的农民的需要。20世纪80年代初，我国农村以当时的农户人口数量为依据，按人均分配的原则进行了土地承包。后来，为了稳定农村土地承包关系，在"二轮延包"时，采取了"增人不增地，减人不减地"的做法。这期间，农户的人口发生了较大的变化，出现了人均占地很不平衡的现象。无地少地的农民如果不能外出打工，就只能通过土地流转得到足够的土地耕种以维持生存。土地流转也给了一些种田能手多一些土地耕种以提高效益的机会。因此，土地流转是一些农民不想种地而另一些农民想种地互动的结果，是土地承包制适应农业生产实际状况的自然反映。把不想种地者从承包地上解放出来安心从事非农产业；让想种地者能够充分、有效地利用有限的稀缺土地资源。

由此可知，农村土地流转的根本目的是解决人多地少的矛盾。因为土地资源有限，中国只能采取人均分配土地资源的方式以保证每个农户有最基本的生产资料。第二轮承包也是因为没有富余的土地分配给新增人口，所以只能维持第一轮承包的状态。我国的土地承包是农户承包而不是农民承包，也是因为人多地少。紧缺的土地不能闲置，富余的农村劳动力需要土地，这决定了我国土地流转的内容和形式。认识这一点对于正确认识和把握我国的土地流转以及正确制定土地流转的政策、法律至关重要。例如，如果将规模经营作为土地流转的出发点和归宿点，就难免出现强迫农民交出土地这样的土地流转，因为农业现代化说起来是一个很正当的理由。

第二节　农村土地流转的前提

一、土地承包经营权不应进入产权交易市场

随着土地市场的兴起和建设用地使用权交易的财富效应，有学者认为：目前农村土地流转的主要问题是土地承包经营权未进入产权交易市场，缺乏市场竞争的激励机制，难以实现市场对资源的优化配置，不利于保护农民的土地承包经营权。他们提出让土地承包经营权进入产权交易市场，以促进土地流转，真正体现出土地承包经营权的价值与土地的增值利益。一些地方也试图将土地承包经营权纳入产权交易市场。这些言论和努力将建设用地和农用土地混为一谈，以性质完全不同的建设用地的产权交易来证明农用土地也应进入市场，是完全错误的。

如前所述，我国的农用土地承载着养活中国人和为农民提供生存保障的社会功能。土地资源紧缺是一个刚性约束，决定了土地资源的分配只能以农户"户户有份"为原则。20世纪80年代，按农户的人口多少实现了土地承包。第二轮土地承包时，由于土地资源随着人口的增长更加紧缺，尽管农户人口变动很

大，也只能实行增人不增地、减人不减地。土地承包经营权至今是坚持和实施户户有份分配原则的结果。土地承包经营权一旦进入产权交易市场，就无法坚持土地户户有份的原则。土地资源将由市场重新分配，一部分农户将失去赖以生存的土地，而另一些人将集中较多的土地。这样，土地承包经营权将失去平均分配土地资源的目的和意义，从而使土地承包经营权异化为一种单纯的商品。土地承包经营权是否进入市场，不是一个理论问题，而是一个我国社会能不能为失地农民的生存提供足够的社会保障这样一个实际问题。能，我们就不必担心土地向一部分人集中；如不能，我们就不能允许农民在毫无生存保障的情况下失去土地。不考虑失地农民的生存问题，仅仅从所谓市场配置资源更有效率的教条出发，就主张将土地承包权推入产权交易市场，是脱离实际的。只要正视实际生活，就可以知道，现阶段，我国没有能力解决大规模的土地集中可能产生的失地农民的生存问题，因此，土地承包经营权没有进入产权市场的前提。

有人认为，土地承包经营权已经被物权法确认为用益物权，而用益物权是可以让渡的，是用益权人可以处分的。土地承包经营权进入产权交易市场可以体现出土地承包经营权的财产价值，对农民是有利的。这种看法也是从概念出发而不是从实际出发，具有片面性。让渡和处分与市场交易是不同的问题。用益物权的让渡、处分不一定要通过市场进行，也不是无条件的。土地承包经营权的设立目的是使农户有地种，而不是使农户有地卖，公有的土地分给农户种植本身就没有让土地进入产权交易市场的意义，不然，国有或集体所有的土地直接在产权市场挂牌交易就可以了，无须再有土地承包了。市场交易也不决定土地承包经营权有没有财产价值，民法上一贯有流通物、限制流通物和禁止流通物的分类。流通物是财产，限制流通物和禁止流通物也是财产，懂民法的人不会说不能流通的财产不是财产。说土地承包经营权进入产权交易市场有利于农民也是一个神话。土地承包经营权的交易是可能给农民带来一笔收入，但农民从此不再有土地可种，损害的是农民的长远利益。这不过是以市场的名义剥夺农民的生存权利。即便从交易本身看，我国多数农民防范风险和保护权益的意识和能力不强，是市场中的弱者，土地承包经营权的市场化中，吃亏的一定是农民。

因此，土地承包经营权的流转只能是因地制宜、因时制宜、因户制宜的流转。一乡、一村、一户，根据当地、当时的农业生产的需要和当事人的意愿，以相应的流转方式，实现土地承包经营权的流转。

二、土地承包经营权流转不能导致农民生存困难

土地是农民就业和生存的基本物质资料，因此，土地承包经营权流转只有在不影响农民生活的情况下才能进行和持续。

土地承包经营权流转不影响农民的生活，在实际生活中常有两种情况：一是农户有足够的稳定的非农收入。我们在广西三村调查中发现，转包或交给他人代种的农产，家中有多人出外打工或在外地承包鱼塘多年，承包地对这些农户的生活已没有多大的影响。二是土地流转的收益高于种地的收益。有些地方搞现代农业公司，以土地入股的农民不仅能得到红利，而且他们往往还受雇于入股的公司，有一份工资收入。我国目前各种职业收入中，农业生产收入处于低端。我们在与广西横县马岭镇良和村某村民小组组长交谈中得知，他家种了 0.00067 平方千米水田和 0.0034 平方千米旱地，其中需要 0.0013 平方千米地维持他们夫妇俩的生活。他们两个星期才会买一次肉，每天凌晨 5 时起床，种水稻、甘蔗、茉莉花，加上养蚕和放牛，夫妇俩几乎不停地忙到晚上 10 时左右才能休息。如果没有 3 个孩

子外出打工的收入，他家建不起瓦房。一般而言，农民有着普遍而强烈的脱离农业生产的愿望和动机，但问题的关键在于脱离了农业生产后如何生存。至于现代农业公司，在我国还是凤毛麟角。农业生产对自然条件的依赖通常不是人们的主观意志改变的，农业生产的效率首先取决于自然条件，而不是农业生产的模式。如广西横县马岭镇良和村，基本上没有搞现代农业公司的条件。蚕、甘蔗、茉莉花这些产业都得依赖零碎的劳动，其产出是以零碎的劳动不计成本为前提的，因此只能是家庭经营，如按现代农业公司模式肯定亏本。

土地承包经营权流转不影响农民的生活，是相对而言的。农民的非农收入在某一段时间内可能是稳定的，许多农民十几岁外出打工，可以 5 年、10 年甚至更长时间不回来。但大多数外出打工的农民最终还是要回乡种田的。我们在广西三村调查中见到了许多 40 多岁回乡种田的农民，他们大多有 10 年以上的在外打工的经历。在年轻时，他们的打工机会多，收入大于城市生活的支出。但进入中年后，打工机会大大减少，用工单位倾向于用年轻的农民工。更重要的是孩子问题。如在城市上学，昂贵的生活费和学费远不是微薄的打工收入所能承受的，而回乡尽管收入减少，但生活开支也随之减少，孩子也能享受义务教育。这时，他们必须收回流转出去的承包地才能保障生活。农民的非农收入一般也只能对付日常的生活，如果出现家人生大病、孩子上大学等情形，生活马上就会陷入困境。我们在广西三村调查中见到，有些农户本来家境尚可，但因为孩子上大学筹措学费，生活水平立即下降到贫困之中。受访农民普遍说最害怕的是去医院。农民的非农收入还受国家宏观经济形势的影响。重庆电视台 2008 年 10 月 28 日播放了《沿海企业不景气引发重庆农民工返乡潮》的新闻，画面上是成群结队的回乡农民工，其中一位受访的农民工说全家在广州生活十几年了，因打工无法维持生计，带着全家回乡来了。在这些情况下，农民有没有土地大不一样，有土地种，至少可以活下去，虽然活得很辛苦。

土地承包经营权对农民的社会保障作用与我国的工业化、城市化的进程呈反比例关系：工业化、城市化进程越快，城市对农村劳动力的吸纳能力越强，土地承包经营权对农民的生存意义就越低。而土地承包经营权的流转的意义也与土地承包经营权对农民的社会保障作用呈反比例关系：土地的社会保障作用越弱，土地承包经营权的流转越有意义。但我们不能忘记，工业化和城市化是一个无法脱离我国国情和经济发展水平的历史进程。让农民进城是容易的，解决农民的就业和吃饭问题是不容易的，将农民变成流民绝不是工业化、城市化。因此，在制定土地承包经营权流转的法律政策和推动土地承包经营权流转时，农民的生存问题应成为最高的价值准则。

因此，土地承包经营权流转应当经过农民集体组织的审核，审核土地承包经营权流转会不会导致农民生活无着落。在农户缺乏足够的收入来源时，作为土地所有权人和发包方，农民集体组织有权不同意土地承包经营权流转。对于已经流转出去的土地，应当允许农民基于生存的理由单方面收回承包地。不管是初次流转还是再流转，要确保原承包方的农户的生存利益，绝不能让土地流转使农民既失地失业又失去基本生活保障。

三、土地承包经营权流转不能让农用土地非法用于建设

党的十七届三中全会关于允许多种形式进行土地承包流转问题引发公众的关注。

如何规范土地流转就是一个值得注意的问题。国土资源部长徐绍史在 2008 年 10 月的一次工作电视电话会议上郑重其事表示，农村集体土地决不能搞房地产，不能搞高尔夫球场建设，

不能搞不符合土地供应政策和产业的项目。可以说，徐绍史这"三不能"是对土地流转承包经营的规范，也是土地流转的一条底线。

土地流转不能流向房地产，一条最重要的理由是保护120.6万平方千米耕地的需要。120.6万平方千米耕地是一条底线。这次全球金融危机已引发粮食价格暴涨，一些国家粮食供应事实上已成为问题。据联合国世界粮食计划署统计，2007年世界饥饿人口已经达到9.25亿。而今，许多国家都把解决粮食供应问题视作稳定人心的一件大事。国务院2008年10月17日召开常务会议提出继续保持经济平稳增长的"十大措施"，第一条就是加大强农惠农政策力度，较大幅度提高粮食最低收购价格，制定并发布增加各项农业补贴方案，扩大补贴范围，提高补贴标准。而强农惠农的目的，除了关心农民群众生产生活之外，从政策方面引导农民群众保护耕地的用意也十分明显。

土地流转不能流向房地产也就是向某些基层、某些开发商亮起了"红灯"。现在一些房地产商借口搞什么"田园风房"，搞什么"绿色别墅"，盯住城镇郊区的土地搞房地产开发，在某些利益驱动下，一些基层官员也为其"大开绿灯"，使耕地面临被侵占的隐忧。2008年7月9日，国土资源部公布10起典型土地违法案件查处情况，就有6起是用于房地产和酒店建设的。其中石家庄一个房地产开发公司超出批准用地面积非法占地0.08平方千米。此外，一些地方借着新农村建设，也出现了先用后批、边用边批、批少用多等违法违规行为。

国土资源部在土地流转问题上设下"三不能"之限，也就是告诫开发商，不能利用土地流转搞浑水摸鱼，违法把农村耕地流转向房地产。

土地流转不能流向房地产，是与土地不是私有化这个原则一脉相承的。中国的土地为国家和集体所有，这是宪法规定的。

实施土地流转的目的是进一步完善农村土地的占有、使用和收益等权利。一些人之所以对利用农村耕地打开发房地产的主意，是有意无意误读了中央关于土地流转的政策，把土地流转等同于土地私有化，进而可以随意改变耕地的性质，随心所欲搞什么房地产，或搞什么高尔夫。因此，土地承包流转工作必须严格按照中央精神，在规定的范围内进行，这样土地流转才能最终惠及农民，惠及农业而不会危及耕地保护。

农用土地未经批准不能转为建设用地，是我国土地管理的一条原则。道理很简单，如果农用土地可以随便转为建设用地，我国就不能守住120.6万平方千米耕地的红线，中国人的吃饭就会成为一个严重的全局性的问题。现在许多人所热衷的土地流转，其实是企图将农用土地以流转的名义变成建设用地，从中牟取土地因用途改变后产生的增值。土地承包经营权流转在不少地方成为突破国家土地管理法律红线的一个借口，一个掩盖土地非法行为的合法形式。北京农村出现的所谓小产权房几乎都是利用农用土地建的房，极少建在真正的经过批准的宅基地上，但许多人以宅基地流转的名义博取舆论的同情。

因此，防止土地流转导致农用土地流失应当成为我国研究和制定土地流转法律政策的一个前提。任何土地流转的改革，都应当建立在农用土地未经批准不得成为建设用地的原则上，违反了这一原则，什么样的土地流转改革理由都不能成立。在这里，可以实行一票否决制。对于表面上不违反这一原则，甚至也有保护农田的口号，但具体问题上没有设置有效的周密的预防农用土地流失的机制、措施和责任追究的改革或试点方案，不能推向实践。有些地方先将农用土地划给乡、村集体企业，再以乡、村集体企业的名义对外搞联营、合作开发，最终的结果是将农用土地变成了建设用地。必须警惕以农村集体土地所有权和农户土地承包经营权对抗国家的保护耕地国策的现象。

不改变土地的农用性质，是农村集体和农户对国家和社会应尽的法定义务。必须指出，土地用途的管理，在发达国家同样是高于土地所有权的。我们在挪威调研时就了解到，挪威的土地所有权人甚至不能擅自在自己的山林中建一个小屋。

现在的问题是：许多地方以既成事实迫使国家接受农用土地流失的事实。农用土地一旦用于建设，客观上很难处理，这成为非法用地人要挟国家和对抗法律的武器，小产权房就是典型的一例。国土部门对已造成既成事实的违法用地案件往往反应过慢、过软，最后形成谁敢彻底违法谁就得利、法不责众的恶劣风气。如果这种情况继续下去，法律的权威荡然无存还是小事，严重的是我国无法守住120.6万平方千米耕地的底线。因此，在这个问题上不应有任何的软弱和例外，必须重拳整治：凡非法改变农用土地为建设用地的，所有的建筑物都必须拆除，土地必须复耕，不能复耕的收归国有并对非法用地人严加追究，包括行政责任、民事责任和刑事责任。

四、土地流转应是农户成员的共同意思

谁能做出土地流转的决策？实践上比较混乱。有农户凭借其土地承包经营权做出决策的，有户主凭借承包人的身份做出决策的，也有乡、村凭借其土地所有权做出决策的。如何看待和解决决策主体的问题，应从两个方面加以考虑：

首先，应明确土地流转的性质。如前所述，土地流转是土地承包经营权的流转，由此而言，由乡、村来决定土地流转是不合适的。现在一些地方为了调整农业生产结构和规模化生产，由乡政府或村委会决定土地流转，这没有法律依据。土地承包经营权是归属于农户的物权，其行使和处分只能由权利人做出。乡、村只能依法审核土地流转以免土地流转违反法律规定或侵犯土地所有权权益，不能行使和处分土地承包经营权。因此，

乡、村只能以引导、说服的方式调整农业生产的结构和规模，要树立即便调整不了也不侵犯土地承包经营权的指导思想和工作原则。

其次，应明确土地承包经营权的权利主体是农户，而不是户主。土地承包经营权以农户为单位，由农户家庭成员共同享有。在农户不发生分家的情况下，土地承包经营权不能分割成若干。因此，土地流转必须由农户家庭成员共同决定。但是，民事权利的行使需要民事行为能力作为有效要件。未成年和不能辨认或不能完全辨认自己行为的家庭成员属于无民事行为能力或限制民事行为能力者，他们不能参与决定土地流转。户主是农户的代表人，可以代表农户对外签订合同，但代表的是家庭有行为能力成员的共同意志，因此，未经家庭有行为能力成员的一致同意，土地不得流转。

第三节　农村土地流转的分类

一、家庭承包流转和非家庭承包流转

我国立法对家庭承包土地和非家庭承包土地做了严格的区分，分别加以规定。在土地流转上，对非家庭承包土地限制较少，在土地用于农业生产的前提下，土地的流转基本上是自由的。对家庭承包土地则予以较多的限制，防止土地流转导致农户永久失去土地成为限制的基本宗旨。例如，从物权法的相关规定中可以知道，非家庭承包的土地承包经营权是可以抵押的，而家庭承包的土地承包经营权是禁止抵押的。立法的这种立场值得赞赏，因为这反映出立法对我国农村社会和土地之间的关系的深刻认识。土地流转不是一个单纯的经济问题或私法问题，

同时也是重大的政治问题和社会问题。

按照土地承包方式的不同，土地承包经营权的流转可以分为家庭承包流转和非家庭承包流转。家庭承包流转，是农户将从农民集体组织承包获得的土地转移给其他人或经济组织进行农业生产经营活动的流转；非家庭承包流转是承包人将以公开竞价或协议的方式从农民集体组织承包获得的土地转移给其他人或经济组织进行农业生产经营活动的流转。两者的主要区别在于土地承包的方式。家庭承包流转的土地，是农民集体组织依照土地承包法等法律政策，按照一定的标准和程序统一分配给农户承包的。农户作为集体组织的成员，天然享有占有集体土地以维持自身生存和发展需要的权利，因此，家庭承包的土地具有不可改变的社会价值和功能，是农民生存权和发展权的重要基础。家庭承包土地进入流转后，不论流转到什么程度，土地的家庭承包性质始终不变，都属于家庭承包流转。非家庭承包的土地主要是荒山荒地等，按照土地管理法、土地承包法和物权法，荒山荒地的承包可以不采用家庭承包方式，而采取招标、拍卖或公开协议承包等多种方式。非家庭承包的土地没有承载农民生存和发展的功能，承包人不以农户为限，村外农民、农业公司、城镇居民都可以承包土地从事农业生产，承包不是无偿的，而是一种基于等价交换市场规则而产生的交易。

二、初次流转和再流转

按照流转方的不同身份，可以将农村土地的流转分为初次流转和再流转。初次流转，又称为第一次流转，是指承包方将其以承包经营合同所获得的土地承包经营权，移转给其他人或经济组织进行农业生产经营活动的流转。再流转，又称为二次以上流转，是指受让方将其以土地流转合同所获得的土地承包经营权，移转给其他人或经济组织进行农业生产经营活动的流转。两者的主要区别在于流转方的身份。初次流转中的流转方是承包方（农户或承包人）；再流转中的流转方不是承包方，而是上位流转的受让方。

初次流转涉及的法律关系比较简单，仅涉及村农民集体（发包方）、承包方（农户或其他）、初次受让方、一般非物权人四方之间的双重法律关系；再流转所涉及的法律关系比较复杂，所涉及的当事人也比较多，包括村农民集体（发包方）、承包方（农户或其他）、再流转方、受让方和一般非物权人五方之间的双重法律关系。一般而言，初次流转中，发包方对土地流转的目的和后果比较清楚，能够将土地流转的后果控制在承包合同的范围内。而再流转尤其是数次再流转后，发包方对土地流转的过程和内容容易失控，甚至不知道土地最后在谁的手上。受让方也可能不理会发包方，不愿承担土地承包合同中的义务。因此，对再流转的限制应当严于初次流转。

再流转，除了应当具备初次流转应有的本章第二节所列的"不能进入产权交易市场"、"不得改变土地用途"等先决条件外，还必须包括下列要求：①对于家庭承包土地，应当保障原承包的农户即最初流转方的基本生存权。一旦原承包的农户生活无着落需要收回土地，最后一个受让方不能拒绝。②再流转的期限不得超过初次流转确定的期限。例如，原承包的农户将土地转包的期限定为10年，后面不管流转多少次，累计不能超过10年的期限。③再流转必须经原承包方的同意，未经同意无效。在同等条件下，原承包方有权收回。④再流转必须经发包方审核，保证再流转不违反土地承包合同的规定。

三、村内流转和村外流转

按照受让方的不同身份，可以将土地流转分为村内流转和村外流转。村内流转是指流转方将土地承包经营权转移给本村的农民或经济组织进行农业生产经营活动的流转；村外流转是指流转方将土地承包经营权转移给村外的自然人或经济组织进行农业生产经营活动的流转。村内流转是村内到村内的流转；村外流转是村内到村外的流转。

理论和立法上并无村内流转和村外流转的说法。但实践中普遍存在着村内流转和村外流转的现象。《农村土地承包经营权流转管理办法》第三十五条规定："转包是指承包方将部分或全部土地承包经营权以一定期限转给同一集体经济组织的其他农户从事农业生产经营。……出租是指承包方将部分或全部土地承包经营权以一定期限租赁给他人从事农业生产经营。"把流转给村内人或村外人作为转包与出租的区分标准。这就意味着，转包与出租其实就是分别指代村内流转与村外流转。与转包、出租相比，农民更容易理解村内流转与村外流转的区分，我们在广西三村调查时发现，农民基本上分不清楚转包与出租的区别。况且，出租是一个有自身含义的概念，用来指代村外流转易发生歧义，混淆土地出租与承包经营权出租，因此，应采用村内流转与村外流转的分类。

村内流转属于本集体组织内的成员之间对土地占有和经营的调整。流转的双方都是该村集体组织的成员，无论怎么流转，都不影响土地承包原有的性质和成员的共同利益。我国乡村社会具有很强的地域性和血缘性，一个村往往只有几个姓甚至一个姓，同姓的村民往往拥有共同的祖先，集体土地在许多农民眼里也就是家族共有的土地，村内流转不会导致土地落入外人之手，因此对村内流转一般都予以认可。我们在广西三村调查中没有听到不赞成村内流转的意见。村内流转不影响农村集体土地所有权，一般不会导致发包方对土地的失控，能缓解本村"有地无人种、有人无地种"的矛盾。因此，对村内流转可以给予较大的自由。

村外流转则不一样，由于受让方不是本村集体的成员，容易引起利益冲突。由于第一轮土地承包是按人口分配的，到第二轮承包时，已经出现了有的农户人少地多，有的农户人多地少的现象。人多地少的农民对第二轮承包维持第一轮承包的状态本来就觉得不公平，对人少地多的农户将土地流转给村外人就更有意见了。我们在广西三村调查中听到了许多人多地少的农户的抱怨：①反对土地承包不随人口增减而调整，主张土地承包应实行大稳定，小调整；②反对土地随便流到村外，主张土地应该村内流转。实际上，村外流转的问题不仅仅是农民的感受，更重要的在于如何保证土地的社会保障功能的实现。受让方不是本村集体组织的成员，土地流转只是一种土地利益的交换行为，很难要求受让方考虑土地的社会价值，也很难约束。农业生产具有较高的经营风险，如果受让方在经营失败时随时丢下不管，土地就可能抛荒。在受让方违反土地承包合同时，村规民约或道德习惯对受让方没有什么约束力，农民集体和农户只能选择诉讼，而诉讼不是农民熟悉的处理纠纷的方法，成本极高。因此，对村外流转应做较为严格的限制。

村外流转，除了应具备土地流转的先决条件，还应包括以下限制性条件：①受让方必须具有农业生产经营能力。这是确保土地用于农业生产的重要条件。不具有农业生产经营能力，容易造成土地的低效率或破坏土地的产出能力。②在同等条件下，村内流转优先于村外流转，土地优先交给本村集体成员耕种，有利于缓解人多地少的矛盾。③必须经过农民集体的同意，程序上应有2/3的村民的同意且无人要求优先耕种。

四、部分流转和整体流转

按照对土地承包经营权的转移是全部还是部分，可以将农村土地的流转分为部分流转和整体流转。部分流转是指流转方在保留部分土地承包经营权的情况下，将其他部分的土地转移给其他人或经济组织，使受让方取得该部分土地承包经营权的流转；整体流转是指流转方将其获得承包经营的土地全部转移给其他人或经济组织的流转。

部分流转通常是基于农户人少地多的原因，现在许多农户只有老人、孩子在家，没有足够能力经营承包地，需要将部分土地流转出去。在这种情况下，部分转让一般不涉及农户的基本生存问题，又在人少地多和人多地少中起到了调剂土地的作用，是值得提倡的。部分流转其实是对我国现行土地承包制度缺陷的弥补。农户人均占有土地不同因而缺乏应有的公平是现行土地承包制度的一个硬伤。为了稳定土地承包关系，不能对这一硬伤进行制度矫正，而部分流转在一定程度上可以使农民对土地的占有趋向于公平。

整体流转则具有一定的社会风险。在家庭承包中，农户一旦将土地全部流转，就可能面临失业失地导致的生存困难。因此，对整体流转应加以严格的限制。从限制的目的上，必须确保整体流转不会导致农户生活无着落。当事人要对整体流转后农户的生存能力做出说明，受让方应当承诺一旦农户生活无着落时无条件返回土地。从限制的程序上，必须加强农民集体组织对整体流转的审核，对农户生活缺乏必要保障的整体流转，有权予以否决。一些学者不赞成农村集体组织对土地流转可以有否决权，认为这将侵害农民的土地承包经营权。这是非常片面的。土地承包经营权是用益物权，任何用益物权对所有权都负有一定的义务。承包土地首先要满足农户的生存需要，是农民集体组织分配土地的根本目的和要求，是设立土地承包经营权的基本理由，违反了这一根本目的和理由，也就违反了对所有权的义务。

第四节　农村土地流转的方式

一、现行法律关于土地流转方式的表述

土地流转可采用哪些具体方式？立法规定不尽相同。《农村土地承包法》第三十二条和第四十九条按照家庭承包和以其他方式承包分别做了不同的规定，即"通过家庭承包方式取得的土地承包经营权，可以依法采取转包、出租、互换、转让或者其他方式流转"；"通过招标、拍卖、公开协商等方式承包农村土地，经依法登记取得土地承包经营权证或者林权证等证书的，可以依法采取转让、出租、入股、抵押或者其他方式流转"（见图3-1）。

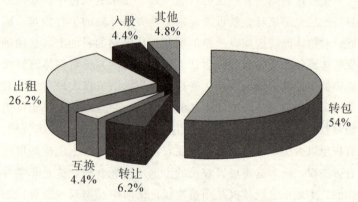

图3-1　农村土地流转主要形式示意图

（一）转包

转包是指农民集体经济组织内部农户之间的土地承包经营权的租赁。转包人对土地经营权的产权不变。受转包人享有土

地承包经营权的使用权，获取承包土地的收益，并向转包人支付转包费，转包无须发包方许可，但转包合同需向发包方备案。

（二）出租

出租是指农户将土地承包经营权租赁给本集体经济组织以外的人。出租是一种外部的民事合同，出租人对土地经营权的产权不变。承租人通过租赁合同取得土地承包经营权的承租权，并向出租的农户支付租金。农民出租土地承包经营权无须发包方许可，但出租合同需向发包方备案。

（三）互换

互换是指农民为了耕作方便或出于其他考虑，将自己的土地承包经营权交换给本集体经济组织内部的其他人行使，自己行使从本集体经济组织内部的其他人处换来的土地承包经营权，承包方不能与其他集体经济组织的农户互换土地承包经营权。双方农户达成互换合同后，须报发包方备案，且应与发包方变更原土地承包合同。同时，互换后的土地承包经营权人仍要按发包时确定的该土地的用途使用土地，履行该地块原来负担的义务。

（四）转让

转让是指土地承包经营权人将其拥有的未到期的土地经营权，经发包方许可后，以一定的方式和条件转移给他人的一种行为，并与发包方变更原土地承包合同。土地承包经营权的受让对象可以是本集体经济组织的成员，也可以是本集体经济组织以外的单位和个人。转让将使农户丧失土地承包经营权，因此对转让必须制定严格的条件，转让的农户必须有确实的非农生活保障。

（五）入股

入股是指农户在自愿联合的基础上，将土地承包经营权以入股的形式组织在一起，从事农业生产，收益按股分红，是一种具有合作性质的流转形式，而不是入股组成公司从事经营。

其中，转让和出租是家庭承包和非家庭承包均可采用的流转方式；入股、抵押没有明确为家庭承包经营的土地流转方式，但由于其有"其他方式"这一表述，是否也能成为家庭承包土地的流转方式，容易引起争议。从物权法的规定看，抵押不能作为家庭承包土地的流转方式；转包、互换没有明确为非家庭承包土地的流转方式，但由于其同样有"其他方式"这一兜底性的表述，尚待研究。值得注意的是，《物权法》第一百二十八条、第一百三十三条在重申这两种土地承包经营权的流转方式时，都删掉了"出租"两字。《农村土地承包经营权流转管理办法》第三章中提到了转包、出租、互换、转让、入股等流转方式，第六章中提到"四荒"土地可以采取转让、出租、入股、抵押或者其他方式流转。至于法条中规定的"其他方式流转"还包括哪些，理论与实践都在不断地探索，学者对流转方式的选择也不尽相同，有的学者还提出继承、赠与、信托、联营等流转方式；有些农村地区根据当地的实际情况，出现了委托代耕、"四荒"土地使用权的拍卖、竞价承包、承租返（反）包、反租倒包、股份合作制等不同的流转方式。

《物权法》和《农村土地承包经营权流转管理办法》虽然都规定了具体的流转方式，但基本上没有对流转方式的含义、内容、条件等做出明确解释，在理论上也缺乏对流转方式的内涵和合理性、科学性、合法性做深入系统的分析，这就使得我国农村土地的流转事实上处于无序的状态，经常出现流转方式名称和实际内容不相符的情况。因此，深入研究土地流转方式，对于规范土地流转，具有重要意义。

二、土地承包经营权的抵押

土地承包经营权的抵押本身并不是土地流转。抵押是债务人或者第三人不转移担保财产的占有，将该财产作为债权的担保。在债务人不履行届期债务时，债权人有权以该财产折价或者以拍卖、变卖该财产的价款优先受偿。抵押解决的是谁先受偿的问题，不以占有农用土地为条件。抵押期间，抵押人继续占有承包地，仍然享有土地承包经营权。抵押期满，如果抵押所担保的债务得到了清偿，抵押权随之消灭，也不发生土地承包经营权转移。只有在抵押期满，抵押所担保的债务得不到清偿，才可能发生拿抵押的土地承包经营权用来清偿债务的情况。这时，导致土地流转的不是抵押行为，而是作价或变卖土地承包经营权等法律事实，因此，土地承包经营权的抵押，尽管与土地流转有着密切的联系，但不是土地流转的方式。

《物权法》、《农村土地承包法》都规定：以其他方式获得的"四荒"地承包经营权可以抵押。《物权法》第一百八十四条同时规定：耕地、宅基地、自留地、自留山等集体所有土地使用权不得抵押，但法律规定可以抵押的除外。现在，还没有法律规定以家庭承包的土地承包经营权可以抵押，因此，以家庭承包的土地承包经营权属于《物权法》第一百八十四条禁止抵押的对象。这就意味着，耕地、草地、林地等以家庭承包方式取得的土地不能通过抵押的方式流转。立法上之所以对这两种不同的土地承包经营权采取不同的态度，是从土地的社会保障功能上出发的，允许农民抵押自己的承包地意味着农民会因为债务而丧失土地，从而失去生存的基本条件，而以其他方式承包的土地，没有这个后顾之忧。

我国的经济发展水平和农村现状决定了大多数农民主要的甚至唯一的收入来源于耕种土地。如果允许农民以土地承包经营权抵押，农民一旦不能清偿到期债务，在实现抵押权的过程中，就会失去生存之本。我国农民多数刚刚解决温饱问题，承受债务的能力相当弱，允许土地使用权抵押将刺激农民举债。

农业本身是风险很高的产业，农业大户因自然灾害或市场变幻而倾家荡产的事例不胜枚举，鼓励农民抵押贷款其实是在增大农民农业生产资金支持上承担责任，如政府担保贷款、贴息贷款、生产补贴等。农民也可以依据《物权法》第一百八十四条的规定将现有的以及将有的农作物做抵押以取得贷款。因此，最高人民法院《关于审理涉及农村土地承包纠纷案件适用法律问题的解释》第十五条规定：承包方以其土地承包经营权进行抵押或者抵偿债务的，应当认定无效。

或许有人会说，有些农民有稳定的非农收入，土地承包经营权抵押不影响他们的生活，应该可以抵押。我们认为，这个口子不能开，因为农民有无稳定的非农收入是一个操作性的问题，立法上无法做出清晰的界定，拉开口子的结果必然是大量的法律规避行为，最终导致土地承包经营权的自由抵押。

三、土地承包经营权的继承

土地承包经营权能否继承。从现行法律上看，《物权法》第一百三十条、第一百三十一条、第一百二十六条第二款规定：承包期内发包人不得调整、收回承包地；因自然灾害严重毁损承包地等特殊情形，需要适当调整的，或者农村土地承包法等法律另有规定的，依照其规定办理。承包期届满，由土地承包经营权人按照国家有关规定继续承包。没有提到土地承包经营权的继承。《中华人民共和国继承法》第四条规定：个人承包应得的个人收益，依照本法规定继承。个人承包，依照法律允许由继承人继续承包的，按照承包合同办理。最高人民法院《关于贯彻执行〈中华人民共和国继承法〉若干问题的意见》第四条对"承包人死亡时尚未取得的承包收益"做了进一步的解释，即"可把死者生前对承包所投入的资金和所付出的劳动及其增值和孳息，由发包单位或者接续承包合同的人合理折价、补偿，其价格作为遗产"。承认了承包收益的继承，没有承认土地承包经营权的继承。《农村土地承包法》将土地承包经营权按照其不同的取得方式，分为家庭承包和以其他方式承包两种。以家庭承包的，该法第三十一条规定："承包人应得的承包收益，依照继承法的规定继承。林地承包的承包人死亡，其继承人可以在承包期内继续承包。"该法第五十条规定："土地承包经营权通过招标、拍卖、公开协商等方式取得的，该承包人死亡，其应得的承包收益，依照继承法的规定继承；在承包期内，其继承人可以继续承包。"明确的也是承包人应得的承包收益可以继承。对土地承包经营权本身，现行法律只规定了"继续承包"。在民法学上，继承是将被继承人的遗产转移给继承人。因此，继承含有继续行使权利的意思，但继续行使权利并不就是继承。继续承包仅指承包的延续，表示权利行使的延续，不能得出权利可继承的结论。如转包含有继续承包的意思，但绝不是继承。而且，承包收益与承包经营权是两个不同的概念。承包收益，是指承包人在承包地上进行农业生产经营活动而获取的收益，如承包地上的农作物、林木等。所谓承包经营权，是指权利人占有承包地，从事农业生产经营活动的权利。

《中华人民共和国土地管理法》（以下简称《土地管理法》）第十五条规定，农村集体经济组织以外的单位或个人承包经营农民集体所有的土地，必须经村民会议2/3以上成员或者2/3以上村民代表的同意，并报乡（镇）人民政府批准。村民或村民代表的同意以及乡（镇）政府的批准是村外自然人或法人获得土地承包经营权的前提条件。当承包人的继承人是外村人或城市居民时，如果允许其直接继承土地承包经营权，无论该土地承包经营权是以家庭承包还是以其他方式取得的，都意味着无须经过村民或村民代表的同意与乡（镇）政府的批准，这是有悖于《土地管理法》的。如果"只有从事农业生产的继承人才享有继承权；其他继承人不享有继承权"，则违背继承法法理。财产继承从不以继承人的职业为前提，不能因为继承人不从事农业生产就剥夺其继承权。即便继承人是本集体经济组织的成员，也存在问题。如果允许承包地在农户代代相传，不仅承包经营权无所谓期限可言，成为变相的土地所有权，而且随着继承人的不断分支，土地会随着分割越来越零碎，从而降低农业生产的效益。为此，有学者提出"单嗣继承制"，即农地承包权由独子继承，男女有同等的继承权，留在本社区的子女优先继承；有学者提出只有与被继承人共同承包的人才能对承包地有继承权；还有学者以国家政策性规定为依据，主张"16 周岁以上且精神正常的第一顺序继承人，才享有对技术要求较高的专业性承包项目的继承权"。这些观点都以限制继承人的范围为目的，让任何一个儿子或女儿继承土地承包经营权，都是将其他继承人置于不平等的地位，既不合法也不合理。

土地承包经营权的内涵决定了其不可继承性。家庭联产承包虽然以农民个人为基点分配农用土地，但与发包方签订土地承包合同的是农户。例如，某农户共有 5 人，按照 0.0012 平方千米/人的分配原则，当时共分得 0.006 平方千米农地。这 0.006 平方千米承包地上仅有一个土地承包经营权，由农户全体成员共同享有。以农户作为土地承包经营权的基本单位，符合我国农业生产的实际情况。从人民公社到家庭联产承包的实践已表明，农户作为农业生产的最小基本单位，能有效地激发农民的生产积极性，提高农地的利用效率。《农村土地承包法》明确规定了土地承包经营权是以户为单位，这就意味着，以户为基本单位而确立的土地承包经营权，作为一项整体权利，除非分户，否则不能由农户的成员各自分割享有。对家庭承包而言，只要作为承包方的农户依然存在，农户中某个成员包括户主的死亡，不影响土地承包经营权的存在。如果农户成员在承包期内全部死亡，农户的主体资格归于消灭，土地承包经营权也是消灭而不是继承，因为没有谁能成为农户的继承人。以招标、拍卖等其他方式获得的土地承包经营，虽然不一定以农户为土地承包经营权为基本单位，但仍有从事农业生产的主体限制和土地承包权取得的法律程序限制，也难符合继承的要求。

土地承包使用权无法容纳到继承范畴，但土地承包人的死亡对土地承包经营权的影响是客观存在的，因此，现行法律采用了继续承包作为解决问题的方式。现行法律没有对继续承包做具体的解释，为继续承包的具体应用留出了空间。承包人死亡时，会出现农户仍然存在和农户不再存在两种情形。第一种情形下，土地承包经营权仍由农户继续承包。第二种情形下，土地承包经营合同的一方当事人已不存在，土地承包经营合同终止，继承人可以继承土地承包权益，但不能继承土地承包经营权。基于农业生产的连续性，应该赋予继承人在同等条件下享有优先承包权，即土地重新发包，继承人可以同等条件优先获得承包经营权，继续承包这块土地从事农业生产经营。所谓同等条件，可以从是否为本集体组织成员、是否无地少地、是否具备农业生产能力等方面加以考虑。对于以招标、拍卖等其他方式获得的土地，继承人可以原有的条件重新与发包人签订承包合同，取得剩余期限的土地承包经营权。

四、土地承包经营权的转包与出租

《农村土地承包经营权流转管理办法》在第六章附则中对出租、转包两种流转方式下了定义。所谓转包，是指承包方将部分或全部土地承包经营权以一定期限转给同一集体经济组织的其他农户从事农业生产经营。转包后原土地承包关系不变，原承包方继续履行原土地承包合同规定的权利和义务。接包方按转包时约定的条件对转包方负责。出租是指承包方将部分或全部土地承包经营权以一定期限租赁给他人从事农业生产经营。出租后原土地承包关系不变，原承包方继续履行原土地承包合同规定的权利和义务。承租方按出租时约定的条件对承包方负责。转包和出租以"三权分离"论为理论基础，即将土地承包经营权拆分为承包权与经营权，受让方即接包人或承租人享有土地经营权。土地承包权仍留在原承包方即转包人或出租人手中。原承包方与发包方之间的土地承包合同关系并未发生改变，原承包方继续享有和履行原土地承包合同规定的权利与义务。

我们赞成转包作为土地流转的方式。转包在我国农村土地流转中相当普遍。不少学者认为转包不发生土地承包权的转移，只是转移经营权，这种将一个用益物权分拆为两个用益物权的做法违背物权法定原则。物权是不能由当事人分拆为几个物权的。土地流转不是简单的土地占有的改变，必然伴随着相应的土地权利的转移，在土地所有权不能流转的前提下，土地承包权也不转移，土地流转的法律意义何在？转包，顾名思义，是指将土地承包经营权转给他人，由他人作为承包人对发包人承担义务。"转"字，在法律上通常被理解为权利义务的转移，如转代理、转质等，转包不转移土地承包权不符合法理。更重要的是，如果转包不转移土地承包权，转包人就成为"二地主"，不必耕种，凭着一纸合同坐享土地收益；而转承包人耕者不得其田，沦落为事实上的佃农。因此，应当对转包予以正确的界定：转包是指承包方在自愿基础上与具有农业生产经营能力的他人协商，将自己所承包的土地交付给他人在一定期限内占有，他人在该承包地上从事农业生产并享有土地承包经营权。承包方在流转期间不享有土地承包经营权，但仍然享有承包经营合同中所约定的其他权利。

我们主张在土地流转中删掉出租。其原因是：①允许出租土地承包经营权，容易架空土地所有权，使土地承包经营权

"所有权化"或承包方变成事实上的"二地主"。我们在河南农村调查中发现，多数被访者把以出租方式流转土地理解为"出租土地"，而非出租土地承包经营权。出租土地被认为是无须受土地承包经营合同的约束，其直接后果是租赁人随意改变承包地的用途，有将耕地改为水塘养鱼虾，有将耕地变为果树林等。承包方尤其是以非家庭承包方式获得土地承包经营权的承包方，以出租土地从中渔利，成为"二地主"。②允许出租土地承包经营权，容易出现借出租名义规避法律的行为。现在许多地方出现了"以租代征"，以租赁土地承包经营权的名义替代征地，规避征地的法律规定和程序。大量耕地被以租代征的方式用来建设"工业城"、"世纪广场"、"商贸城"、"产业基地"等，严重动摇了保护耕地的基本国策。虽然也有个别土地承包权租赁不影响保护耕地的事例，但整体而言，出租弊端极大，不适合成为土地流转的方式。

土地承包经营权的转包或出租的现象相当普遍。但转包和出租似乎没有明显的区别。有学者把转包与出租之间的区别归纳为三个方面：①受让方的身份不同。承租人一般是本村以外的企业、单位和个人；接包人可以是本村集体组织成员，也可以是本村以外的人员。②使用承包地的目的不同。转包的土地一般是用于规模经营，发展开发性农业；出租土地承包经营权的目的多种多样。③标的物不同。出租标的物不限于承包方承包的土地，一般还包括地上附着物；转包标的物仅限于承包方所承包的部分或全部土地。上述三个区别都值得质疑。首先，当两者的受让方都是村外人员时，如何区分转包与出租？其次，如果土地上没有地上附着物，又如何区分出租与转包？最后，出租土地承包经营权的目的不可能多种多样，否则违反土地管理的法律和政策。农民土地未经批准不得改为建设用地，这是强行性规定。无论转包还是出租，其目的只能是从事农业生产经营活动。由上可见，将转包与出租分别规定，不仅没有丰富流转方式，而且导致重复规定。对此，有的学者主张保留出租，删掉转包。

五、土地承包经营权的转让与互换

根据《农村土地承包法》第四十一条的规定，转让是指承包方将部分或全部土地承包经营权转让给其他从事农业生产经营的农户，由其履行相应土地承包合同的权利和义务。转让后原土地承包关系自行终止，原承包方承包期内的土地承包经营权部分或全部灭失。不少学者认为，转让与转包的区别在于：转让后，转让人不再享有土地承包经营权，受让人直接成为土地承包经营合同的当事人，对发包人承担义务；而转包中，转包人未退出承包关系，仍是土地承包经营合同的当事人，仍享有土地承包权。如前所述，这些学者对转包的理解是不合适的，不转移土地承包权的转包会导致"二地主"的现象，不符合耕者有其田的民生原则。转包应当转移土地承包经营权。因此，立法应该取消转让这种流转方式。

转让的实质是农户永久性地失去承包土地。这违背了土地承包经营权的设立目的。集体所有的土地之所以分配给农户承包经营，一是体现集体组织成员共同占有集体所有的土地的权利，为集体组织成员提供基本的生产资料，也为集体组织成员提供基本的生存保障。因此，土地是集体组织成员权的物质基础，土地承包经营权是集体组织成员权的主要体现。允许农户永久转让土地和土地承包经营权，实际上是将土地承包看成是单纯的财产分配，分给谁了谁就可以自由处置。二是实现宪法规定的农村集体经济统分结合的经营体制和方式，有效地发展我国的农业生产，提高土地经营效益，解决我国 13 亿人的吃饭问题。允许农户永久转让土地和土地承包经营权，实际上将土地承包看成是单纯的家庭经营，否定了统分结合的集体经济经营体制和方式。土地承包经营权存续时间30年以上，跨过一代或几代人。转让土地承包经营权，从小处说，会产生农户的生存问题，农户失去了土地又没有其他生活来源不可能熬上几十年，支撑到土地承包经营权期满后收回土地；从大处说，会产生土地兼并，导致土地过于集中，形成能持续几十年的地主，从而架空集体土地所有权和形成各种社会问题。事实上，农民不到万不得已是不会转让承包地的，即使从事非农产业经营了，也会把承包地看成是活命田和就业、保险田，宁可粗放经营，撂荒弃耕，也不愿意放弃承包地。农民更愿意选择转包。因此，实践中以转让方式流转承包地的情形极少。我们在广西三村调查中，没有一例转让承包地，而78.5%的被访者表示不愿意转让自己的承包地。转让这一流转方式既没有合理性，也没有实践基础。

有学者认为，转让包括买卖、互换和赠与三种，虽然互换仅限于同一集体经济组织承包方之间，但互换逻辑上属于转让。将转让与互换并列规定，是逻辑混乱。这是只从概念出发，不顾实际需要。我们认为，转让本身就不是准确的法律概念，而且以买断土地承包经营权为特征的转让应当取消，而互换应当成为独立的土地流转方式。

互换是土地承包经营权人为了生活、生产的便利互相交换各自的承包地。互换是农村土地流转相当常见的形式。我们调查的广西三村都存在村内农户之间互换土地的现象，而且被访者认可这一流转方式。77.8%的人认为自己有权处分（60.9%的人认为通过口头协商就可以互换，16.9%的人认为需要签订书面合同进行互换），而不需要经过村长、村委会同意。甚至有62.9%的人认为只换地不换经营权，无须同时变更承包经营权。若有其他情况发生，如政府要征地，征地补偿费仍归原来的承包权人。究其原因，互换不会导致农户失地失业，农户仍然有地可种。互换中，双方的土地承包经营权只是相互交换，甲家的土地承包经营权转给乙家，由此获得乙家的土地承包经营权。互换可以方便农产耕种，能有效地解决土地细碎化和经营分散问题。我国土地承包时普遍按人口与土地质量好坏搭配均分，以致地块零星、经营空间分散，一些农户住处与承包地相距甚远。互换能弥补承包原则的缺陷。

现在一般将互换解释为集体内部的流转，这可能是因为实践中互换大多是村内农户之间的土地流转。互换形式能否适用于村外流转？A 村甲家的承包地在乙村 B 家附近，乙村 B 家的承包地又靠近 A 村甲家，为了方便耕种而互换，没有什么坏处。因此，只要符合村外流转的条件和程序，村外的互换应该得到法律的认可和保护。

六、土地承包经营权的入股

2007 年 7 月 1 日，重庆市工商局出台了一项政策，即在农村土地承包期限内和不改变土地用途的前提下，允许以农村土地承包经营权出资入股设立农民专业合作社；经区、县人民政府批准，在条件成熟的地区开展农村土地承包经营权出资入股，设立有限责任公司和独资、合伙等企业。这意味着，该市农民可以土地承包经营权入股设立企业。一时间，这一政策的合法性、合理性、土地承包经营权如何作价入股、入股的企业破产后怎么办等问题，成为各界关注的焦点。

《物权法》、《农村土地承包法》等法律确立了入股这一流转方式。但对不同的土地承包经营权的入股，规定不尽相同。对家庭承包的，规定"承包方之间为发展农业经济，可以自愿联合将土地承包经营权入股，从事农业合作生产"。对荒山、荒沟、荒丘、荒滩地的承包经营权，规定"荒山、荒沟、荒丘、荒滩等可以直接通过招标、拍卖、公开协商等方式实行承包经营，也可以将土地承包经营权折股给本集体经济组织成员后，再实行承包经营或股份合作经营"。关于土地承包经营权入股的概念，《农村土地承包经营权流转管理办法》第三十五条做了具体解释，即"入股是指实行家庭承包方式的承包方之间为发展农业经济，将土地承包经营权作为股权，自愿联合从事农业合作生产经营；其他承包方式的承包方将土地承包经营权量化为股权，入股组成股份公司或者合作社等，从事农业生产经营"。至于如何入股、可以采用何种入股模式，我国的立法都未做进一步的规定，以至于在理论上和实践上，入股的内涵极不统一。

实践中的入股模式并不都属于土地流转的方式。广东省南海市早在1992年就推行了农村土地股份合作制，尔后，在广东珠江三角洲其他地区、江苏、浙江等长江三角滩发达地区及辽、湘、豫、川等地区也相继开始了入股经营的试点。除了土地股份合作制，还有动态股权制、入股分红制等模式。这些入股模式，有的并不导致农村土地的流转，如动态股权制。动态股权制，是指承包方与第三方协商一致，按其要求种植作物（通常第三方还会提供一定的技术支持），并由第三方负责产品销售的土地集约规模经营方式，俗称"企业＋农户"。动态股权制中，第三方仅仅与承包方（农户或承包人）签订供销合同，并没有直接参与承包地上的农业生产，仍然由承包方自己占有承包地进行耕种，因此，土地承包经营权并没有发生转移，仍然由承包方继续享有。有的并不都是为了从事农业生产，如上海南汇县的入股分红试点。入股分红制，常常没有明确规定"不得改变土地用途"，因此，上海南汇县以白玉兰大道建设为试点，试行土地使用权作价入股的用地方式，按每平方千米每年0.536元的价格向农民发放耕地补贴费，并按每年2%的比例递增，以此作为农民土地入股的红利。土地使用权入股的年限原则上为

30 年，如若干年后某块地因开发而被征用，则连同道路用地一起带征，被征地后的农民享受征地有关政策和补贴，同时停发耕地补贴费。这种旨在规避国家保护耕地法律的入股分红试点，已不是正常的土地流转。

入股作为土地流转方式，比较典型的是土地股份合作制。1992 年，广东南海市推行农村土地股份合作制，即在不同地区采取不同的作价形式，按照每个劳动力的贡献、劳动年限和原来承包地的质量，把土地和固定资产折股量化给农民，实行农民股权"生不增，死不减"制度，建立股东大会、董事会和监事会，把土地重新拿来招标发包，进行按股分红。常熟市新港镇李袁村也实行了土地股份合作社，并且规定该股份可以继承、赠与，经发包方同意也可以转让。土地股份合作制主要采用两种模式：一种是非公司化的股份合作，即为合伙经营而以土地承包经营权入股。承包地由合伙人统一使用，统一收益，土地承包经营权由原来的承包方改为由合伙人共同享有，由此发生土地流转。另一种是公司化的股份合作，即以土地承包经营权入股组成股份合作企业（合作社）。土地承包经营权移转给股份合作企业（合作社），发生土地流转。

以入股方式流转土地承包经营权，对于完善我国土地承包经营制度和农业生产的发展具有积极的意义，应当大胆探索。①土地承包经营权入股可以形成新的资源配置机制。现行的家庭承包经营制，按人分配，把农民与具体的地块紧密联系。这种资源配置机制在土地的初次配置过程中体现了"人人有份"的公平原则。但是，农村人口不断地自然增减，而土地资源有限，在农村土地总面积不变或只减不增的情况下，为了稳定土地承包关系，只能"增人不增地，减人不减地"。集体组织内的新增成员无地可分，造成"人人有份获得承包地"原则落空，原有的资源配置机制实际上已经崩溃，需要有新的体现公平的资源配置机制。使农民与具体地块脱离直接关系的按股分配是值得考虑的一种模式。如果将人人有份的土地折算成股权，然后按人口进行分配，不仅承包地的初次分配上能体现"人人有份"的公平原则，而且新增成员可以按同样的分配标准分得股权。这种股权不具有可继承性，承包人一旦死亡，其享有的股权随之收回，重新分配给新增成员，其继承人在同等条件下享有优先权。②土地承包经营权入股方式可以克服分散经营的局限性。一家一户的小生产模式组织化程度低、生产水平低、科技含量低、经营成本高、农业收益比较低下，不能从根本上使农民真正富裕起来。通过入股方式确立土地股份合作制，可以把农户的承包地集中成片，可以大面积种植订单作物，也可以进行现代化的机耕作业，降低农业耕种与销售成本，实现种植效益最大化，在相当程度上消除分散经营的弊端。土地股份合作不排斥多种经营形式，农民仍可以家庭为基本单位去承包若干股份的土地经营，或者若干农户联合转包若干股份的土地经营或实行适度规模经营。

但以入股方式流转土地承包经营权，涉及许多法律问题和实践风险，必须从一开始就严格规范，防止土地承包经营权入股变味，成为违反国家土地管理法律和损害农民利益的工具。①坚持土地入股不得改变土地用途的原则。《土地管理法》第六十三条明确规定，农民集体所有的土地的使用权不得出让、转让或者出租用于非农业建设。以土地承包经营权入股的承包地，只能用于农业生产，而不能用于发展边际收益相对较高的工业或者商业，不能作为企业或合作单位的厂房或其他设施。农用土地改变为建设用地必须由有批准权的人民政府依照《土地管理法》的规定批准，任何单位和个人未经批准不得将农用土地改作他用。土地入股是经营行为，不能取代或变相取代人民政府对土地的管理权。以土地入股为名非法占用农用土地的，应依法追究法律责任。②坚持土地入股因地制宜的原则。我国地域辽阔，地况千差万别，经济发展不平衡，各地农村在自然、经济和社会等条件上存在较大的差距。在东部沿海经济比较发达的地区和少数比较富裕的农村，农业经济比较效益相对高，从事非农产业的机会较多，农村剩余劳动力就地转移较多，在以工补农、工农并行发展的经济机制下，农民的恋土心理相对淡薄。而在中部内陆欠发达和西部不发达地区的农村，土地依然是农民安身立命的基础和生存的主要保障，耕者有其田、稳定土地承包关系是农民的主要愿望。土地入股一般适应于有稳定的非农收入来源的农民群体和经济发展水平较高、比较发达的农村地区，在经济欠发达和不发达以及贫困落后地区，应谨慎采用。③坚持农户不承担土地入股风险的原则。土地入股是一种经营行为，任何经营都有风险。土地入股的公司或合作社经营不善导致资不抵债需要破产时，用于入股的土地承包经营权不能作为破产财产用于清偿债务。农村土地是集体所有，不是农民个人私有，这决定了农村集体享有所有权的土地不能成为责任财产，法人可以因破产而消灭，农民集体不能因破产而消灭。农户是集体组织的成员单位，用来入股的土地承包经营权是农户生存的基本保障，也不能成为责任财产。法人可以因破产而消灭，农户不能因破产而消灭。不能将土地承包经营权入股混同于公司法上的现金、实物出资。

七、土地承包经营权的代耕、反租倒包

我国农村地区普遍存在代耕现象。所谓代耕，是指承包人在不改变与集体的承包关系的情况下，以支付一定对价为条件，委托他人或经济组织在其承包地上进行耕种的行为。在代耕中，受托人是以承包方的名义在承包地上进行耕种，属于代理行为，根据代理的基本原理，土地承包经营权并没有发生移转，仍然由承

包方享有，代耕人并不享有土地承包经营权，因此，代耕不属于土地流转的方式。我国一些农村地区出现了反租倒包。例如，浙江绍兴、温州等地出现了反租倒包情况，山东部分蔬菜、水果种植区也有类似情况，并为《山东省农村集体经济承包合同管理条例》所确认。所谓反租倒包，是指村集体根据群众意愿，将已发包给农户的土地反租（反包）回集体，经过投资开发，改善生产条件后重新发包给本集体组织的农户或租赁给集体组织以外的人。有学者认为，反租倒包就是由乡村组织出面，将农民的承包地反租过来，再以更高的租金倒租给其他农业经营者。还有学者认为，在村集体同村民签订了延长土地承包30年不变的合同后，在承认土地经营权的基础上，又将农民的土地反租回来，付给农民合理的租金再由村集体将土地租赁或承包给他人或单位。反租倒包这一模式的特点是农民将自己承包的土地以租赁的方式，出租给村集体，通过签订租赁合同，明确集体与农民之间的权利义务，村集体向农民交付租金，再由村集体出面把土地成片包给种粮大户。它包括以下三种合同关系：①农户与村集体之间的土地承包经营合同。集体以承包方式将农地承包给农户，农户因而对该土地享有承包经营权，即农户成为土地承包经营权人。②农户与集体之间的"反租合同"。由村民大会形成决议确定对价及其他权利义务。农户以合理对价将土地承包经营权租给村集体。③村集体与种粮大户签订的承包合同。种粮大户向村集体支付承包费而取得农地承包经营权。

反租倒包实质上是将土地承包经营权经过二次移转：一是初次流转，即农户将土地转包给发包方村集体，村集体支付转包费给农户；二是再流转，即村集体与第三方之间的转包，将土地承包经营权流转给第三方，由第三方支付转包费给发包方。两个合同所涉及的流转其实是多次转包，不是独立的土地流转方式。需要注意的是，在法律明确规定集体经济组织不能随意收回承包地的条件下，反租倒包有可能成为村集体变相收回农户承包地的合法形式。因此，必须明确反租倒包及其条件由农户自主决定，不得采用村民大会决议的形式强迫农户接受反租倒包，村民大会的反租倒包协议对农户没有法律约束力。

第五节　农地流转市场的典型模式

党的十七届三中全会对土地承包期限的表述为"长久不变"，使得农民对承包土地的权属更为确定。与稳定承包经营权相对应，农村土地的规模经营所要求的土地流转问题，是实践中和政策上一直探讨和关注的农村热点问题。农村土地流转，是指土地作为一种生产要素在农业生产者之间流动，从而达到土地资源优化配置的过程。农村土地流转在实践中形成了以地方试点为形式、以探索试验为主要特征的诸多模式。总结改革开放以来的农村实践，可以把中国农村土地流转的模式归结为以下几种：南海模式、监利模式、嘉兴模式、芜湖模式、昆山模式、广东模式、成都模式、天津模式等。各类模式的共同特征是，在某一方面突破了当时政策规则的一些限制，对当地的农民增收和农村发展起到了一定的积极作用，但也都存在有一定的问题和瑕疵。

一、以土地股份合作制为特征的广东省南海模式

20 世纪 90 年代改革开放初期，大量外资涌入沿海以后，广东沿边地区的土地市场全面告急，以承包权入股组建社区股份合作经济的"南海模式"应运而生。1992 年春，广东南海市罗村镇下柏管理区，把辖区内农民的土地划分为农业保护区、工业开发区及群众商住区，同时以行政村或村民小组为单位，将农民承包的农村集体经济组织拥有的集体土地集中起来，然后

由股份合作组织将土地统一发包给专业队或少数中标农户规模经营，或由集体统一开发和使用；农民依据土地股份分享土地非农化的增值收益、经营收益；初期股权不得继承、转让、抵押和提取。

南海模式打破了政策上的种种限定，是中国最早的一种农村土地流转实践探索。之后许多地方的一些做法，可说是南海模式的一种延伸，如重庆模式。2007 年 6 月 29 日，重庆市工商行政管理局《关于全面贯彻落实市第三次党代会精神服务重庆城乡统筹发展的实施意见》规定，"在农村土地承包期限内和不改变土地用途的前提下，允许以农村土地承包经营权出资入股设立农民专业合作社；经区县人民政府批准，在条件成熟的地区开展农村土地承包经营权出资入股设立有限责任公司和独资、合伙等企业的试点工作"。农地入股这种原本模糊的土地流转形式得到地方政府的明确支持。

二、以两田制为特征的湖北省监利模式

1994 年，湖北监利县赵家村将宅基地、自留地、口粮田之外的水田、旱地、水面等土地一律公开竞价发包。改革的具体举措为：人均宅基地、自留地和口粮田 0.0003 平方千米，这部分土地属于福利地，增人增地、减人减地，每五年调整一次；宅基地、自留地、口粮田之外的水田、旱地、水面等，一律公开竞价发包，同等标的，本村人具有优先承包权，最低承包面积不得少于 0.0335 平方千米，承包期一定五年，不得转包，承包费除用于必要的公共支出外，其余按照人头分配到个人。

两田制是一些地方出于土地重组的需要突破政策界限而推行的一种土地制度创新，20 世纪 90 年代中期在许多地方试行、推广。在坚持土地集体所有和家庭承包经营的前提下，将集体的土地划分为口粮田和责任田（或称之为商品田或经济田）两部分。口粮田按人平均承包，一般只负担农业税，责任田一般要缴纳农业税，或按人承包、或按劳承包、或招标承包。两田制在学术界一直充满着争议，1997年中央发文明令禁止。

三、以土地换社保为特征的浙江省嘉兴模式

1998年，《嘉兴市区土地征用人员分流办法》出台，针对传统征地制度中征地范围广、补偿标准低和失地农民没有保障等问题和弊端，采取"三统"、"一分别"的新办法。"三统"即政府统一征地、统一补偿政策、统一办理失地人员农转非和养老保险；"一分别"即政府将所有费用转入到劳动社会保险部门的社会保险专户，直接落实到安置人员个人账户上，并按照不同年龄段对被征地人员分别进行安置。

嘉兴模式把土地流转中农民的安置补助费和土地补偿费，用于农民的社会保障，开创性地解决了失地农民的社会保障问题，成为以后许多地方政府借鉴的样板。

四、以农民集体建设用地使用权流转为特征的安徽省芜湖模式

1999年年底，安徽省芜湖市被国土资源部确定为农村集体建设用地流转的试点市。具体实施方案的核心是，村集体拥有的土地所有权不发生变化，由各试点乡镇成立建设发展投资有限公司作为土地的假定使用方，按若干程序和条件与村集体签订协议，取得农民集体所有的土地的使用权，乡镇建设投资有限公司再按照需要向工业企业等实际用地方转让土地使用权，在转让、租赁、作价入股等形式的流转行为期限结束后，土地仍然是农民集体所有。土地收益金由县、乡、村集体按照1：4：5三级分成。

在芜湖模式中，各乡镇既是土地流转的组织者，又作为中

介人具体参与到流转之中，村民处于比较被动的地位。

五、以集资办社为特征的江苏省昆山模式

2000 年，昆山陆家镇车塘村 6 户农民投资 25 万元成立了一个"民间投资协会"，通过合约向集体租用 0.00087 平方千米村集体建设预留地，建造起 450 平方米打工楼出租，年租金 3.6 万元。之后，民间投资协会改称富民合作社。陆家镇车塘村的制度创新和富民效应，迎来了众多的效仿者，2003 年前后，昆山农村普遍采取该模式的做法。当地政府最初的态度是，"只指导，不指挥，只服务，不介人。"随着该模式的日益成熟，政府将其列入富民工程计划，把协会的运作方式在整个昆山市推广，使有钱的农民以及拥有地利的村组，找到增加财产性收入的捷径。

昆山模式的做法是，村集体通过复垦等方式获得一些非农建设用地的"额度"，然后向本村农户"招标"，由农户和农户入股成立的合作经济组织在村里的建设用地上建造标准厂房、打工楼、店面房、农贸市场等出租，租金年底分红。土地股权在 30 年承包期内可以继承、馈赠，经富民合作社和村委会同意也可以转让。"昆山模式"下的非农用途的土地转让权，主要通过集体与农户合约直接界定给农户或农民合作经济组织，不再完全归集体所有，原有的仅限于农业用途的土地，也转换为非农用途的土地。

六、以农地直接入市为特征的广东模式

2003 年，广东省发布《关于试行农村集体建设用地使用权流转的通知》，试行农村集体建设用地使用权流转。2005 年 10 月 1 日，广东省政府发出《广东省集体建设用地使用权流转管理办法（草案）》，明确规定广东省内的集体建设用地可以直接

进入市场交易，自由出让、转让、出租和抵押，与国有土地"同地、同价、同权"，并要求农村集体建设用地流转的收益的50%以上要用于农民的社会保障。这是农地第一次赢得合法直接入市的权利，从此打破了"非经政府征地，任何农地不得合法转为非农用途"的传统，征地制与农地直接入市并存，由此被有关专家称为"农地直接入市"。

七、以农村土地资本化为特征的四川省成都模式

2007 年 7 月 31 日，作为首批国务院批准的城乡统筹发展试验区之一，成都市明确提出了农村集体土地资本化，鼓励农民以土地承包经营权入股，组建农村土地股份合作社。2008 年 10 月 13 日，党的十七届三中全会闭幕的第二天，中国首家农村综合产权交易平台——成都农村产权交易所正式成立，受到了海内外的广泛关注。成都农村产权交易所以创新为手段、以市场为导向，为林权、土地承包经营权、农村房屋产权、集体建设用地使用权、农业类知识产权、农村经济组织股权等农村产权流转和农业产业化项目投融资提供专业化的服务，并凭借广泛的资源、信息渠道及规范的市场体系，为推动农村产权的合理流动、促进农村资本的有序流转、优化农村资源配置、促进传统农业向现代农业跨越、增加农民收入、繁荣农业提供了有效的平台。此后几个月，成都农村产权交易所在成都市、县、乡三级设点建立了网络平台。

八、以宅基地换房为特征的天津模式

从 2005 年下半年开始，天津在"十二镇五村"开展试点，推出了以"宅基地换房"来加快小城镇建设的方案，涉及天津郊区近 18 万农民。所谓"宅基地换房"，即农民用自有的宅基地，按照规定的置换标准换取小城镇内的一套住宅，迁入小城

镇居住。之后对原有的村庄建设用地进行复耕，节约下来的土地整合后再"招"、"拍"、"挂"出售，用土地收益弥补小城镇建设资金缺口。在新的小城镇，除了农民的住宅区外，还规划出一块商务区或经济功能区，用未来这部分土地的出让收入平衡小城镇建设资金和增加就业岗位。

天津模式是目前影响比较大的一种实践探索。2008年3月，天津滨海新区的综改方案获中央批准，而土地制度改革正是其中重要的一块试点内容。北京借鉴天津模式，推行集体土地流转试点工作，以项目包装模式为主，试点区域农民整体拆迁，共同搬进新盖的楼房；农民原居住区域用于耕地保护和适度的商业开发。

从各地的实践探索看，农村土地流转的各类模式的共同的特征是，在某一方面突破了当时政策规则的一些限制，对当地的农民增收和农村发展，起到了一定的积极作用，但也都存在一定的问题和瑕疵。从小岗村的18户农民冒着杀头坐牢的危险私下进行的包产到户，到1982年中央"一号文件"对这种新的农村土地制度加以确认，实践中和政策上，都经历了一系列排斥、适应、调整直至修正、接纳、规范的过程。当前，农村土地流转的探索和实践仍在持续中，对农村土地流转的政策也在逐渐调整中，并向着有利于农民、有利于农业发展的角度倾斜。2009年2月1日，《中共中央、国务院关于2009年促进农业稳定发展农民持续增收的若干意见》中，对土地承包经营权流转提出了明确意见，指出了农村土地流转过程中的三条红线，即不得改变土地集体所有性质、不得改变土地用途和不得损害农民土地承包权益。按照完善管理、加强服务的要求，规范土地承包经营权流转，并鼓励有条件的地方发展流转服务组织，为流转双方提供信息沟通、法规咨询、价格评估、合同签订、纠纷调处等服务。

第4章 农地流转市场建设的国内外经验借鉴

第一节 国外农地流转市场的模式及经验借鉴

一、俄罗斯农地流转市场的模式及经验借鉴

（一）俄罗斯农地流转的原则

依照俄罗斯农地流转法（以下简称农地流转法）第一条第三款规定，农地流转的原则包括以下六项：

1. 保护地块的目的性利用

所谓目的性利用是指依照法律规定的程序确定的农业用地和其他用地，不得用于其他目的或限制用于其他目的。对于这种土地，可在其规定的范围内进行使用。这也是关于土地所有权的共同规定。俄罗斯土地法典也确认了"对作为极重要环境要素和农业生产资料的土地的保护优先于对作为不动产的土地的利用"的优先保护原则。在农地流通法中专门规定了强制剥夺和终止对农地的权利，要求地块的所有权人、土地使用人、土地占有人、农地承租人必须依照该土地的目的性用途，和所允许的不给作为自然客体的土地造成损害［包括导致土壤退化、

污染、堆积废物、土壤肥力毒化、损坏、消失以及其他导致消极的（有害的）经营活动］的影响的利用方式利用上述地块。在农地被不适当利用时可依照司法程序从所有权人处强制剥夺。值得注意的是这种强制剥夺，不是国家权力机关或者地方自治机关自己进行，而是由它们向法院提出申请，由法院做出强制剥夺的判决。

2. 防止农地过度集中

防止农地过度集中具体体现为设定在一个行政区内一个公民、其配偶和近亲属以及他们所支配的法人组织所能够拥有的农地总面积的最大规模。所谓的近亲属是指父母、子女、兄弟、姐妹、祖父、祖母和孙子女。他们所支配的法人组织的判定标准是该公民或其配偶和近亲属（父母、子女、兄弟、姐妹、祖父、祖母和孙子女）拥有构成该法人组织的注册资本（投资）的股票或入股的总票数的50%以上的支配权。农地的含义不包括从农业用地中提供给公民进行个人住宅、车库建设，从事个人副业经营和别墅经营、园艺业、畜牧业和蔬菜种植业的地块以及建筑物、构筑物、设施所占地块。法律将设定此最大规模的权力授予俄罗斯联邦主体，但是同时俄罗斯联邦主体的法律对此最大规模的规定设定了一个上限：不得超过（也就是说可以等于）一个行政区划组织内在提供和（或）购买此类地块时农地总面积的10%。为了防止农地的过度集中，农地流转法规定，在依照法律允许的理由，农地或农地共有权份额成为某个人的财产，而这将导致对联邦法律规定的农地总面积的最大规模的要求的违反的情况下，此地块（地块的一部分）或份额应当由所有权人移转。对于在农地流转法生效以前所取得地块或份额在农地流转法生效之日起一年内移转，对于在农地流转法生效后发生的情形，则应当在相应的农地所有权或农地共有权份额的权利产生之日起一年内，或者在所有权人知道或必须知道违反农地流转法所要求的情况之日起一年内移转。

如果所有权人没有如期移转农地或农地共有权份额，则负责不动产权利和法律行为国家登记的司法行政机构必须在 10 日内以书面形式通知俄罗斯联邦主体的最高国家权力机关。俄罗斯联邦主体的最高国家权力机关必须在知悉之日起一个月内，向法院申请强制该所有权人在市场上出售（竞争、拍卖）农地或农地共有权份额。在无人购买的情况下，俄罗斯联邦主体或市政组织就应当在不超过该地区的市场价值的条件下以所出售的标的的初始价格购买。如果所有权人规定的初始价格高于市场价值，则俄罗斯联邦主体或市政组织以市场价值购买。也就是设定了俄罗斯联邦主体或市政组织在一定的条件下必须购买所出售的农地或农地共有权份额的义务。

3. 公法组织的农地优先购买权

农地流转法规定了俄罗斯联邦主体或市政组织在农地出售时对所出售农地的优先购买权，但对在公开市场上出售的情况除外。

4. 公法组织对农地共有权份额（土地份额）的优先购买权

俄罗斯联邦主体或市政组织对农地共有权份额在该按份共有权人有偿移转该份额时，在其他按份共有权人拒绝购买该份额或者没有提出购买该农地共有权份额的意愿的情况下享有优先购买权。公法组织对农地共有权份额的优先购买权，与对农地的优先购买权不同。因为在农地共有的情况下还涉及其他农地共有权人的优先购买权问题，农地流转法的规定体现了其他农地共有权人的优先购买权对公法组织的优先购买权的优先性。也就说，只有在其他农地共有权人的优先购买权被放弃的情况下，才存在公法组织对农地共有权份额的优先权。

5. 限制外国人获得农地

在这里，外国人指的是外国公民、外国法人、无国籍人，以及其注册资本（投资）中的外国公民、外国法人或无国籍人的份额超过50%的法人组织。他们只能拥有处在租赁权中的农地或农地共有权份额。也就是说，对外国人来说，不能拥有对农地的所有权、终身可继承占有权、永久（无期限）使用权，只能对农地或农地共有权份额拥有租赁权。

6. 提供国有或市有农地给公民和法人

将国有或市有农地提供给公民和法人所有是在有偿的基础上进行的，在联邦法律规定的情况下才可以在无偿的基础上进行。

（二）农地地块流转制度

俄罗斯科学院农业问题研究所通信院士 A. 安菲诺根托娃认为，土地的社会流通形式有三种类型：市场型（包括土地买卖、为国家和市政需要而赎买土地、租赁和信贷抵押）、非市场型（包括馈赠、继承、协议交换、提供免费和永久使用）和准市场型（土地份额的单位内部流通，包括转交做法定资本、股份公司或合伙公司的股份基金，出租给农业企业、售给本单位的人）。"自由"的土地市场是没有的，也不可能有。国家对"特殊资源"——土地的流通市场进行严格调控尤其必要。同时，世界经验表明，土地的市场流通形式也不是唯一的流通形式，同时存在着非市场的流通形式。在农地流转法中对于农地流转形式的规定，既有市场型的流通形式也有非市场的流通形式，但市场型的流通形式是主要的。市场型的流通形式主要包括：农地买卖、农地租赁、提供国有或市有农地所有权或提供国有或市有农地出租、农地抵押。非市场型的流通形式主要是农地继承。在本部分中将主要介绍农地买卖、农地租赁和提供国有或市有农地所有权或提供国有或市有农地出租，因为农地抵押主要是依照1998年俄罗斯抵押（不动产抵押）法进行，农地继承主要是依据俄罗斯民法典第三部分的相关规定，但如果继承所得的农地总面积超过了最大规模限制，则适用农地流转法的相关规定。

1. 农地买卖

在农地买卖中主要是关于公法组织对农地的优先购买权的行使的问题。在公法组织（一般是俄罗斯联邦主体，也可以是市政组织）享有优先购买权的情况下，农地的卖主必须以书面形式通知俄罗斯联邦主体的最高执行权力机关或市政组织出售地块的意图并指明价格和合同的其他实质条款。通知的递交应有收据或以指明递交的挂号信发出。如果俄罗斯联邦主体或市政组织拒绝购买或者未在收到通知之日起一个月内告知卖主购买所出售的地块的意愿，则卖主有权在一年内将地块以不低于在通知中指明的价格出售给第三人。上述期限自向俄罗斯联邦主体的最高国家执行权力机关或市政组织发出通知之日起计算。

2. 农地租赁

只有在国家进行了不动产登记的农地，包括处在按份共有中的农地才可以出租。

对于农地租赁合同来说，俄罗斯法学家 Э. И. 巴甫罗娃认为，在双方自由规定合同条款和为了公共利益而对允许的该自由的界限的明确的强制性的调整之间所希望达到的平衡可以通过立法规定租金的最小规模和最大规模，不同种类的租赁的最低期限，由租赁而形成的地块的最大面积来实现。然而恰恰相反，农地流转法既没有对租金进行干预，也没有规定租赁的最低期限，反而是在限制过长的农地租赁合同期限，更重要的是还明确宣布不限制由于租赁所形成的地块的最大面积。

农地流转法规定，农地租赁合同的期限不得超过 10 年。期限超过联邦法律规定的最长期限的租赁合同（包括在本联邦法律生效之前的租赁合同）被视为以等于最长期限的期限签订。

3. 提供国有或市有农地所有权或提供国有或市有农地出租

对于提供国有或市有农地所有权或提供国有或市有农地出租这种农地流转方式来说，属于已经市场化了的农地流转形式。因为农地流转法特意强调，向公民和法人提供国有或市有农地所有权在市场上（竞争、拍卖）进行。依照俄罗斯联邦土地法典第三十四条的规定，进行国有或市有农地出租时，如果有两个或更多的农地租赁申请，则这些地块在市场上（竞争、拍卖）出租。如果只有一份农地租赁申请，则在俄罗斯联邦主体指定的大众信息传媒上发布出租该地块公告。在公告之时起一个月内没有收到其他申请的方可做出将地块出租的决定。

对于国有或市有农地来说，也存在一些特殊的只能租赁不能购买（私有化）的农地：国有或市有农地可以依照俄罗斯联邦土地法典第三十四条的规定程序租给宗教组织（协会）、国有公司、科研组织、农业教育机构、俄罗斯联邦北方、西伯利亚和远东的土著少数民族公社从事农业生产保存和发展传统的生活方式，从事俄罗斯联邦北方、西伯利亚和远东的土著少数民族的经营和生产，租赁给公民割晒干草和放牧牲畜。此时不允许全部买下所租赁的土地。

（三）农地共有权份额流转制度

1. 农地共有权份额的含义、性质

农地共有权份额是指在农地流转法出台之前农地私有化时获得的土地份额（国内也有翻译为土地股份）。根据 1991 年 12 月 27 日俄罗斯联邦第 323 号总统令和 1991 年 12 月 29 日第 86 号政府令，俄罗斯集体农庄的庄员、国营农场和农业企业的职工，将以分得土地股份的形式，在农业企业的私有化改造中享有对土地的所有权和支配权。农民从国家得到的并不是土地而是土地股份——对公共耕地的权利份额，分到土地份额的公民需缴纳微薄的土地税，并从政府的有关机构得到土地所有权证明。

对于农地共有权人来说，对与农地共有权份额有关的法律行为适用俄罗斯联邦民法典的规则。按份共有权人有权依照自己的意愿将自己的份额出售、赠与、互易、遗嘱处分、抵押、作为法人的注册资本（投资），或者以其他的在有偿处分时遵守俄罗斯联邦民法典第二百五十条规定的规则的方式处分之。按份共有权人有权将农地共有权份额交付委托管理。

对于土地份额的性质到底是权利还是实物财产的问题缺乏一个统一的意见。土地份额也就是农地共有权份额有时候只是一个权利份额，有时候则必须作为实物存在。从理论上说，土地股份也可以注册为实物土地地段的所有权，该地段与土地股份的面积相符。由于土地地段划归为地方，也就是说从公共财产中划出一个份额。例如，在将土地作为典当抵押品的情况下，必须要求将份额划分为实物地段。在农地流转法中，农地共有权人可以有广泛的理由要求为了自己的农地共有权份额分割土地。

2. 农地共有权份额购买优先权的种类及其行使

在农地共有权份额流转制度中存在两种优先购买权：一是其他农地共有权人的优先购买权。这种优先购买权的主体是其他农地共有权人。二是公法组织（俄罗斯联邦主体或在俄罗斯联邦主体的法律规定的情况下的地方自治机关）所享有的优先购买权。

在农地共有权份额优先购买权的行使上与农地优先购买权的行使类似：

（1）按份共有权人必须以书面形式通知其他的按份共有权人或在俄罗斯联邦主体指定的大众信息传媒上发布欲将农地共有权份额出售给第三人的意图的公告。

（2）书面形式的通知或在大众信息传媒上发布的公告应当

包含指明按份共有权人向卖主和向所欲出售的农地所在地的负责不动产权利和相关法律行为国家登记的司法行政机构提出购买共有权份额的必要性。

（3）如果其他的按份共有权人在自收到书面通知或在上述公告之日起一个月内拒绝购买农地共有权份额或者没有表明购买的意图，则卖主必须以书面形式通知俄罗斯联邦主体的最高执行权力机关或地方自治机关欲出售农地共有权份额的意图。

（4）如果俄罗斯联邦主体或市政组织自收到书面通知之时起一个月内拒绝购买农地共有权份额或者没有告知卖主购买的意愿，则卖主有权在一年内将农地共有权份额以不低于在通知中指明的价格出售给第三人。

农地共有权份额以低于以前声明的价格或者以变更合同的其他实质性条款的方式出售，则卖主必须按照规定的规则重新发出书面通知。

3. 地块分割

对于处在按份共有中的农地的分割情形有两种：一种是按份共有权人自己主动要求进行分割；另一种是由公法组织进行分割。

（1）按份共有权人自己主动要求进行的分割。为了设立和扩大个人副业经营和农户（农庄）经营，以及为了将地块出租，可以轻而易举地要求分割共有农地。为农地共有权份额而分割地块，按份共有权人必须以书面形式通知其他按份共有权人或在俄罗斯联邦主体指定的大众信息传媒上发布欲为农地共有权份额而分割地块的意图的公告，并指明被分出地块的位置和在本条规定情况下对其他按份共有权人的补偿的数额。分出的地块的大小和位置应当符合联邦土地法第四条第一款的规定。如果依照单位面积，分出地块的市场价值超过依照单位面积的分出后剩余地块的市场价值，则实施分割地块的按份共有权人必须在地块分割后补偿其他按份共有权人。补偿的数额依照被分出的地块的面积的产出和依照单位面积被分出地块与分割后剩余地块的市场价值的差额确定。

（2）公法组织进行的分割。针对处在按份共有权中的农地两年没有利用的部分，可以由俄罗斯联邦主体或在俄罗斯联邦主体的法律规定的情况下由市政组织依照本条规定的规则将之分出成为独立地块。

值得注意的是，俄罗斯联邦主体或市政组织有权在按份共有权人或按份共有权人们不明的情况下向法院要求确认俄罗斯联邦主体或市政组织对上述地块的所有权，或在按份共有权人或按份共有权人们明确的情况下要求终止按份共有权人或按份共有权人们对农地共有权份额的所有权，并要求确认俄罗斯联邦主体或市政组织对上述地块的所有权。

二、国外农地流转市场监管

（一）美国：自由式的政府监管

美国是自由市场经济国家，土地分为私人所有、联邦政府所有和州政府所有三种。美国农地市场是在完全的市场经济条件下形成的，政府通过经济手段和法制手段管理农地流转，农地市场是一种"准完全竞争性"市场。法律保护农地所有权不受侵犯，允许私人土地买卖和出租，政府一般不予干涉。出售土地时，买卖双方根据当时农地的市场价值评估买卖价格，达成买卖协议，既可由买卖双方自己协商，也可聘请私人估价，然后双方共同到县政府办理变更登记手续，以实现土地产权的转移，完成交易。

但是，私人买卖土地的一切活动都必须依法进行，并严格履行法律规定的义务，向政府缴纳不动产税，并以个人所得税的方式缴纳土地转让收益税。美国土地管理机构对私人土地买卖的管理只限于登记收费，土地交易纠纷一般都通过法律程序来解决。政府对农地交易进行管理的主要目的是为了降低交易成本，减少农地交易的障碍。美国人均土地较多，土地市场发育成熟，政府对市场监管的力度是最小的。政府通过对农地产权边界的界定，为农地所有者提供法律保障等措施，使农地市场机制正常运行。

（二）日本：严格式的市场监管

日本是土地私有制且政府主导型市场经济国家，人多地少，农地资源极为短缺（人均耕地不到 0.0003 平方千米），所以日本政府多年来一直严格限制农地流转，对农地流转实行实地调查制度，规定限制区域，实行许可制度，对地价进行管理。

日本农地交易管理制度建立于 20 世纪 70 年代，政府在流通领域内运用行政手段严格控制地价水平，主要由都道府县级地方政府负责。具体由以下四个部分构成：一是农地交易许可制，直接控制地价水平、调节土地利用方向；二是农地交易申报制，目的是控制影响农地市场价格波动的大规模土地交易；三是农地交易监视区制度，作为对农地交易申报制的重要补充，主要用于控制规模较小的土地交易活动；四是空闲地制度，目的是防止投机性囤积土地，提高农地利用程度。

在市场监管中，日本政府采取行政手段来保障市场运行，同时由于农地交易管理以土地的科学估价为基础，且管理目标明确、管理范围比较宽泛，对于抑制土地价格上涨起到了积极作用。其中不少方法直接为韩国、中国台湾等国家和地区所借鉴。

（三）英国：古典式的市场监管

市场经济高度发达、政府计划与自由市场相结合、政府干预与自由竞争相结合是英国经济体制的主要特点。英国的土地名义上为国家所有，在农地市场中，英国政府以指导性计划、法律、经济政策等间接手段指导和干预农地市场。同时，政府通过中央和地方双层管理体系，在宏观和微观两个层面对市场进行监管。

中央政府在宏观上对农地市场进行干预管理，包括制定各种相关的法律、条例和法令，实施无偿或有偿资助政策和减免税收政策，建立国有化开发机构和公共组织机构等。在微观层面，地方政府对农地市场的干预管理分为三个方面：编制土地利用规划、审核批准"规划许可"和强制征购土地。英国古典式的市场监管，强调市场进行经济调节，辅之以行政手段，这种调节方式使农地流转行为更加规范、有序。

（四）法国：综合式的市场监管

法国建立了以小块私有土地为基础的农业经济，其基本成分是小农。在农地所有权的经营上存在两种不同土地经营制度：一种是土地所有者直接经营自己的土地；另外一种是租佃。租佃这种土地经营制度在法国北部农场相当普遍，佃农的权利越来越大。法国土地流转的途径主要是通过市场或继承获得。农民可以在市场上通过拍卖进行土地交易。

政府对市场的监管主要有三种方式：一是制定相关法律规定。规定私有土地必须用于农业，不准用于非农用途。国家有权征购弃耕和劣耕者的土地。同时还规定，土地不可分割转让，只能整体继承或出让。二是国家专门设立土地事务所，对市场进行监管。同时，设立土地银行。土地在市场上交易以后还要经过管理机构批准，否则流转被视为无效。三是政府作为供给者对土地市场进行调控。政府设立"土地整治与农村安置公司"，其作用就是购买土地，并对土地进行整治，然后转让给农民。此外，政府对中等农场在土地购买贷款和税收方面给予优惠。

综上所述，无论是自由市场经济国家还是政府主导型市场经济国家，都采用经济、法律和行政手段，对土地市场进行宏观调控与管理。不同的是，有些国家将重点放在法律法规层面；有些国家将重点放在农地供给方面，即政府严格控制农地供给量，通过价格杠杆实现对土地市场的调控和监管；有些国家则注重在土地交易之前，综合考虑各种因素，制定规划对土地用途做出明确的规定；有些国家则强调政府管理方式，通过政府自身所具有的优势，对土地市场进行管理。

三、各国农地流转市场的差异性

虽然在上述的几种模式当中，各个国家的土地所有制制度、经济发展模式不同，但是我们从中可以总结出几个影响政府对土地市场监管的重要因素。通过分析这些因素，为我国政府对农地流转市场进行监管提供必要的经验依据。

（一）经济发展阶段的差异性

经济发展和土地的利用是密不可分的，土地被认为是推动经济发展最基本的要素之一。在经济发展不同阶段，土地需求不同，造成土地市场的供给和需求不均衡，土地的价格随着需求的变化而浮动。因此，在不同的发展阶段，政府对市场监管政策也不同。

以美国为例，在20世纪30年代之前，美国经济自由放任发展。在土地市场上，政府也是充当了"守夜人"的角色，土地处于开发期，这一阶段以迅速且不加选择地处理公有土地为特征，大量的土地被转让。同时美国宪法将土地使用的管理权赋予各州，大多数州都将管理土地的权力下放给地方政府，这种广泛的权力下放几乎将决定权都交给了地方政府。

到了20世纪70年代，自由竞争的资本主义过渡到垄断资本主义，自由放任的市场经济时代结束，罗斯福新政实施显示对经济实施明智"管理"的必要性，政府从此真正介入到经济当中来。由于城市化和工业化的快速发展，这一时期城市用地需求紧张，导致大量农业用地和其他农村用地被占用。政府采用了分区制来调控市场，因此所有开发与发展管理计划几乎都使用分区制作为其管理手段。

从石油危机以后到"新经济"出现，经过滞涨状态以后，美国经济发展方式开始转变。由于传统的生产三要素（土地、劳动、资本）边际报酬是递减的，传统的经济增长方式受到了挑战。这一时期，不恰当的土地利用方式带来的环境污染和其他危害，促使美国政府采取积极的行动来管理土地资源。美国政府出台了一系列法规，以控制农用地向非农用地转换，开发权转让就是新创的一种土地管理方式。政府划定永久保护农地及重要生态区，促使开发活动集中到预定地点，并通过经济手段使土地拥有者得到补偿。为了保护农地，政府通常会采用购买开发权，在交易中付给土地所有者非农开发价值与农业用途之间的差额。一旦购买开发权后，该土地只限于农用。

（二）资源禀赋的差异性

由于土地禀赋不同，各个国家从基本的国情出发，在自然条件约束下开发和利用土地并对土地市场实施不同的监管政策。现实表明，一个国家的资源条件，直接影响其资源经营管理制度。

从调节手段来看，由于美国农地市场供给量很大，同时农地市场是在完全的市场经济条件下形成的，市场对价格的敏感度非常高。农地的价格伴随供给需求的变动达到均衡。因此，在多数情况下，土地资源的合理配置通过价格手段就可实现。而对于土地资源贫乏的日本来讲，仅有价格手段是不够的。在1955—1973 年的高速经济增长时期，虽然地价的上涨和日本经济的发展密切联系，但土地通过价格调节配置是无效的，地价的高涨没有促进土地的高效利用，相反却助长了土地的低效利用。因此，日本对土地市场的监管是严格而谨慎的。

（三）社会历史因素的差异性

任何国家的市场监管模式都离不开本国的政治经济制度起点、历史条件、文化差异等社会历史因素。一般而言，西方国家的制度发展来自自由契约关系，因而监管的力度比较弱；而东方国家的制度发展主要依靠的是中央集权统治，所以无论是监管手段还是监管力度都比较严格。

美国和英国是以经济性调节为主的国家，因此政府的监管职能体现了市场的经济性特点。首先，这些国家是从自由市场经济演化而来的，自由竞争是市场发展壮大的基础。美国人和英国人钟情自由市场经济理论和推崇自由主义。这些历史传统观念根深蒂固。因此，英国、美国在对土地市场的监管中，政府始终保护契约关系和私人财产的合法性。政府权力限制在既定的范围里面。

日本和韩国与美国、英国相比，政府对市场的监管更加带有亚洲国家的政治和文化色彩。日本和韩国的封建主义和中央集权的历史要比欧美国家长，非民主参与政治和自然经济导致了国家干预经济手段的多样性和干预强度的刚性。同时，日本和韩国的国民能够接受国家对市场的监管，这与国民的儒家思想传统分不开。儒家的核心思想就是大一统，强调中央集权。这些信仰、习俗和社会规范导致日本和韩国的监管力量要比欧美国家更强，而市场经济因素更弱。

第二节　我国其他省市农地流转市场的经验借鉴

中国的改革始于农业、农村、农民（简称"三农"）。"三农"的核心是土地。土地见证了中华五千年的勃兴，每一次发生在土地上的变革，都是中华民族的一件大事。

30 年前，一次被称为"大包干"的"壮烈之举"在中国南方的一个小村庄悄然发生，一场旨在"把土地的使用权还给农民"的变革由此从中国的农村兴起。

30 年后，我国农村正在发生新的变革。2008 年 10 月 12 日，中国共产党第十七届中央委员会第三次全体会议通过了《中共中央关于推进农村改革发展若干重大问题的决定》（以下简称《决定》）。《决定》指出，要健全严格规范的农村土地管理制度，加强土地承包经营权的流转管理和服务，建立健全土地承包经营权流转市场，按照依法自愿有偿原则，允许农民以转包、出租、互换、转让、股份合作等形式流转土地承包经营权，发展多种形式的适度规模经营。"保留承包权，转让使用权"被称为此次土地流转制度的核心。其实，在我国的广大农村，在现有的土地制度框架下，土地使用权的流转早已开始了不同程度、不同形式的探索和实践。这种始自农民经营中实际需要的自发、自主行为，其初衷大都是为了稳定、增加收入，或是为了让因劳动力外出打工而闲置的土地不至于落荒，但客观上却提高了土地产出率、资源利用率和劳动生产率，为农业规模化、产业化、现代化经营，及以工带农、以城带乡的发展格局提供了有利条件。

一、重庆市农村土地流转经验

2007 年 6 月，重庆市被指定为城乡统筹改革试验区，在这个大城市带大农村的特殊区域，重庆市农用地使用权转移现象日益突出，这是经济发展和产业结构调整的必然结果。重庆的经济发展十分迅速，尽管非农业经济在国民经济中占有突出地位，但农业经济的地位也不容忽视，农民增收事宜是"三农"

的核心与关键，而土地是解决"三农"的基础。在"重庆试验区"进行农村土地流转制度改革中，制定《重庆市农村土地承包经营权流转条例》，同时借鉴和吸收相关立法的经验，实现制度改革上的创新，进而在全国范围内推广成功经验，已显得尤为重要。农村土地规范流转，既是推进农业结构调整、促进农业规模经营的基本途径，也是提高资源配置效率，促进农民增收的重要途径。因此，正确分析当前农村土地流转过程中存在的主要问题，处理好其中的各种主体的利益关系，制定有效推进农村土地流转的政策措施，是重庆市建设城乡统筹综合配套改革试验区的必然要求和重要方面。通过调研，对重庆市农村土地流转的现实状况，有了全面、深入的了解。

通过对现行政策与重庆市土地流转情况的整理和归纳可以发现：首先，目前还没有相关材料就《农村土地承包法》和《农村土地承包经营权流转管理办法》实施以来农村土地流转实践发生的新变化做出系统的梳理；其次，在加速推进土地流转运行的同时，往往忽略了一些影响因素，如中介服务组织、用地性质变化、农村社会保障制度等。此外，土地流转在发展现代农业过程中的基础性作用已经得到广泛的认同，但是对于土地流转现状无法适应现代农业发展要求的内在原因，还没有形成统一的认识。因此，重新梳理当前农村土地流转的现状、特点及问题，对于进一步创新农村土地制度和推进现代农业的发展都具有理论和现实意义。

（一）重庆市农村土地流转的基本情况

重庆市启动统筹城乡综合配套改革试验后，土地流转步伐明显加快。从重庆政府网可知，2008 年全市农户承包耕地流转达到 2146 平方千米，占农村承包耕地总面积的 16%。土地流转比例居全国第十位，西部第二位。全市及区县都已经制定了完善的统筹城乡改革方案，部分区县还配套制定了土地流转、社会保障、户籍制度等专项改革方案，现有九龙坡等 30 多个区县选择了 100 个具有代表性的乡镇作为试点，探索适合本地区的统筹城乡发展模式。据了解，2146 平方千米流转承包耕地比 2007 年同期提高了 5.2 个百分点，其中土地规模经营面积达到 2146 平方千米，比 2007 年增长 39%。重庆市已经进一步明确了土地开发整体思路："一圈"侧重于提高耕地质量，建设高标准现代农业产业基地，发展都市农业；"两翼"侧重于补充耕地数量，增强农业综合生产能力，加大市级新增耕地储备。

2008 年重庆市 39 个区县（不含渝中区，下同）农村集体所有土地共 81 898 平方千米，包括 22 532 平方千米耕地、33 079 平方千米林地和 2386 平方千米牧草地等；农村建设用地 5021 平方千米，其中宅基地 1393 平方千米、宅基地建房用地 1147 平方千米；未利用地 7114 平方千米。平均每个农村人口拥有常用耕地 0.001 平方千米。据统计，全市家庭承包经营耕地 13 377 平方千米，涉及承包农户 680.49 万户，占全市农户总数的 97.91%，家庭承包合同 669.19 万份，颁发土地承包经营权证 644.34 万份。在家庭承包耕地中，归村所有 451 平方千米，归组所有 12 890 平方千米，其他权属 36 平方千米。2006 年，全市征收征用农户承包耕地 74 平方千米，涉及农户 8.50 万户，涉及农业人口 26.28 万人。自 20 世纪 80 年代以来，农村土地流转经历了自发、引导和规范三个阶段的积极探索和有益尝试。一是 1984—1995 年为自发流转阶段。1984 年耕地延长承包期 15 年以后，一些劳动力少的农户或劳动力外出的农户将部分或全部责任田委托亲友或劳动力充裕的农户耕作，收取一定数量的实物，是农户自发、零星、分散、短时间内的转包。二是 1995—2000 年为引导流转阶段。1995 年年底耕地延长承包期 30 年，政府积极发动、大力引导和推动农村土地流转，1999 年开始推进农业产业结构调整，将发展特色、主导产业纳入"百万农业产业化工程"，进一步加快了土地流转步伐。三是 2000 年以来为规范流转阶段。这一阶段土地流转步伐更快、规模更大、形式更灵活。截至 2006 年年底，重庆市农村土地承包经营流转耕地 1457 平方千米，占耕地的 6.46%，占承包耕地的 10.84%。全市农村土地流转涉及行政村 8520 个，占行政村总数的 84.1%，涉及农户 86.35 万户，占农户总数的 12.46%。全市通过土地流转实现适度规模经营的耕地 282 平方千米，占全部流转耕地的 19.36%。

从总体上看，重庆土地流转比例略高于全国平均水平，排名相对靠前，低于东部发达地区水平。据农业部统计，2006 年，全国农村土地流转总面积 37 193 平方千米，重庆市排全国第 14 位；全国流转比例平均为 4.57%，重庆市排第 10 位。与西部省市土地流转相比，重庆市在西部 11 省市（不含西藏，下同）中流转面积排第 3 位，低于四川和广西；从流转比例看，重庆市排第 2 位，仅低于四川，比西部平均水平高 1.79 个百分点，处于相对领先地位。与浙江、江苏、广东、上海等东部发达省市比，重庆市流转比例低 5 个百分点以上，其中比广东低 15 个百分点。所以，本书的研究对象对西部欠发达地区具有普适性意义。

分析重庆市农村土地流转和规模经营现状，我们可以看到呈主体多元化、方式多样化、运作规范化、用途合理化、区域差异化等特征。

（1）参与主体多元化。在农村土地流转进程加快的同时，大量社会工商企业产业化龙头企业、合作经济组织纷纷介入，农村土地流转参与主体多元化趋势凸显。特别是都市核心圈内，有百分之三四十的农村土地流向农业种养专业大户和农民合作经济组织，50% 流向农业产业化龙头企业。

（2）流转方式多样化。农村土地流转的方式由过去以转包和互换为主，逐步转变为多种方式并存，土地托管、委托流转、集中成片流转等也逐步出现。多样化的流转方式，为农业规模经营和产业发展创造了有利条件。目前，全市农村土地流转方式主要有转包、出租、转让、互换、入股等。

（3）运作规范化。农业税全免后，农业补贴政策力度也逐渐加大，农业企业和农民合作经济组织等经营主体增多，农民市场意识和商品意识不断增强，通过签订土地流转合同来规范双方权利和义务的现象趋于普遍，土地流转市场化趋势越来越明显。2006年，制定了全市统一的转包、出租、转让、互换、入股5个农村土地流转合同文本和申请书、委托书、变更登记本、流转登记簿4个文书，促进土地流转由过去依靠口头协议向签订书面协议转变。万州区通过签订书面协议流转57平方千米，占流转总面积的65%。在具体操作上，流转规模大的地方主要采取的方式是由村社同社员签订合同或委托书，将土地流转出来后，再由村组集体对业主签订流转合同。

（4）用途合理化。相当一部分流转土地通过集中流转给合作经济组织、产业化龙头企业和种植大户，用于规模经营，发展主导、优势、特色农业产业和生态农业、高效优质农业、建设有机食品基地等。从流转土地的用途上看，不改变土地性质也不改变土地用途的，主要发展粮食、蔬菜、油料等，流转面积297平方千米，占20.4%；不改变土地性质但部分改变土地用途的，主要发展果林、水产养殖、休闲旅游观光农业等，流转面积1018平方千米，占69.9%；不改变土地性质但全部改变土地用途的，如建设中小企业创业基地、农副产品加工区等，流转面积140平方千米，占9.7%。

（5）区域差异化。不同区域的农业资源条件和经济社会水平各不相同，其土地流转的规模和方式也各不相同，呈现明显的区域分布不均衡态势。从流转规模看，1小时经济圈流转面积达 823 平方千米，占承包耕地的 11.32%；渝东北翼流转面积达 523 平方千米，占承包耕地的 10.93%；渝东南翼流转面积达 109 平方千米，占承包耕地的 4.89%。

（二）农村土地流转的基本形式

（1）转包。转包是当前重庆市农村土地流转中面积最大、比例最高的一种土地流转形式。全市通过转包形式流转土地总面积 729 平方千米，占流转总量的 50.33%。

（2）转让。转让这种形式的市场化程度较低，多发生在全面取消农业税之前，流转双方基本不考虑市场和价格问题。全市转让流转土地总面积 254 平方千米，占流转总量的 17.18%。

（3）互换。互换是土地流转初期比较流行的方式。目前全市互换流转土地总面积 126 平方千米，占流转总量的 8.67%。

（4）出租。出租是目前比较规范、也为各方所普遍接受的一种符合市场化规律的农村土地流转形式。全市出租流转土地总面积 294 平方千米，占流转总量的 20.31%，仅次于转包。

（5）入股。入股是指实行家庭承包方式的承包方之间为发展农业经济，将土地承包经营权作为股权，自愿联合从事农业合作生产经营；其他承包方式的承包方将土地承包经营权量化为股权，入股组成股份公司或者合作社等，从事农业生产经营。这种形式在重庆市尚处于探索和起步阶段，全市流转土地总面积 17 平方千米，仅占流转总量的 1.18%。

（三）土地流转热点问题分析及改革思路

目前，重庆市土地流转总体规模偏小，流转面积仅占承包地面积的 10.84%，流转面积最小的区县仅为 0.167 平方千米，流转比例最小的县仅为 1.05%，且规模化程度不高，流转行为亦不规范。

1. 重庆市土地流转热点问题分析

（1）农民工农村承包土地问题。重庆既是一个农村劳动力输出大市，也是一个农民工就业大市。截至 2006 年年底，全市农村劳动力转移就业达到 706.3 万人，其中市外务工的有 361.5 万人，占 51.2%；市内务工的有 344.8 万人，占 48.8%。按行业和地区分布看，外出务工农民主要集中在第二、三产业，其中在第二产业务工的农村劳动力有 298.4 万人，占 42.2%；在第三产业务工的农村劳动力有 374.4 万人，占 53%。转移到市外的农民工主要集中在长三角、珠三角、京津沪等发达地区，约占 69%，达 249 万人；到西部地区农民工近年有较大增长，约占 17%，达 61 万人；其他地区占 14%，约 51 万人。同时，重庆市也是一个吸纳农村劳动力转移就业较大地区，截至 2006 年年底，全市共吸纳农民工 530 万人，其中来自市外的农民工约 18.5 万人。据调查统计分析，重庆市农民工在转移城市务工就业中逐渐分化为三个部分：一是融入城市主流社会，并起一定的行业骨干作用的约占 10%，约 53 万人；二是进入城市社会，站稳脚跟能够维持基本生活的约占 75%，约 400 万人；三是城市边缘群体，仅能维持温饱的约占 15%，约 77 万人。其基本特征：一是农民工分布区域较广，以主城区为主；二是农民工从事行业集中，以第三产业为主；三是农民工综合素质总体偏低，初中及以下文化者居多；四是农民工年龄差异较大，青壮年男性居多。

农民工对农村承包土地具有较强的依附性。据重庆市农业办公室 1000 户入户调查，并就农民工心理状况、在城市工作生活状况及在城市面临其他问题的总结分析显示：一是农民工存在"两不"心理。一方面随着国家全面取消农业税后，农民工获得土地承包经营权，不但不再缴纳农业税，还可以获得一定数量的农业补贴，农民工"不愿"交出其承包地；另一方面，由于当前城市尚未为农民工建立起住房、就业、医疗、子女教育和社保等各方面保障机制，农村承包土地仍是农民工的"根"

和生活保障的最后一道防线，失去土地承包经营权，就失去了这份保障，农民工"不敢"交出农村承包地。二是农民工在城市的收入虽然远高于其在农村的收入，但相对于城镇居民来说，基本上属于低收入阶层。前者决定了农民愿意进城务工，这既是城市发展加快、城市差距扩大和农村就业不充分的必然结果，也是当前农民提高收入、改善生活的有效途径；后者决定了农民工目前大部分尚没有能力在城市定居，农村仍然是绝大部分农民工的最后选择，农村土地承包收益仍然是农民工收入的核心基础。三是农民工在城市除了面临工作机会少、工作压力大、收入水平低的问题外，还面临着维权服务、医疗、失业等方面的问题。倘若他（她）们放弃农村承包土地将户口迁入城市，还将面临着子女就学、住房、养老、社会保障等方面的问题，其收入尚不足以支付其全家在城市的各种支出。

（2）"农地入股"问题。近年来，各地为推进农业产业化经营，积极探索和推广"公司＋基地"与"公司＋农民合作组织"、"订单农业"等模式。这些模式，存在利益机制不紧密、组织太松散、融资艰难等问题。重庆市农业部门从加强农民专业合作社指导管理以及完善担保服务体系着手，支持引导"农地入股"公司规范健康发展。目前，重庆市 35 家"农地入股"公司经营资产近 5000 万元，实现经营收入约 4500 万元，争取国家开发银行重庆分行贷款 2242.8 万元，入股农户 1.1 万户，入股农地 14 平方千米。全市目前入股农地仅占农民承包耕地的0.11%，"农地入股"尚处在探索阶段。毫无疑问，"农地入股"是农村经营体制的重大创新，从总体上看，有利于促进农村富余劳动力转移，实现农村土地资源的合理配置，充分调动城市的资金、技术、人才要素向农村流动，拓展以规模化、专业化、集约化为特征的现代农业发展的空间。但"农地入股"登记为股份制公司在操作层面上还应防范风险，需要进一步探索和完善。

　　审视重庆市"农地入股"状况，风险问题急需关注和防范。"农地入股"并登记为股份制公司，应关注两大风险：一是隐名股东公司权益保护的法律风险。《中华人民共和国公司法》第二十四条规定"有限责任公司由五十个以下股东出资设立"，第七十九条规定"设立股份有限公司，应当有二人以上二百人以下为发起人"。按照重庆市人均承包地面积计算，成立的公司最多可经营0.1平方千米土地，不利于推进农业规模经营。为规避该条款，重庆市"农地入股"登记的公司均采取股权代理制的方式，有一部分农民土地承包经营权虽然入了股，却不能进行股东登记。公司权益由股东享受，是法律明文规定的，如果出现纠纷，未进行登记的股东权益面临不受法律保护的风险。二是农地入股公司偿清风险。《宪法》第八条规定"农村集体经济组织实行家庭承包经营为基础、统分结合的双层经营体制"；《农村土地承包法》第三条规定"国家实行农村土地承包经营制度"，第四条规定"国家依法保护农村土地承包关系的长期稳定"；最高人民法院法释〔2005〕6号第十五条规定"承包方以其土地承包经营权进行抵押或抵偿债务的，应当认定为无效"。总之，农民的土地承包经营权是受宪法、法律严格保护的，不能在土地承包经营权上设定其他权益。"农地入股"登记公司的注册资本中有土地承包经营权，这种资本存在瑕疵，不能得到与其他资本平等确认。有鉴于此，国家行政主管部门必须态度鲜明。农业部相关领导到重庆市实地调研"农地入股"登记公司后，认为仁伟果业和宗胜两家公司实质上是农民自愿联合入股。对其登记为公司，表明三个基本态度：首先是稳妥。"农地入股"登记为公司是法律没有禁止的有益探索，但目前尚不完善，在先行先试、总结完善的过程中，必须稳妥，不能一哄而起，全面铺开。其次是全国不宜开口子。土地制度是我国的一项基本制度，涉及农民生活和保障、农村稳定以及国家安全，在触及其核心制度的改革上，目前不宜在全国普遍推广。最后是工商企业参与土地流转可以采取租赁的方式，农民自愿联合"农地入股"可采取农民专业合作社的方式。

2. 助推土地流转进程的改革思路

统筹城乡综合配套改革的目标，是要从根本上解决城乡分割及发展不平衡的问题，为打破城乡界限、实现城乡共同繁荣发展提供基础性保障。审视重庆市农村土地流转基本态势，笔者认为，在有效推进土地流转进程中应着力加大农地改革力度。

（1）通过稳定农村土地产权关系，消除产权的模糊性和不稳定性，积极推进土地流转，使土地资源适当集中在具有生产优势的农民手中。通过此法，借以改变农村单户经营规模小，经营所得少，虽然一些农民成为城市居民，但他们让出的土地再次被集体经济组织成员均分，土地经营规模依然小，土地零碎、流转价值低，直接导致农民收入水平低的窘况。

（2）开放土地经营模式，松缓特殊经济福利、政治权利和身份对土地的依附性，使土地单纯作为一种生产资源在市场上实现最优配置。通过此法，借以改变土地经营模式呈现的较强的封闭型，而农民、土地、经济福利、政治权利被紧紧地捆绑在一起，其他外部人很难进入其中，土地资源配置效益低的困境。

（3）培养现代农业经营人才，加强农业技术服务，提高农产品产量、质量和附加值，并对农业生产者设立技术准入"门槛"。通过此法，借以改变农业技术水平低，农产品质低价低，青壮年农民普遍外出打工，留守的劳动力难以承担提高生产技术的任务，即使在本土打工，亦难以在农业技术提高上投入足够精力的状况。

总之，推进土地流转和规模经营进程中农地改革的总体思路是：变革农村土地产权制度、土地和宅基地有偿收归国家所有，农民的土地使用权和宅基地使用权属于农民，有效期不受时间限制，可依法自由交易，农民仅代表一种职业，和户口不再有直接关系；政府给与放弃土地的农民和集体以高出一般水平的经济补偿，并为农民提供就业、教育、医疗等方面的优惠待遇；政府出面调整农业用地，使每一块待出售的土地都具有一定规模；对新的农业生产者设立技术准入"门槛"，加强农业科技服务；积极支持公共事业发展，提高公共服务和社会福利水平。

（四）重庆市土地流转的相关政策及法规

2007 年重庆市工商行政管理局出台的《关于全面贯彻落实市第三次党代会精神服务重庆城乡统筹发展的实施意见》（以下简称《实施意见》），就重庆实施城乡统筹改革出台了 50 条具体措施。其中，《实施意见》第十六条规定："支持土地用途不变的前提下，允许以农村土地承包经营权出资入股农民专业合作社；经区县人民政府批准，在条件成熟的地区开展农村土地承包经营权出资入股设立有限责任公司和独资、合伙等企业的试点工作。"但它只是基层国家行政机关本着"先试先行"的改革思想，在不违背国家法律法规前提下进行的大胆探索，只是工商行政管理局结合自身部门的职能为服务重庆城乡统筹发展提出的具体意见。其法律效力等级在我国法律体系中是最低的，并不能充分给这项"重庆试验区"的改革新政提供恰当的法律支持。

（五）农村土地流转的基本特点

1. 流转进程趋于加快

重庆市农村土地流转的起步始于 20 世纪 80 年代中后期，进入 21 世纪后，流转进程趋于加快。2003 年农村土地流转面积为 697 平方千米，2006 年达到了 1454 平方千米，接近 2003 年的 2

倍。为了进一步加快流转进程，一些地区做了不少新探索。到2008年，全市的土地流转进度大大提升，尤其是渝东南和渝东北较为发展的地域，土地平均流转面积达17%以上，流转速度呈现出加速态势。全市的土地流转面积规模还比较小，离大型的农业产业化还有一定的距离。

2. 流转主体趋于多元

随着农村土地流转进程不断加快，一些社会工商企业、农业产业化龙头企业、农民合作经济组织等也参与了农村土地流转，并逐渐成为农村土地流转的参与主体。重庆农地流转的形式有转包、转让、互换、出租、入股五种。其中转包的比例最高，超过50%，在经济组织内部的农户之间进行，其期限低、范围窄、市场化程度不高，有利于减少土地撂荒，促进劳动力转移。

3. 流转形式趋于多样

随着流转主体的日趋多元化，流转的形式也出现多样化趋势。由过去以转让和互换为主的流转，逐步转变为多种形式并存的状态。随着土地流转的速度不断加快，其主体也不再仅仅局限于承包农户之间，还包括社会工商企业、龙头产业企业、农民合作经济组织等其他团体。尤其在"1小时经济圈"范围内，一半土地都流向了农业产业化企业，百分之三四十的土地流向了农业种植业大户和农民合作经济组织。

4. 区域差异趋于扩大

由于不同区域的农业资源条件和经济社会水平各不相同，不同区域农村土地流转的规模和形式也各不相同，呈现明显的区域分布不平衡态势。

二、湖北省农村土地流转经验

湖北省农经局局长杨孔平说，近几年，湖北各级政府引导农民大胆改革，完善土地经营权，推进土地流转和规模经营。目前全省规模经营土地 871 平方千米，占农业用地总面积的 5%，探索出龙头企业带动型、主导产业带动型、合作组织带动型、集体经济带动型、社会资本带动型、种养能手带动型等多种具有鲜明特点的土地流转成功模式。

湖北省委政策研究室主任吕东升介绍了湖北土地流转的主要做法：一是试点示范，建立服务机构，规范合同，总结典型经验，带动土地流转；二是出台优惠政策，支持农民土地流转、工商企业投资效益农业、龙头企业建设农产品基地；三是建立土地流转服务平台，用市场机制实现流转双方的有效对接；四是建立了区、乡、村三级土地流转调节网络，推行了听证会制度，定期开展土地纠纷调解活动，落实领导包案责任制，及时化解了土地流转纠纷。

湖北省社会科学院院长宋亚平认为，近几年的实践证明，湖北土地流转取得了积极成效，促进了农业生产要素的合理流动。促使土地向种田能手和农产品企业集中，闲置的耕地、湖滩、丘岗、山林资源得到合理有效利用，有利于发展优势特色农业，形成具有较强竞争力的产业带或产业区域。适度规模经营集聚了土地、资金、市场等资源，给农业注入了新的社会资源、先进技术和管理经验，实现了生产要素的最佳配置。此外，规模经营使政策项目和民营资本双向注入农业领域，改善了水、电、路等农业基础设施，提升了农业综合生产能力。

三、云南省农村土地流转经验

（一）基本情况

1. 土地流转的规模和速度

据调查统计，2008 年全省土地流转总面积为 1688 平方千米，占承包耕地总面积的 6.5%。流转区域主要在经济相对发达的坝区和城市郊区，流转速度、规模不断扩大。

2. 土地流转的主要形式

流转主要有出租、转包、转让、互换、入股等形式。2008年出租面积888平方千米，转包面积46.7万平方千米，转让面积313平方千米，互换面积99平方千米，入股面积114平方千米，其他形式流转的面积81平方千米。出租和转包分别占流转面积的52.6%和18.5%。

3. 土地流向情况

2008年流入种田大户的土地面积573平方千米，占34%；流入专业合作社的土地面积37平方千米，占2.2%；流入企业的土地面积349平方千米，占20.7%；其余大部分土地属农户间自发流转。

4. 土地流转的服务情况

2008年农户间自发流转的土地面积为1333平方千米，占79%；乡村组织提供信息流转的土地面积为211平方千米，占12.5%；委托乡村组织流转的土地面积137平方千米，占8.1%。

5. 流转土地来源情况

2008年农户承包耕地面积流转1534平方千米，占91%；非承包耕地面积流转154平方千米，占9%。

6. 流转土地用途

2008年流转土地用于农业生产1535平方千米，占91%；用于非农生产的土地153平方千米，占9%。

7. 土地规模经营情况

全省土地流转规模经营的面积335平方千米以上的为410平方千米，占24.3%。其中：0.03~0.06平方千米规模经营的面积136平方千米，0.06~0.18平方千米规模经营的面积118平方千米，0.18~0.3平方千米的面积68平方千米，0.3~0.6平方千米规模经营的面积 55 平方千米，0.6 平方千米以上规模经营的面积 32 平方千米。

（二）土地承包经营权流转的主要特点

1. 土地流转的地区分布不平衡

不同区域的农业资源条件和经济社会水平各不相同，不同区域农村土地流转的规模和形式也各不相同，呈现出明显的区域分布不平衡态势。一些坝区、交通比较便利、耕种条件比较好或人均占有耕地较多的乡镇，城郊、乡（镇）政府所在地的农村土地流转速度、流转面积相对较快较大，而偏僻的山区农村土地流转缓慢。

2. 流转土地的流向多元化。经济发达地区，如昆明、曲靖、楚雄、玉溪等州（市）土地流转主体呈现出多元化的趋势，随着农业产业结构调整力度的加大，发展效益农业、实行连片种植和规范化经营，迫切需要调整土地，土地由分散经营向连片种植、集约经营转移。农村土地流转由初期农户之间的相互流转逐步发展到向有实力的专业农户、龙头企业、工商企业、外商投资企业、科技人员等农业投资主体流转。

3. 流转土地用途及模式多样化

随着中央一系列惠农政策的实施以及农村经济的不断发展，农民种田收益日趋回升，土地流转从农户相互间的自发流转向组织化、有序化流转发展；土地流转的对象由本村、本乡、本县内流转逐步向村外、乡外、县外流转；经营内容也由种粮为主逐步转向蔬菜、花卉、水果、核桃、茶叶、甘蔗、烤烟和养殖等高效益农业为主发展。

（三）土地承包经营权流转的主要做法

1. 广泛宣传，加强法律政策的普及

各级农业行政主管部门充分利用广播、电影、电视、报纸、农村基层宣传专栏、标语、横幅、宣传车、期刊、挂图、印发资料等诸多形式，广泛宣传农村承包土地的相关法律政策。如云南省宣威市共印《云南省实施〈农村土地承包法〉办法》400份发放到村、张贴标语1836条、电视宣传1102次，市、乡、村三级分别召开各种不同形式的会议370次。通过宣传，正确引导农民按法律法规的规定进行土地流转并实行适度土地规模经营。

2. 全面开展农村土地承包经营权证补换发工作

2006年以来，为进一步稳定完善农村土地承包关系，赋予农民更加充分而有保障的土地承包经营权，全省各地普遍开展了农村土地承包经营权证补、换发工作，进一步规范了土地承包管理机制，稳定和完善了土地承包关系，保障了农民土地承包的合法权益，为土地流转奠定了坚实的基础。截至2008年6月底，云南省共有76个县（市、区）全面完成农村土地承包经营权证补、换发工作，共发放土地承包经营权证621.07万份，占云南省应发放总数的70%以上。

3. 因地制宜，积极引导农村土地流转

2006年以来，根据中央和省推进农村土地承包经营权流转有关政策要求，云南省各地因地制宜，结合实际，积极探索农村土地流转的新模式。从调查的情况看，各地土地的流转带动模式主要是公司企业、农民专业合作社和农村能人大户三类。如姚安县栋川镇清河村委会以发展现代烟草农业为契机，于2008年4月动员16个村民小组的708户农户，成立了"姚安清河现代农业发展有限公司"，按照"依法、有序、自愿、有偿"的原则，流转土地0.69平方千米。农户以每平方千米土地作价0.469元加入公司，成为股东，每平方千米土地年分红0.469元，合计收入0.938元。同时，公司与入股农户建立了劳工合同关系，每年最少人均打工收入750元，有效带动农业规模经营和农民增收。

4. 建立机制，妥善调处土地流转纠纷

为进一步加大农村土地纠纷调处力度，云南省按照农业部关于开展农村土地承包纠纷仲裁试点工作要求，认真组织开展农村土地承包经营权流转纠纷仲裁试点工作。云南省共有 14 个县（市、区）开展了农村土地承包纠纷仲裁试点工作。宣威、姚安等试点县，通过认真总结仲裁试点经验，在有条件的地方逐步推广建立县、乡、村三级纠纷调处机制，及时妥善解决农村土地承包经营权流转纠纷，维护了农民群众的合法权益，为土地流转创造了良好的外部环境。

5. 积极培育土地流转市场

在保障农户合法权益的前提下，积极探索通过市场调节农村土地流转的长效机制。一是在有条件的地方逐步建立起农村流转中介服务组织，通过中介服务组织开展对农村土地评等定级，收集和发布土地流转市场价格，按照市场供求关系合理确定土地流转价格标准，成片土地流转，引入竞价承包、招标租赁等交易方式，培育土地流转机制。二是建立土地流转信息库，加强对农村土地流转工作的管理，建立农村土地流转信息库，做好登记、审批、备案、合同鉴证、档案管理、信息发布工作。

6. 开展农村土地专项治理

根据农业部、国土资源部等七部门《关于开展全国农村土地突出问题专项治理的通知》精神，按照云南省政府的统一部署，省农业厅、国土资源厅等部门组织开展了全省农村土地突出问题专项治理工作。云南省共清理出违法用地 456 件，占地 33.5 平方千米；共立案查处违法违规案件 375 件，结案 294 件；公开查处土地违法典型案件 9 件，有 11 人因土地违法违规受到党纪处分，有 7 人受到行政处分，有 3 人被追究刑事责任，罚没款达 6558 万元，使侵害农民权益的行为得到了有效遏制。

四、黑龙江农村土地流转经验：合作社主持土地流转

以合作社模式进行规模经营正成为黑龙江各级涉农部门和广大农村干部热议的话题，以多种形式的土地流转加入合作社在黑龙江被越来越多的农民所接受……是什么让农民对合作社趋之若鹜？用哈尔滨大用农作物种植专业合作社农民自编的一句顺口溜来说："土地入社心喜欢，每平方千米多收 200 元，社里安排有活干，当年收入翻两番。"2003 年 3 月 15 日，哈尔滨市呼兰县（现呼兰区）大用农机合作社（大用农作物种植专业合作社前身）组建，是黑龙江省首批试点组建的农机合作社，合作社创办之初就遇到了一个大难题：小地块大机械，无法发挥优势。"农民每户土地只有几条垄，大型机械无法连片作业，农机作业空负荷运转过多，作业成本高，入不抵出，土地经营规模小，运行机制不灵活，使农机合作社无法正常运转。"哈尔滨大用农作物种植专业合作社理事长林永明对《中国经济周刊》记者表示。

如何发展联合体的大农业，适应市场经济形势下的现代农业要求，成为当初合作社面临的主要问题。2005 年，大用农机合作社从 156 户农民手中租来五大块各 300 平方千米连片土地，实施农机化作业。"租赁承包土地，看似简单，但当初农民顾虑较多，一怕土地交上去再收不回来，二怕合同不能兑现吃亏。合作社挨家挨户做工作，由合作社与农户签订承包土地合同，每平方千米 0.268 元，年终兑现，一包五年，合作社统一机械化耕种。通过反租倒包，实现土地向合作社集聚，合作社终于走出低谷，打开了局面。"林永明说。

2006 年，大用农机合作社土地规模经营面积达 3.35 平方千米，种植绿色玉米，其中承包农民土地 3000 平方千米，实行订单农业 2000 平方千米。订单农业由合作社统一供种、供肥、机

耕，农民自己管理、超产归己，合作社定价收购。"在粮食收购价位上订单农户有三种选择：一是按当地市场收购价上浮20%；二是按斤收购价0.65元；三是为了缓解合作社仓储和资金矛盾，由农户代社保管玉米到来年5月份，合作社收干粮每斤0.84元。"林永明说。

大用镇佟家村村民郭洪亮为《中国经济周刊》记者算了这样一笔账：这些年玉米秋粮上市价每斤没超过0.50元，订单户收购价每斤0.65元，每平方千米产1 791 044斤，每平方千米增收268 656元，再加上订单户的种子、化肥、机耕费都由合作社先垫付，不用贷款，每平方千米就少支付贷款利息25 820元，这样每平方千米合计增收294 477元。

农民看到了实惠。2007年，合作社吸引了周边4个乡镇9个村575户农民10.05平方千米土地实行规模化经营。"经过几年的发展，大用农机合作社日益壮大，仅与农机化相关的固定资产就达810万元，入社农民累计增收1323万元，年人均收入比过去增加一倍多。"林永明告诉《中国经济周刊》记者。

2007年6月11日，在原来大用农机合作社的基础上，来自哈尔滨市呼兰区大用镇、莲花镇、康金镇三镇八村的121户428名农民，共同组建了以绿色杂粮生产为主的哈尔滨大用农作物种植专业合作社，入社土地1.37平方千米，注册资本528万元，实行利益共享、风险共担。

据了解，2007年，大用合作社绿色杂粮种植面积10.05平方千米，粮食产量达9000吨，新增产值3240万元，创利税129万元，拉动当地农民人均增收1800元。2008年，合作社实现土地规模经营16.75平方千米，带动农户930余户，其中合作社自主经营3.35平方千米，订单农业发展到13.4平方千米。"合作社的发展壮大承接了政府的部分服务职能，在提高农民增收的同时，也维护了社会的稳定。只要农民增收了，社会效益提高了，我们会大力支持。"大用镇党委书记于科及镇人大主席任宝铭对《中国经济周刊》记者表示。任宝铭介绍说，合作社从种、产、收组织实施了粮食生产；合作社多元化发展、多种经营，可实现离田"下岗"的农民有业可就。"合作社发展空间巨大，摆在我们面前的困难也很多，最主要的问题是资金短缺，2008年合作社土地规模经营 16.75 平方千米，占用资金 1230 万元。随着种植面积的增加，资金年缺口在 300 万元以上。建议相关部门对农民专业合作社加大政策性扶植力度，税务、工商、环保、银行、农业综合开放等部门应给与立项、贷款、税收减免等方面的支持。"谈到面临的困难，林永明对《中国经济周刊》记者坦言。

除了农民自发组织合作社进行土地流转经营，一些外地龙头企业也参与到了黑土地的开发中来，他们利用技术、资金等优势，采取农民以土地入股的方式建起了新型的企业——农户合作社。

"农民靠种地发家，这在以前是想都不敢想的事……"谈起以土地入股加入合作社，黑龙江省五常市民乐朝鲜族乡太平屯村民郭喜荣一脸笑容。他告诉记者，他家自有土地仅 0.0004 平方千米，几年前转包本屯 6 户村民土地，年初以 5.2 平方千米土地入股加入"美裕有机农业农民专业合作社"（以下简称美裕合作社）种植有机水稻，合作社以每平方千米地 3 万元价格收购水稻，除去生产成本，每平方千米地纯收入近 1.8 万元。"往年没有加入合作社，不但稻子销路不好，而且还卖不上价，一平方千米地也就收入 5000 元左右，有时年景不好，一年到头白忙活。加入合作社统一种植有机水稻，每平方千米地增收近 1.3 万元。"

2006 年 12 月，中良美裕有机谷物制品（北京）有限公司（以下简称美裕公司）在五常市民乐乡设立了水稻加工厂，采取公司加稻农的合作模式。在美裕公司的专业指导和加盟农户的积极协作下，目前"美裕大米"在市场上出现了供不应求的局面。为满足其他没有加盟农户的愿望，进一步扩大农民土地流转规模及公司经营规模，2008年年初美裕公司与222户农民的6.7平方千米土地进行了规模化生产，并牵头与五常市民乐乡太平屯和翻身屯全体农民组建了五常市美裕合作社。

"我们在美誉基地农户相对集中的民乐乡太平屯、翻身屯做试点，摸索土地规模流转和新农村建设的模式，建立合作社，把农民组织起来，让土地资源和劳力资源发挥最大的功效，产生最大的效益。在实施过程中，公司和乡政府密切配合，向村民宣传《农民专业合作社法》，并通过几次村民大会，统一了认识，农户完全同意建立合作社。"美裕公司副董事长张立群表示，农民积极参加合作社是出于对美裕公司的信任。通过整合，村民把宅基地和房屋作为资产投资入股，由公司统一规划并先期出资，建设符合社会主义新农村建设要求的，集休闲娱乐等多项功能为一体的别墅小区——美裕新村，2008年年末建成。

说起农民以土地流转，与美裕公司成立合作社土地"三权"的分配时，五常市委办公室主任何广铭用"一权分离，两权集中"给予概括。他表示，在美裕合作社中，农民以土地入股占70%的股权，年终按股份的大小分红，农民的土地使用权没有分离并且享有土地的收益权，土地由合作社统一经营，这样，只有经营权从农民单独经营中分离出来。

何广铭表示，近年来，农业产业化逐步推动了农业生产从粗放型向集约型的转变，并且成为农民增收、企业增效的重要途径。美裕公司的发展壮大，解决了在市场经济条件下，政府部门"包"不了，单家独户"办"不了的事情，改变了稻农单打独斗进入市场势单力薄的弱势地位，促进了农业产业化经营与大市场的有效对接。

农民以地入股加入合作社是否有顾虑呢？太平屯村民郭喜荣对《中国经济周刊》记者说："入合作社等于上了保险，以后我们农民老有所养的问题解决了，还顾虑什么呀？"

哈尔滨市委政研室副主任张同义向《中国经济周刊》记者表示，以土地流转成立专业合作经济组织，代表了现代农业发展方向，也是传统农业地区改变落后面貌的根本途径，在乡村级自然资源、地理区位、产业基础无从改变的前提下，促进农民增收的一条根本途径，就在于盘活自身的资源，传统的一家一户承包经营的规模小、科技含量低等弊端明显，只有树立规模意识，才能推动产业化发展。这样农民自身拥有的土地资源必将以各种形式加速流转。

五、天津农村土地流转经验："宅基地换房"助推小城镇建设

"宅基地换房"——这是天津首创的新词组。

从 2005 年下半年开始，天津市围绕破解农村城镇化及小城镇建设中土地和资金双重约束的难题，在广泛征求农民意愿和大量调研基础上，推出以"宅基地换房"加快小城镇建设的办法。

所谓"宅基地换房"办法，就是按照承包责任制不变，可耕种土地不减，尊重农民自愿的原则，高水平规划建设富有特色和生态宜居的新型小城镇。农民自愿以其宅基地，按照规定的置换标准换取小城镇的一套住房。新的小城镇，除了农民的住宅区外，还规划出一块商务区或经济功能区，用未来这部分土地的出让收入平衡小城镇建设资金和增加就业岗位。原来的宅基地统一组织复耕，实现耕地占补平衡，总量不减，质量不降。据天津市发展和改革委员会相关负责人介绍，小城镇建设需要大量资金，依靠政府财力、农民自身积累，显然不可能。

只能在土地上做文章，通过"宅基地换房"，让土地流动起来，使资源资本化。自 2005 年开始，天津市政府分两批批准在东丽区华明镇、津南区小站镇、武清区大良镇、西青区张家窝镇、北辰区双街镇、汉沽区茶淀镇等共"十二镇五村"运用"宅基地换房"办法，开展示范小城镇建设，涉及行政村 129 个、6.9 万户、17.7 万农民。目前已累计完成投资 130 亿元，开工建设农民住宅 585 万平方米，土地整理复垦 220 平方千米，2007 年年底已有 5 万农民住进新的小城镇，2008 年累计将有 10 万农民迁入新居。

因为靠近机场和东丽湖旅游区，距市区仅 10 千米路程，东丽区华明镇成为天津试点首选。已建成的东丽区华明街道（即华明镇，因"宅基地换房"政策的实施，现已改为华明街道）先后已接待了 16 个国家、共 26 个城市的观摩团的参观。

华明街道工委书记张长河向《中国经济周刊》记者介绍说，华明示范镇项目自 2006 年 4 月开始规划建设，目前已建成建筑面积 156 万平方米，3.6 万多村民已喜迁示范镇新居。"原华明镇 12 个村共有宅基地 8 平方千米，总人口 4.5 万，新建小城镇需占地 5.6 平方千米，其中规划农民安置住宅占地 2.3 平方千米；宅基地复耕后不仅可以实现耕地占补平衡，还可以腾出土地 2.4 平方千米。华明镇用于农民还迁住宅和公共设施的建设资金约 37 亿元，可出让的商业开发用地预留了 2.68 平方千米，土地出让收益预计达到 40 亿元，可以实现小城镇建设的资金平衡。"张长河说。

通过"宅基地换房"，使农民的家庭财产大幅度增加。农户平均现有宅基地和房屋估价四五万元，到华明街道可置换一套 80 多平方米的住宅，价值超过 55 万元。孔大爷一家 4 口人，人均宅基地 0.0002 平方千米，换得华明街道一套 86 多平方米的住房，他们一家是 2007 年 12 月底入住新居的。"我们对政府的宅基地换房这个举措很满意。有房还有钱，多好的事情啊！我们当然希望土地集约化，因为这样一来的话，那些愿意种地的，会种地的高手就可以多种一些地，而那些不愿意种地或者种不好地的人就可以把地给别人种，这样自己也可以腾出手来做点其他事情，可以有其他收入来改善生活，这样不是两全齐美么？"孔大爷对《中国经济周刊》记者说。

据介绍，"宅基地换房"后，耕地没有减少，土地承包关系没有改变，农民可以继续从事农业生产。此外，华明街道依托邻近的空港物流加工区和具有自身传统特色的运输物流服务区，通过合理规划，预留出了发展空间，增加了农民就业机会，实现了可持续发展。当地政府还从社会保障入手，多渠道解决还迁村民的就业问题，通过增加农民的"薪金"、"养老金"、"租金"、"股金"，使农民真正安居、乐业、有保障。政府将土地增值收益用于还迁农民的社会保险，还迁农民达到规定的年龄（男 60 周岁、女 55 周岁），可以享受到每月 400～500 元不等的社会保障金。据天津市统计局城调队调查统计，还迁农民满意度达到了 95.3%。

天津市委副秘书长兼财经办主任吴敬华告诉《中国经济周刊》记者，天津"宅基地换房"示范镇的建设始终秉承科学发展，始终坚持"为民"和"创新"。天津示范小城镇建设得到了天津市委、市政府的高度重视。黄兴国市长先后 60 余次亲临华明镇指导工作；天津市委、市政府下发的《关于推进城乡一体化发展战略　加快社会主义新农村建设实施意见》提出，推广示范小城镇建设试点的经验，按照统一规划、政策引导、尊重群众、市场运作的原则，采取以宅基地换房等多种形式，分层次地稳步推进，引导农民向新城、中心镇、一般镇和中心村集中。按照天津市城市总体规划，今后全市要建设 11 个新城、30 个中心镇、70 个一般镇。

六、广东农村土地流转经验：土地流转"市场化"

30 年来，得益于改革开放之风，广东经济迅猛发展，国内外企业争相在珠三角投资办厂，珠三角的土地需求空前火爆，村集体和农民也开始谋求土地的"新价值"。

据调查了解，1990 年以来，珠三角有些地方的农民就已经将土地出租给他人创办企业。当时的模式是：由村里成立的集体经济组织出面申请用地办企业，在得到地方政府的合法许可后，集体经济组织再与用地方签订土地使用权租赁、转让合同。

华南农业大学经济管理学院院长罗必良教授此前的一项调查显示，早在 2001 年，广东农村的土地流转发生面积就已经达到 1708 平方千米，占全省耕地面积的 7.93%，涉及农户 105.05 万户，占农户总数的 9.22%。但这种自发的土地流转行为因为没有法制层面上的保护，很容易导致纠纷。广东省政府经过调查研究，决定出台新政策将其纳入法制化轨道。

2005 年 10 月 1 日起，广东省出台了《广东省集体建设用地使用权流转管理办法（草案）》，规定广东省农民手中的农村集体建设用地可与国有建设用地一样，按"同地、同价、同权"的原则，通过招标、拍卖、挂牌等方式进行交易。这意味着农村土地使用权流转进入了市场化的阶段，开创了全国农村土地政策的先河。

在新政策引导下，广东土地流转走上快车道。据广东农业厅的统计资料显示，截至 2007 年 12 月底，广东省农村土地承包经营权流转的面积 2827 平方千米（比 2003 年增加约 100 万平方千米），占农村家庭承包面积的 14.4%。其中，农户自发流转的面积 978 万平方千米，占 34.6%；经农户同意并委托集体统一流转面积 1849 平方千米，占 65.4%；土地流转涉及农户 202 万户，占家庭承包户的 18.2%。

目前，广东农村土地流转涵盖了土地入股、出租、转包、转让及互换等基本形式。其中，土地入股占最大比例，流转面积为 1011 平方千米，占流转总面积的 35.9%；而出租则成为土地流转中比较常见的形式，占流转总面积的 29.5%。在广东经济发达的佛山、中山等地的一些村庄，土地流转获得的收益已成为农民收入的一项重要来源。在佛山，以土地入股组建股份合作组织成为土地流转形式的蓝本。目前佛山全市除了高明区外的其他四区全部已经完成农村股份合作制改革，已建立的农村股份合作经济组织达到 2957 个，设置股权 750 万份，其中土地股份数 609 万份，入股土地面积 683 平方千米，土地入股面积占土地流转面积的 97.73%。佛山市农业局有关人士表示，2007 年该市农村人均股份分红 1528 元。在佛山市顺德区陈村镇仙涌村，一座占地一万多平方米的村公园显示出这里的富足。村民朱阿伯告诉记者，作为传统的鱼米之乡，仙涌村在 20 世纪 90 年代就不种稻谷了，开始种植经济作物和花卉，一些村民把土地租给别人经营花卉农场，村上也盖了一些厂房出租。现在，仙涌村家家盖起了楼房，60% 的家庭买了汽车。在中山市板芙镇里溪村村民眼里，国家新出台的土地流转政策"并不新鲜"，因为里溪村早已进行了这种尝试。在里溪村第一村民小组，组长蔡少安介绍，该组目前共有 330 名成员，70% 的成员都有房子出租，单是这一项每月就有约 2000 元的收入。如果家里还有两个劳动力外出打工，每人月薪 1000 元，则一个家庭每月就有近 4000 元的收入。此外，全组还有一家"村集体生产队工厂"，如今外租给一家台资灯饰厂，租金每年约为 34 万元，每人每年能分 1000 余元，等于其他靠出租耕地来分红的小组成员收入的两倍多。

另外，当地政府征用该小组的土地，也为村民带来一笔不菲的收入。1992 年，板芙镇政府看中了第一小组临近马路的一带土地，首期用 8 955 223 元/平方千米的费用向该小组征用了0.12 平方千米土地，用于招商引资。第二期又征用了 0.1 平方千米，费用提高到 31 343 283 元/平方千米。

与佛山、中山等地不同，在粤北山区的连山县，土地流转是另外一个样子。近年来，该县一些农民进行土地流转、改种经济效益好的农作物，以实现土地增值；一些因土地流转带来的农村剩余劳动力，也得以出外务工寻找赚钱机会。连山县农民胡彩胜 2008 年种有机稻赚了 7 万元钱，成为当地农民的羡慕对象。胡彩胜是连山壮族瑶族自治县吉田镇石头塘村民，外出当过兵、做过保安。随着这几年中央的"三农"政策越来越好，他回到家乡重新搞农业。2007 年，胡彩胜回家租了 0.0067 平方千米地，加上自己的 0.001 平方千米地，种起了有机稻。尝到了甜头后，2008 年胡彩胜决定增加种植面积，2008 年年初他和村子签订了租赁 0.14 平方千米地的合同，每平方千米每年租金149 253 元，一签 5 年。如今收割已完成，0.14 平方千米地为他带来 7 万多元的增收，这在当地是一笔不小的数目。

随着土地流转的加快、土地增值的实现，村民的生活也慢慢改变了。石头塘村副村长虞天普介绍，村子共有 780 多人，土地出租 0.2 平方千米，2008 年有 30 多人在外打工，100 多人在外做小生意，建起水泥楼房的农户增加到了 70%。

在粤北地区的英德市，土地流转的速度也在不断加快。据该市农业局统计，该市培育丰产林的土地流转面积从 2006 年开始以每年超过 67 平方千米的速度递增，2008 年更增加了 80 平方千米；水果种植面积也以每年 14 平方千米的速度增加。英德市土地流转中的"非粮化"趋势日益明显，茶、桑、笋、果、丰产林等经济作物的种植逐渐成为主流，有些原本种粮食的土地也被用于发展养殖业、生态农业、观光农业等。在英德市黄花镇白石前村，0.3 平方千米耕地流转了 0.2 平方千米，其中租给外地商人种马蹄笋0.12平方千米；出租给专业户种桑、种甘蔗0.06平方千米。许多农民连分到的粮油自给地也愿意出租经营，不但可收租金，又做临时工，加上每户均解放2名劳动力外出打工或到珠三角种菜，该村户均年纯收入可达两三万元。全村126户人家已有121户住上新楼。

七、甘肃农村土地流转经验：激活"鸡肋"土地

"2平方千米良田一头牛，老婆孩子热炕头"，这曾经被喻为农民的一种理想生活。然而，随着时代的演进，在西部大省甘肃，这种"理想"正在逐渐失去人心。据调查发现，现在在甘肃的一些地区，曾经被"热恋"的土地也饱受"冷落"，随着农村的大量农民涌入城市，有的土地被无偿或收取少量的粮食出租给别人耕种，有的土地甚至已被荒置。

（1）种还是不种？每年秋收忙完后，这个问题刘成都会仔细的盘算一遍。

但刘成也只是盘算一下而已，每年土地照种不误。刘成的举动每次都会遭到好心邻里的劝阻，"你种地划不来吧！"其实刘成也认为"划不来"，但对土地的感情使得他难以舍弃。2000年后，刘成就在甘肃省天水市务工，主要承接一些房屋拆迁和搬家之类的活计，每月收入在千元以上。农忙时节，他才回家照看庄稼。家中主要的开销基本上依靠在市里的劳务收入。在刘成所在的天水市秦州区汪川镇闫集村，土地在人们的生活中的比重已逐渐缩小。与20世纪七八十年代热火朝天的开荒、一门心思的种地不同，现在更多人开始离开土地，在外务工赚钱。"以前看谁种地是能手，现在看谁赚钱是能手。"更多的村民认为，想赚钱就得离开土地。其实，在甘肃的大部分地区，劳务产业已是当地村民收入的主要来源。

然而，对世代耕种土地为生的农民来说，在他们质朴的道

德观念里，"弃地而去"是一种"罪过"，离开土地的农民也不愿让自己的土地荒弃。按以往的惯例，把地让别人耕种可换取一定的粮食，但随着越来越多的农民进城，闲地越来越多，这显然已不可取。把地让别人无偿耕种的人已为数不少。于是也出现了一些大量无偿种别人的地的人，刘军便是其中一位。刘军告诉记者，他今年多种了近 0.0067 平方千米土地。其原因是因为他年龄大了。

与种地相比，农村人更愿意外出打工。在这种潮流之下，把土地让给别人耕种的人显得更有能力。当记者问及刘军种地的收益时，刘军含糊地告诉记者，多种的 0.0067 平方千米地也就能收入 2000 元左右。"反正税费取消了，能多收入一点算一点。"虽然今年多种了 0.0067 平方千米地，但刘军还是认为这是"无奈之举"。刘军表示："如果有合适的机会，他也不会种地。"受自然条件限制，西北部分地区，长期以来土地收益很低。面对贫瘠的土地，农民"食之无味，弃之可惜"，离开土地进城打工，显然收益比种地高出很多。

甘肃省劳动和社会保障厅有关数据表明，2007 年甘肃省劳务输转规模达到 587.16 万人次，劳务收入达到 200.11 亿元。随着大量农民外出务工，土地已不再是西部农民唯一的"重心"。

(2) 从"热恋"到"遗弃"，土地到底发生了怎样的转变？

汪川镇政府的一位工作人员认为，农民种地困难太多，而相关配套服务薄弱，不少地方都存在着机耕、排灌、技术等方面的困难，再加上各级服务不规范，一家一户难以形成有效的耕种方式，使农民种地困难更大。长期以来，农民习惯了过去的耕作模式。虽然近两年来，国家大力号召调整农业种植结构，但农民对"该种什么，种什么赚钱"心中依然没底。特别是对近两年来部分农副产品积压现象产生了畏惧感，不少农民开始担心种田风险太大。同时，在甘肃省部分县市农村，大部分青壮年劳动力外出，使村庄出现了"空心化"和农民老龄化的现象。他们走后，留在家中的老人便成为了农业生产的主角，因此便形成了恶性循环，"农业比较效益低——种田没有积极性——土地粗放经营——土地抛荒——比较效益更低"，土地粗放经营造成了土地资源的大量浪费。同时，由于农村留守老人文化水平低，思想保守，没有技术，普遍缺乏市场竞争意识和结构效益意识，他们所种的农作物市场价格低，除了生产成本所剩无几，自然失去了生产积极性。另外，由于留守老人年老体弱，既要管孩子，又要管生产，种田只能以化肥为主，因此又导致了"土壤板结—地力下降—化肥需求成癖"的现象。

（3）如何改变现实，激活已日渐沉寂的土地？

2008年8月，甘肃省首家农村土地流转合作社——宁县民生农民专业合作社成立。甘肃省农牧厅有关人士对记者表示，目前甘肃省土地流转有转让、转包、租赁等形式，宁县农民以具有法人资格的农民专业合作社，规范了土地流转市场，引导土地流转生金，将一家一户的分散经营转变为现代农业的规模化、标准化、专业化经营，是土地流转方式的有益探索。

宁县民生农民专业合作社成立之后，就被各界寄予厚望。"没有规模就没有效益，通过土地流转，将一些农地交给种植能手或者企业经营，不仅避免了资源浪费，还增加了农民收入，而且可以通过龙头企业的示范带动，培育新的支柱产业，带动当地经济的发展。"

兰州市农办主任李向军对媒体表示，土地流转的基础是公平自愿，旨在通过经济组织、能人带动并培育产业，旨在助推农业、农村发展和农民增收。"只有土地流转更加合理、合法化以后，一些大户、组织、企业才能长期租赁（或其他方式），才敢于大量投入，带动产业发展。土地流转合理、合法化以后，还有利于招商引资，有利于永久性产业的培育。同时，在中央政策的指导下，将更加合理、合法，而此举将进一步激活农村经济体制，更有助于农民增收。"

八、浙江省农村土地流转经验

浙江省 2008 年农民人均收入 9258 元，937 万户农户承包了 13 293 平方千米耕地，户均 2.1 平方千米。如何在小规模农户分散经营基础上推进现代农业建设，是浙江省农业发展面临的突出问题。近年来，我省坚持稳定和完善农村基本经营制度，引导土地承包经营权规范流转。截至 2009 年 9 月底，浙江省共有 315 万户承包农户流转出了承包土地 4094 平方千米，分别占总承包农户和总承包面积的 33.7% 和 30.9%。目前，浙江省初步形成了以经济、社会发展为条件，政策引导为支撑，土地流转服务组织为重点的土地承包经营权市场化流转工作体系。浙江省的主要做法是：

（一）遵循市场规律 引导推进流转

浙江省始终坚持"依法、自愿、有偿"原则，以市场化来推进土地承包经营权流转，促进农业经营规模化。一是提倡多种形式流转土地。在转包、租赁、转让、互换基础上，鼓励股份合作流转，还提倡季节性流转和委托流转。目前委托流转的比例达到了 41.2%。二是建立有形土地流转市场。全省目前已有 50.6% 的县、45.4% 的乡镇、27.7% 的村建立了土地流转服务中心，提供土地流转的意向调查、信息发布、政策咨询、合同指导等服务。三是市场化形成流转价格。根据流转土地供需情况、流转年限、种植作物、土地级差等因素，由双方自愿形成流转价格，可以现金支付，也可以按稻谷实物折价逐年结算。

（二）积极营造环境 鼓励推进流转

一是设施建设用地支持。浙江省省政府规定，凡规模经营连片面积在 0.067 平方千米以上的，允许按 0.5‰ 的比例安排配套设施用地，用于晒场、机库、管理用房等建设。二是粮食规模生产支持。江苏省省政府已连续5年对种植粮、油面积在0.0012平方千米以上的大户（专业合作社）给予直补和良种补贴。三是农业建设项目支持。凡申报政府农业发展项目的，一般要由有一定规模的专业合作社或农业企业来承担。四是农业服务支持。将规模经营的大户、专业合作社、农业企业作为农业保险的重点。据不完全统计，全省各级财政用于土地流转的补助达1亿多元。

（三）加强管理服务　有序推进流转

一是推广土地承包流转信息化管理。浙江省38个县（市、区）建立了农村承包信息化管理系统，实现动态"地证相符"。二是统一流转合同文本。浙江省制定了统一的流转合同文本。三是建立健全土地承包流转纠纷调处机制。浙江省形成了协商、调解、仲裁、诉讼"四位一体"的土地承包流转纠纷机制。

浙江省的实践表明，通过农村土地流转，既稳定了家庭承包经营制度，又进一步完善了双层经营体制，推进了农业经营体制机制创新。对于农业增效、粮食增产、农民增收和现代农业发展都起到了十分重要的作用。一是走出了稳定粮食生产的路子。目前浙江省通过土地流转共形成11.7万个0.0067平方千米以上的种粮大户，经营面积2045平方千米，加上2120个粮食生产合作社，已成为浙江省稳定粮食生产确保粮食安全的重要力量。二是促进了农民增收。土地流转收入已成为农民重要的财产性收入。三是促进了现代农业发展。目前，浙江省每年都有120亿元工商资本进入农业，全省形成了以国家投入为引导、社会资本投入为主体的新型农业投入机制，形成了以承包农户为基础，专业大户、专业合作社、农业企业为骨干的适合现代农业发展的现代农业生产经营组织体系，成为浙江省现代农业发展的主体力量。四是提高了政府和农业部门管理服务农业的效率。

九、上海市人民政府关于进一步稳定完善农村土地承包关系，建立健全土地承包经营权流转市场的指导意见

为贯彻落实党的十七届三中全会精神，现就进一步稳定完善农村土地承包关系，建立健全土地承包经营权流转市场提出以下指导意见：

（一）稳定完善农村土地承包关系，确保土地承包经营权证发放到户

稳定完善农村土地承包关系的基本要求是：按照《农村土地承包法》规定，坚持有利于农村经济发展、有利于农村社会稳定、有利于维护农民利益的要求，通过确权确地与确权确利相结合的办法，稳定和完善现有土地承包关系，确保土地承包经营权证发放到户。

1. 坚持稳定现有土地承包关系

在本市农村第二轮土地延包中以及《农村土地承包法》实施后，按照党的农村土地承包政策，已经将全部农业用地按在册农业人口延包到户的，要根据"增人不增地，减人不减地"和确权确地的原则，确保土地承包经营权证发放到户，赋予农民更加充分而有保障的土地承包经营权，现有的土地承包关系要保持稳定并长久不变。

2. 因地制宜、分类指导，完善土地承包关系

对少数地方在第二轮土地延包中的遗留问题，要坚持因地制宜、分类指导的原则，在充分尊重农民意愿的前提下，按照《农村土地承包法》的规定，认真做好后续完善工作。

（1）原实行暂缓延包的地方，原则上按1999年延包政策和《农村土地承包法》的规定，落实农户土地承包经营权。确权确地确有困难的，可采取确权确利的办法，并确保土地承包经营

权证到户，保护农民基本利益。

（2）因各种原因造成个别农户承包土地面积畸多、矛盾比较突出的地方，应由各区县区别不同情况予以完善解决。为保护农业生产力，对已经形成适度规模经营的，可在不改变现有经营方式的前提下，通过土地流转办法解决。

（3）对少数农民延包时不要或少要承包地、现在要求重新落实土地承包经营权的，应区别不同情况，通过民主协商，妥善处理。有书面承诺自愿不要和少要土地的，按照自愿放弃土地承包经营权处理。没有书面承诺的，应予调剂解决；无法调剂解决的，可采用给予土地承包经营权流转费等方法解决。

（4）对少数因征地造成农村土地和人口变动大、土地严重不均或人地矛盾突出，群众要求调整的，可根据实际情况，依法经该集体经济组织成员会议 2/3 以上成员同意，并报乡镇政府和区县政府主管部门审批后适当调整。

（5）对第二轮土地延包时非在册农业人口，现在要求落实土地承包经营权的，除国家政策规定外，不属于土地承包关系调整完善的范围。

3. 依法加强土地承包经营权证书管理

本市农村土地承包经营权证由农业部监制，市农业委员会统一印制，各区县政府颁发。区县和乡镇政府农村经营管理部门应加强土地承包经营权证书管理，及时做好土地承包经营权证的登记、发放、备案、变更等工作。

对已开展延包但未发放土地承包经营权证的，要加快权证发放到农户。对延包后承包土地面积发生变动，与原土地承包经营权证所载事项不相符的，应及时变更土地承包经营权证；对不符合《农村土地承包法》和有关政策规定发放的土地承包经营权证，应由发证机关按照有关法律规定予以纠正。

根据本市征地实行落实社会保障与土地处置、户籍转性整体联动的原则，因征地原因家庭全部成员户籍转性落实小城镇或城镇保险的农户，应交回土地承包经营权证，并由原发证机关予以注销；因征地原因家庭部分成员户籍转性落实小城镇或城镇保险的农户，应按照有关规定，交回相应的承包地，并由发包方及时办理土地承包经营权证变更登记。

（二）建立健全农村土地承包经营权流转市场，推进农业规模化集约化发展

建立健全农村土地承包经营权流转市场的总体要求是：坚持稳定和完善农村基本经营制度，发挥市场对农村土地资源配置的基础性作用，探索建立以乡镇为单位的土地承包经营权流转管理服务中心，逐步形成公平、公正、公开的农村土地承包经营权流转市场机制和管理服务体制，规范土地承包经营权流转行为，促进农业适度规模经营健康发展。

在建立健全土地承包经营权流转市场中，必须按照依法自愿有偿的原则，充分尊重农户在土地承包经营权流转中的主体地位，确保土地承包经营权流转中农户享有的权利；土地承包经营权流转价格应由当事人双方在区县政府制定的最低保护价基础上协商确定，流转收益归农户所有。集体经济组织受托统一流转的，流转收入必须做到公开透明，上墙公布，确保全部收益到户；实行农村土地承包经营权流转，不得改变农业用途，不得改变农村土地集体所有性质，不得侵害土地承包农户权益；坚持发展现代农业的导向，使农村土地承包经营权流转有利于农业规模化、集约化经营，促进农业经营方式的转变，有利于优化农业资源配置，提高土地产出率和劳动生产率，有利于促进转移农业劳动力，促进农业增效和农民增收。

1. 建立土地承包经营权流转管理服务平台

依托乡镇农经部门，建立乡镇农村土地承包经营权流转管理服务中心，使其成为土地承包经营权流转管理服务的平台，

具体承担提供流转信息、开展政策咨询与价格评估、指导合同签订以及从事服务和调解纠纷等职能。乡镇农村土地承包经营权流转管理服务中心一般配备3~5名管理人员，管理人员可由乡镇农经人员兼任。村集体经济组织要有专人具体负责土地承包经营权流转服务工作。乡镇农村土地承包经营权流转管理服务中心可利用现有的乡镇会计委托代理记账中心场所，进行合署办公。乡镇农村土地承包经营权流转管理服务中心的设施装备和正常运行等经费应纳入财政预算，严禁向进场流转的农户收取费用。

2. 建立健全农村土地承包与流转信息化管理体系

加快推进农村土地承包与流转信息化管理，建立市、区县、乡镇、村四级农村土地承包管理信息网络，形成可查询、可追溯、可汇总、可展示的土地承包管理信息系统。重点建立健全市、区县、乡镇三级土地承包信息数据库，实行土地承包信息化动态管理。在乡镇土地承包经营权流转管理服务中心内建立土地流转信息平台，实现流转信息实时、透明、集中发布。村内土地承包经营权流转情况应作为村务公开一项重点内容予以公布，并定期更新。

（三）建立健全调解仲裁机制，依法解决农村土地承包经营纠纷

要切实加强土地承包与流转矛盾纠纷调处工作，积极推进土地承包经营纠纷调解仲裁试点，建立健全民间协商、乡村调解、区县仲裁、司法保障相结合的农村土地承包经营纠纷调处机制，依法解决农村土地承包经营纠纷，维护承包农户与流转当事人权益。

乡镇政府应成立农村土地承包经营纠纷调解委员会，村民因土地承包经营或流转发生纠纷的，可以通过双方协商解决，也可以通过村民委员会或乡镇调解委员会调解解决。协商调解

不成的，可向区县土地承包经营纠纷仲裁机构申请仲裁。调解日常工作由乡镇农经管理部门具体负责。有条件的，可聘请一两名调解员。

各区县政府应从本地实际出发，加快健全土地承包经营纠纷仲裁机构。农村土地承包经营纠纷仲裁工作经费纳入财政预算予以保障，不得向当事人收取任何费用。农村土地承包经营纠纷仲裁的日常管理工作由区县农经管理部门承担。农村土地承包经营纠纷仲裁应按照"依法、公正、高效、便民"的要求，依法独立开展工作，不受行政机关、社会团体和个人干涉。各区县农村土地承包管理主管部门以及其他有关部门应当依照各自职责，支持土地承包经营纠纷仲裁机构依法开展工作。

（四）切实加强领导，推进农村土地承包与流转规范化管理

1. 加强领导，落实具体措施

稳定完善土地承包关系，建立健全土地流转市场和土地承包经营纠纷调解仲裁机制，事关广大农民切身利益。各级政府要高度重视，加强领导，把这项工作作为落实党的十七届三中全会精神，推进农村改革发展的一件大事来抓，做到主要领导亲自抓、分管领导具体抓。要加强调查研究，根据各自实际情况，提出具体实施办法。对农民群众反映强烈的农村土地承包和流转中出现的问题，要及时解决，不能推诿或久拖不决，要努力把矛盾化解在当地、化解在基层。对历史遗留问题，要认真、细致地做好各方的思想工作，防止和避免出现新的矛盾纠纷。要加强相关法律法规和政策的宣传教育，提高广大干部群众法制意识和民主意识。对因违反法律、政策和处理不当引发群体性事件的，要追究领导责任。对在集体土地发包出租中利用职权营私舞弊牟取不正当利益的，要按照有关法律法规严肃处理。

2. 明确职责，强化日常管理

市、区县农村土地承包主管部门、乡镇政府要认真贯彻
《农村土地承包法》，切实履行好本行政区域内农村土地承包以
及承包合同、经营权证书和土地承包经营权流转的管理、指导
职责，建立工作责任制度和规范化的工作机制，确保土地承包
经营权证发放到户，确保土地承包关系稳定完善。各级农村经
营管理部门负责农村土地承包日常管理业务工作，要依法、依
规、依政策全面做好农村土地承包经营权流转管理和服务工作，
加强政策法规宣传培训，积极开展土地承包与流转纠纷的调解
和仲裁工作。

3. 通力合作，确保政策落实

各区县政府要根据各自实际情况，研究制定稳定完善土地
承包关系、建立健全土地承包经营权流转市场和土地承包经营
纠纷调解仲裁机制的具体实施办法，切实加强土地承包经营权
流转平台、土地承包经营纠纷仲裁机制建设以及土地承包与流
转信息化管理工作。有关部门要在资金、人员、场所等方面给
予保障。市、区县信息管理和财政部门要继续支持农村土地承
包与流转信息化管理工作，进一步推进本市农村土地承包经营
的规范化管理。

十、湖南省湘乡市农村土地流转经验

为了认真贯彻落实党的十七届三中全会精神，努力践行科
学发展观，加速推进全市农业和农村经济发展，根据湘乡市委、
政府的部署和要求，湖南省湘乡市农经局组织专门班子深入全
市各乡镇，对农村土地承包经营权流转（以下简称土地流转）
工作进行了专题调研。现将情况报告如下：

（一）湘乡市农村土地承包经营权流转的现状

湘乡市位于湖南省中部，总面积 2011 平方千米，人口 95

万，下辖 3 乡 15 镇 4 个街道办事处。该市共有 708 个行政村，8040 个村民小组，农村土地承包户 223 547 户，农村承包人口 767 865 人，承包耕地面积为 455 平方千米。近年来，湘乡市的农村土地流转工作，在市委、政府的正确领导和重视下，在各级各有关部门的协调配合和共同努力下，有了较好较快的发展。据不完全统计，全市农村土地流转面积近 122 平方千米。其中耕地流转面积 43 平方千米，占耕地总面积的 9.54%，涉及农户 5.2 万户，占总农户的 23.3%。承包方式以转包、租赁、转让为主。

（二）湘乡市农村土地流转经验

湘乡市农村土地流转在土地的合理有效利用，推动农业和农村经济建设上，发挥了十分重要的作用。同时也带来了农业农村发展的一些新变化，取得了一定的成效：

1. 促进了农业结构调整和农村土地的规模化、集约化经营。

通过土地流转，把零星的土地从农民手中集中连片，进行适度规模经营，大力发展规模特色产业，促进了土地、资金、技术、劳动力等生产要素的合理流动和优化组合，实现了土地资源的充分利用。如近几年来湘乡市发展的优质稻、蔬菜、西瓜、花卉、水果等基地，都发挥了比较好的经济效益。

2. 推动了农业经营机制的创新

主要是通过农业产业化龙头企业和农民专业合作社，采用"公司+基地"、"合作社+基地"的模式，与农民签订流转合同，建立现代农业生产基地。如龙洞镇燕鑫农科有限公司、华龙米业有限公司、毛田镇君晖现代农业科技园、翻江镇农之源农业科技有限公司，以及西华广菜、三迁香菇、潭市油茶等专业合作社。

3. 提升了农业综合生产能力和土地利用率

土地流转促进了农业机械化和农田水利基本建设。如东郊乡横新村村民魏志钦，租赁本村和邻村农户水田0.1平方千米，其中有相当一部分是原农户的弃耕田。他通过聘用当地村民从事田间的生产和管理，并从插秧到收割，全程实行机械化作业，一年收益在4万元以上。

4. 促进了农村剩余劳动力的合理转移

通过土地流转，打破了一家一户封闭式的经营格局，使土地逐步转向种田大户，既提高了土地的集约化程度，又解放了大批农业劳动力，使许多农民可以离开土地安心外出务工经商，转向第二产业和第三产业，从而优化了农村劳动力就业结构，促进了农民转移就业。

5. 增加了农民收入

农民通过土地流转，既可以获得流转收入，还可以腾出手来从事其他工作，有的通过土地入股还能获得一定的分红收入，或通过就近在流转的生产基地务工赚取工资收入。如湘乡市燕鑫农科在龙洞镇泉湖村以每平方千米119 400～746 200元不等的价格租赁当地农民荒地及部分耕地6.7平方千米，建立了湘乡市最大的优质柑橘"山下红"生产示范基地。该基地已列为湖南省八大农业科技开发推广示范基地之一，现在常年聘用当地村民30余人，从事基地的生产和管理。土地流转实现了供求双方的互利双赢，既大幅度地提高了土地的利用率，又安置了当地的剩余劳动力，有效拓宽了农民的增收渠道，增加了农民的收入。

十一、江苏省盐城市射阳县农村土地流转经验

党的十七届三中全会指出，要加强土地承包经营权流转管理和服务，为基层进一步推进土地流转指明了方向。2008年江苏省射阳县根据党的十七届三中全会精神，结合本地实际，将高效农业作为"五大突破"之一。推进农业高效的前提和基础

是农村土地流转。2008 年，射阳县农业局调查组先后走访了该县农工办、农林局等部门，到辖区内海通、长荡、千秋、耦耕、阜余等镇进行了实地调研，对射阳县加快土地流转进行了思考。

（一）射阳县农村土地流转状况

射阳县现有农户数 24.2 万户，耕地面积 850 平方千米，农村人口 75.6 万个，户均耕地 0.0035 平方千米，人均耕地 0.0001 平方千米。近年来，该县将加快农村土地流转，推进适度规模经营作为深化农村改革的一项大事来抓，农村土地流转取得了明显成效。截至 2009 年 7 月份，累计土地流转面积达 110 平方千米，约占全县耕地面积的 13%；其中全县规模流转 21 平方千米，占已流转土地面积的 22.2%。主要有以下几个方面的特点：

1. 流转形式多样

射阳县土地流转形式多样，以转包为主，其他流转形式快速发展格局。一是转包，占土地流转面积的 90%。近年来，由于粮食价格呈恢复性上涨，加之农业税取消和实行种粮补贴，土地固定收益在增加，该县已由早期的邻里、亲友之间转包向企业、专业大户转让。二是租赁，占土地流转面积的 9.1%。目前该县租赁的主体主要是工商企业、专业合作社，发展势头迅猛。三是入股，占土地流转面积的 8.5%。入股主要以土地股份合作社为主，让农民与经营者结成利益共享的联结机制，既可以满足经营者用地的需要，又切实保障了农民对土地的长期收益权利，未来有可能成为土地流转的主要趋势。目前该县已经组建土地股份合作社 16 家，入社农户 2000 户，流转土地 8 平方千米。

2. 引导规范有序

射阳县规模土地流转的期限一般为 10 年以上。因此，在工作中注重把握好以下三个环节，确保土地流转规范有序：一是合同签订。凡是农民愿意流出的土地都要有一份委托书和两份合同，在合同内容上要重点核实双方权利与义务的确定问题、土地承包金的逐年递增问题、承包期限问题（不得超过二轮承包截止期限 2028 年 7 月 31 日）以及地面附属设施问题等。二是合同鉴定。签订的合同特别是村（居）员会或合作社与经营主体签订的合同，一定要经过司法部门的鉴定，保证合同的严肃性，尽量避免引发合同纠纷。三是建立台账。该县统一印刷了土地流转台账式样，各镇以村为单位建立健全农村土地流转台账，并且帮助了 2000 多自发流转农户补签流转合同。

3. 政策界限明确

射阳县在土地流转中始终把握好土地流转的政策界限，坚持四大原则，保障土地有序规范流转。一是坚持积极引导、依法规范原则。通过通俗易懂和灵活多样的宣传方式，引导农民自愿将土地承包经营权流转给规模经营主体。对连片规模流转时，加大对少数不愿流转的农户做思想工作。耦耕镇一村干部先后六次登门做流转区域农户工作，充分尊重了农民意愿。二是依法、自愿、有偿原则。在流转合同中向土地流出者明确承诺不得改变土地所有权性质、不得改变土地的农业用途、不得以流转之名进行土地买卖。同时土地流转期限较长的，流转收益根据物价指数上升保留调整幅度。三是因地制宜、分类指导原则。综合考虑各地生产力水平和区域特色，结合土地每平方千米产出效益、土地供求关系以及地力恢复成本等因素，合理制定土地流转价格，海通镇土地流转价格约为 1 044 776 元/平方千米，阜余镇土地流转价格约为 746 268 元/平方千米。四是集中、规模、增效原则。各镇坚持立足土地资源的高效利用，实行相对集中、适度规模经营，注重土地与其他生产要素的优化配置。海通镇把规模流转土地着力放在发展高效农业上，以花卉、养殖为主，耦耕镇流转土地重点发展瓜果蔬菜，该镇的禧尔舜公司、康源公司已经成为发展高效农业的龙头企业。

4. 权益保障到位

射阳县在农村土地流转中注重规范操作，力争实现经营者和农民的长久双赢，保障农民正当权益。一是合理制定流转价格。土地流转价格由流转双方协商确定，综合考虑土地每平方千米产出效益、土地供求关系以及地力恢复等因素，确定射阳县土地流转价格为 746 268～1 044 776 元/平方千米。二是合理制定流转期限。该县在坚持土地流转期限不超过法定承包期同时，一般以 3 年为一个流转周期。超过 3 年，综合考虑土地收益变化，确定流转收益递增。三是合理分配补贴收益。

5. 组织推进有力

一是出台政策。2008 年射阳县委、县政府分别在年初和 8 月份下发了《关于深化农村改革促进农村经济发展的意见》和《关于加快推进农村土地流转工作的意见》，为推进该县农村土地流转注入强大动力。二是成立专门机构。由农工办牵头负责农村土地流转，在镇设立农村土地流转服务中心、村成立土地流动服务站，落实具体工作人员，明确工作职责，推进农村土地流转。三是召开专题会议。县委、县政府先后组织两次较大规模土地流转现场观摩，并专门召开了专题工作会议，使全县上下形成推进土地流转、发展高效农业的强烈共识。

（二）党的十七届三中全会后加强土地承包经营权管理和服务遇到的制约因素

党的十七届三中全会以后，农村土地流转政策已经得到了广泛的认可，各地纷纷探索土地流转的方式、方法。射阳县按照上级精神，采取多种措施强推土地流转，取得了明显成效，但还存在一些因素制约农村土地流转规模和速度。

1. 农户认识有待提高

主要表现在：一是不敢"流"。一些农户对现行的流转政策不太清楚，生怕流转后永远失去土地、失去最基本的生活资料。

该县阜余镇的土地流转主要是自发流转，阻力较大在于相当多农户对土地流转政策不了解。二是不愿"流"。农民存在恋土情结，在有了其他产业后即使粗放经营也不愿转出手中土地，特别是相当多农户大多数是老弱病残耕种，乡土情结严重。三是不肯"流"。在规模流转过程中，少数农户以现行的土地承包政策为理由，导致土地规模流转难以实施，加之现行政策免除了农业税，还有农业补贴，导致农户流转土地动力不足。

2. 承包土地有待集中

一是承包土地分散，农村土地分户承包，每户面积相对较少，加之好坏搭配，使本来成片的土地被人为分割，变得十分零碎和分散。二是流转收益不高，要把从分散的农户手中的土地集中成片后由业主开发，提高规模效益，没有较高的利益吸引或新的政策规定，多数农户是不愿意的。三是流转意愿不强。即使有较高的利益，个别农户也不愿意把土地转让出来，导致土地流转比较分散，制约了规模经济发展，特别是有相当一批农民把土地视作命根子。

3. 经营主体有待扩大

规模大户不多，效益不明显，市场开拓能力差；农业龙头企业规模小，带动力有限；专业合作组织发展不快，覆盖面不广，服务层次低，产、供、销一体化运作不多。导致土地无法进行规模流转。

4. 市场机制有待健全

一是加快土地流转市场建设，农村土地流转已比较普遍，但土地流转的有形市场和无形市场还有待形成，需要转出土地和需要承租土地之间缺乏信息联系，只是在狭小范围进行，阻碍了土地流转在更大范围内更高层次上进行。二是土地流转价格机制还不完善，转包费、租赁费的确定也未经市场竞争形成，有的过高，有的则过低。租赁费或转让费过低会损害农户的利益，随着市场变化和时间推移容易发生合同纠纷，对双方都不利。三是土地流转中介组织严重缺失。目前射阳县还没有土地流转的评估、咨询、公证、仲裁等中介机构，在一定程度上也影响土地的流转。

（三）从周边县成功经验中借鉴思考农村土地合理流转的对策措施

阜宁县土地流转面积已达 188 平方千米，占总承包耕地面积的 30.7%，并且多以规模流转为主，位居全市第一。响水、大丰土地流转面积占总承包面积比例也高达 17.30% 和 15.76%。其中响水 0.033 平方千米以上规模经营项目有 289 个，面积达 39 平方千米。连片土地流转面积 0.335～0.67 平方千米的项目 35 个，面积为 8.7 平方千米；连片土地流转面积 0.67 平方千米以上的项目 4 个，面积 5.56 平方千米。射阳县土地流转面积为 97 平方千米，仅占总承包面积的 12.98%，位居全市第七位，规模流转面积为 21 平方千米，也与兄弟县市有比较大的差距。这与射阳县农业大县的地位不相符，也制约和影响了在发展高效农业上实现突破的战略举措地实施。建议该县学习周边县农村土地流转成功经验，鼎力推动农村土地流转，为该县高效农业实现突破创造条件。

1. 进一步提高目标追求

周边县的土地流转目标追求高，阜宁力推规模流转，提出全年新增流转土地 84 平方千米，3 年达 335 平方千米；大丰 2009 年要新增土地流转 67 平方千米以上，2010 年要达到 201 平方千米，2012 年达到 268 平方千米。射阳县应该瞄准周边县市目标，争取 2008 年新增土地流转 67 平方千米以上，力争到 2011 年要达到 268 平方千米，为该县突破高效农业提供强有力的土地保障。

2. 进一步加大土地流转激励力度

周边县采取多种措施激励土地流转，效益回报高。响水大有镇康庄村与安徽德农公司、泰州红旗种业集团合作发展水稻制种订单农业，带动水稻制种农户 500 户，农户户均实现收入近万元。东台形成了梁跺通源花木、如意蔬菜大棚、头灶山杉葡萄、海丰设施农业，实施高效农业吸收农民打工，工资性收入年均万元左右。建议要扩大对流转土地的奖励面，同时，提高对土地流转的奖励力度，真正推动土地流转。

3. 进一步健全土地流转管理机制

周边县通过健全土地流转管理机制，土地流转速度快。阜宁县在党的十七届三中全会召开后全县新增流转土地 75 平方千米、0.067 平方千米以上的连片土地流转面积 48 平方千米，分别占全县总承包地面积的 12.24% 和 7.87%；东台 2008 年 6~12 月新增流转土地 52 平方千米，增幅为 334%，新增土地股份合作社 55 个。射阳县应积极规范流转程序，实行土地流转必须签订规范流转合同，实行登记制度。积极探索通过市场调节土地流转的长效机制，县级建立土地流转信息库；推动村级成立土地流转合作社，托管农户申请流转土地，通过县、镇或者网络招租等形式流转土地，解决土地供需难题，真正使土地进入有序市场。

4. 进一步加大组织力度

周边县组织力度大，阜宁县专门成立了新农村建设指挥部，由县委分管领导担任总指挥，明确镇党委书记必须亲自部署农村土地流转和高效农业，镇长为农村土地流转和发展高效农业的第一责任人，并将农村土地流转和发展高效农业作为考核镇长的第一政绩。大丰大中镇阜丰村平方千米现代高效农业示范园区总体规划流转土地 6.7 平方千米，总投资高达 15~20 亿元，目前核心区 0.67 平方千米已全面启动。射阳县要进一步强化组织力度，尤其是要进一步强化中介服务功能和完善农村社会保障机制。要尽快探索村集体经济组织管理与经济发展职能的分离试点；积极推动村土地流转服务站和镇土地服务流转中心向中介组织转型；要着力发挥仲裁机构职能，及时化解农村土地流转矛盾，确保农村大局稳定。尽快把已经放弃经营土地、进入城市就业的农民纳入城镇社会保障体系，实现与城镇对接，避免再次返乡争地；加快探索建立农村人口养老保险制度，尤其要解决好 60 岁以上和已丧失劳动能力人员的最低生活保障问题，确保土地流转顺利进行。

十二、河北省衡水市农村土地流转情况

近年来，河北省衡水市农业经济取得了较快的发展，土地流转也呈现出规模不断扩大、流转形式多样、多种组织参与的特点。

（一）衡水市土地流转的发展历程及现状

稳定和完善土地承包责任制，是党在农村政策的根本体现，是保障农民权益、促进农业发展、保持农村稳定的基础。在稳定土地家庭承包经营的基础上，允许土地经营权合理流转，是发展现代农业的客观要求。改革开放 30 年来，以土地家庭承包经营为开始，全市农业经济取得了较快的发展，农村土地流转也从明令禁止到解禁，并逐步转入规范。

1. 明令禁止阶段

改革开放之初至 1988 年之前，制度层面不允许进行土地流转。1982 年《中华人民共和国宪法》第十条第四款明确规定，"任何组织或者个人不得侵占买卖、出租或者以其他形式非法转让土地"。同时，《中华人民共和国民法通则》第八十条规定，"土地不得买卖、出租、抵押或以其他方式转让"。1986 年，最高人民法院在《关于审理农村土地承包合同纠纷案若干问题的

意见》的司法解释中规定"承包人在未经发包人同意私自转包、转让承包合同的，承包合同无效"。这一时期，农地流转被严格禁止。

2. 解禁阶段

以 1988 年宪法修正为标志，农村土地流转制度经历了从"禁止流转、允许流转到放开流转"和由模糊不清到明确鼓励的过程。这次宪法修正实现了由"不得出租土地"到"土地的使用权可以依照法律的规定转让"的转变，奠定了土地使用权合法流转的宪法地位。但此时只允许土地承包经营权进行转包，而禁止转让、出租等。1993 年，中共中央十四届三中全会《建立社会主义市场经济体制若干问题的决定》指出，"在坚持土地集体所有制的前提下，延长耕地承包期，允许继承土地开发性生产项目的承包经营权，允许土地使用权依法有偿转让"。1994 年 12 月 30 日，农业部在《关于稳定和完善土地承包关系的意见》中对农地流转做出进一步指示，"在坚持土地集体所有和不改变土地农业用途的前提下，经发包方同意，允许承包方在承包期内，对承包标的，依法转包、转让、互换、入股，其合法权益受法律保护"。2001 年，《中共中央关于做好农户承包地使用权流转工作的通知》明确指出"允许土地使用权合理流转是农业发展的客观要求"。2002 年，中共十六大报告中提出，"有条件的地方可按照依法、自愿、有偿的原则进行土地承包经营权流转，逐步发展规模经营"。这一阶段实现了农地流转的合法化。

3. 规范化阶段

2003 年 3 月 1 日，《农村土地承包法》实施，明确了"通过家庭承包取得的土地承包经营权可以依法采取转包、出租、互换、转让或者其他方式流转"的法律规定，对土地流转进行了原则约束，为土地流转实践奠定了法律基础，这标志着中国土地承包经营流转制度的正式确立。2005年3月1日农业部颁布实施《农村土地承包经营权流转管理办法》，对流转方式、流转合同的签订以及土地流转管理做出比以前法律政策更为详细、明确的规定。党的十七届三中全会通过的《中共中央关于推进农村改革发展若干重大问题的决定》进一步指出，按照依法自愿有偿原则，允许农民以转包、出租、互换、转让、股份合作等形式流转土地承包经营权，发展多种形式的适度规模经营，有条件的地方可以发展专业大户、家庭农场、农民专业合作社等规模经营主体。土地承包经营权流转，不得改变土地集体所有性质，不得改变土地用途，不得损害农民土地承包权益。至此，农村土地流转制度体系基本形成。

衡水市的土地流转从实行家庭承包开始，历经了起步、发展、波动之后，目前进入了平稳发展时期。截至2008年10月，全市农村土地流转面积69平方千米。其中：转包土地面积12平方千米，占土地流转总面积的17.9%；互换面积27平方千米，占流转总面积的38.9%；转让土地面积5平方千米，占流转总面积的7.2%；出租面积15平方千米，占流转面积的21.7%；其他流转形式10平方千米，占流转总面积的14.3%。

（二）衡水市农村土地流转的分类及形式

1. 按土地流转的受、让双方来分类

（1）户—户。这种方式主要是农村单户之间为种地方便而进行的互换，还有农村外出务工经商户把自己的部分或全部土地转让、出租给亲戚或熟人。这种方式以互换、转让、出租为主，主要特点是自发性和普遍性。

（2）单户—多户。这种方式主要是农村一些有头脑的农户，把自己分散的承包地通过互换的方式，和多户进行流转而形成的相对集中的地块，形成土地的相对规模经营。如深州王井镇300多户村民，把0.8平方千米土地按522 388元/平方千米的价格转包给赵文祥经营，承包期限 15 年。赵文祥积极投资完善基础设施，开展经济林—林间套种辣椒—林下养鸡立体化种植模式，取得明显效益。

（3）村—户。这种方式是指村集体把村里的"四荒地"交由本村或外村的一户或几户进行开发利用。这种方式多以拍卖或租赁为主，村集体用这部分收入兴办公益事业。

（4）户—村—户。这种方式主要是一些种植大户，通过与村集体协商，由村集体出面协调多家农户，规划出相当规模的土地交由大户经营。如冀州南午村镇花园村 2002 年对 0.47 平方千米的耕地进行联户流转，由村集体通过竞价方式以 100 万元的价格将土地使用权出租给徐庄乡的桂金钟，营造速生丰产林，期限 25 年，使昔日一片荒草的"破烂地"变成了绿树成荫的"聚宝盆"。

（5）龙头企业—农户。这种方式是指农业产业化龙头企业为了解决自己生产加工的原料问题，直接与农户见面，通过租赁企业周围农户的土地，进行统种统收。这种方式既能把农民从土地中解放出来，又能为农民打工创造条件。如景县新农养殖专业合作社，与周围 5 个村的 1000 多农户按 1 492 537 元/平方千米的价格签订了近 3.35 平方千米的土地转包协议。新农养殖专业合作社对于流转来的耕地实行统一耕种，解决了奶牛和生猪养殖饲料问题，既形成了规模效益又延伸了产业链条。

（6）龙头企业—村—农户。这种方式是指一些需要较大土地规模来保障原料供应的龙头企业，与附近的村集体签订协议，由村集体协调农户，通过租赁的方式进行较大规模的土地集中。在这种方式中，农民手中的土地又发生了二次流转。如安平县浩源养殖有限公司在乡村的协调组织下，以每平方千米每年 1000 斤麦子的价格，从农民手中租赁 0.134 平方千米土地 30 年使用权，促进了企业的发展壮大。

（7）农民专业合作社—农户。这种方式是指农户以土地入股的方式加入农民专业合作社，把土地交由合作社统一经营，并享受土地规模经营增值的二次分红。这是一种新型的土地流转方式。如阜城王集乡南小张村 2007 年注册成立了绿园瓜菜农民专业合作社，吸引 20 户农民以地入股，形成了 0.1 平方千米西瓜种植基地，入股农民凭借所拥有的股份分红，并可以到合作社打工获取劳动报酬，通过合作社的专业化生产管理，第一年仅一季西瓜每平方千米纯收益就达 2 985 074 多元。

2. 按推动流转的因素分类

（1）自愿流动型。这种方式是指农民根据自身情况，为了解决外出务工经商后承包地种植问题或个人种地方便，与熟人或亲戚之间，形成的土地租赁、代耕或互换关系。这类流转是建立在双方自愿的基础上，多以君子协议口头约定为主。所流转土地仍维持原有种植模式，土地效益增加不明显，但所占土流转量的比例最大。

（2）组织推动型。这种方式是指村集体组织为追求土地的规模效益，通过组织手段，与农户之间达成土地的转让或租赁协议，村集体再同第三方达成土地租赁协议，使土地形成二次流转甚至三次流转，土地效益有一定增加。由于有村集体做担保，农民也乐于参与。

（3）利益驱动型。这种方式是指农户为追求土地的更大效益，把土地租赁给龙头企业或以土地入股加入专业合作社，农户从土地获得的收益明显增加，农民参与的积极性更高。但由于受龙头企业及合作社的发展水平的影响，通过利益驱动参与流转的农户和流转的土地量仍然很低。

3. 按土地流转的期限分类

（1）个人意愿随机型。这种方式主要存在于户对户自愿流转的情况中，没有期限约定，所流转土地随时会有"回转"的可能。

（2）短期约定型。这种方式一般约定期限为 3~5 年，农户能在合约到期后，根据情势发展现状确定续约或收回。

（3）长期约定型。这种方式主要发生在村集体对"四荒地"拍卖、租赁和龙头企业租赁农户土地的约定中，期限一般都在 20 年以上。长期约定流转的土地更有利于对土地的投入，增加土地产出效益。

4. 按土地流转的约定形式分类

（1）口头约定型。这种方式是指户与户之间碍于情面，仅以口头方式进行的流转约定。这种流转方式量大、范围广，但随机性强。由于期限无约定，影响对流转土地的投入，土地增效不明显。

（2）合约约定型。这种方式是指土地流转双方以文本方式签约，通过合同形式规定双方的权利和义务，流转期限明确，这种方式既能保障双方权益，又有利于对流转土地投入的增加。

5. 按土地流转程度分类

（1）完全流转。这种方式是指土地流转后，原土地承包人不再参与土地经营管理。

（2）半流转。这种方式主要是指土地托管，即土地经营权和收入仍归托管方，收益按比例分配或每年由托管方付给承托方一定的耕作、收割等代管费用。

（三）当前土地流转中存在的问题

从目前的现状看，衡水市农村土地流转总体上还处于较低的水平。主要存在以下几个方面的问题：一是发展慢、规模小。2008 年衡水市流转土地面积尚不足二轮土地承包总面积的 2%，远低于 8.7% 的全国平均水平，这既与农民的认识有关，但更重要的是缺乏流转平台造成了流转不畅。二是户与户之间自发性流转多，村组织参与少，形成土地零星流转多，使受让方取得的流转土地面积小且地块分散，不能成方连片形成规模，只是耕种面积的简单增加，缺乏对资金、技术等生产要素的吸引力。三是以利益驱动带动流转少，流转后的土地多数是用于种植粮、棉，发展高效种养业的较少，土地流转的作用远未得到充分发挥。四是不够规范。农户与农业企业之间的较大宗的土地流转一般有合同，而农户之间的土地流转大多只是口头约定或无约定，使农地流转的不确定性增强，容易引发矛盾，也造成农民权益无法得到有效保障。

（四）多种措施并举促进农村土地经营权流转

1. 提高两个认识

（1）要提高各级干部的认识，明确土地经营权流转是发展效益农业的基础环节，是农业经营体制创新的重要内容。只有建立健全土地流转机制、促进土地资源优化配置，才能加快调整农业产业结构，实行产业化生产，提高农产品市场竞争力，提高农业生产效益，增加农民收入。因此，必须把建立土地经营权流转机制，促进有序流转作为深化农村改革，实施机制创新，构建和谐新农村的重要内容来抓，制定出切实可行的土地经营权流转办法，有计划、有组织、有步骤地推进土地经营权流转。要从政策上促进土地经营权的流转与土地整理项目、农业综合开发项目、发展主导产业项目相结合，与调整农业结构、构筑区域特色产业相挂钩，把项目实施的优惠政策转化为土地经营权流转的有利条件。

（2）要提高农民群众认识，通过积极宣传，使农民群众认识到实行土地经营权的流转是利国利民的重要举措，是提高农产品市场竞争力的必然趋势，是实现农业增效、农民增收的有效途径。要积极引导农民群众正确处理好短期利益和长远利益的关系，使之成为土地经营权流转的倡导者、参与者、实践者。要鼓励和引导土地向有技能特长、有资金实力、有经营能力的专业大户、工商业主和经营能人集中，实现生产要素的合理配置。

2. 坚持五大原则

（1）土地流转必须坚持"农民自愿"的原则。这是中央关于推进农村土地流转强调的基本精神。要充分尊重农民的选择，绝不可以用强制的办法迫使农民离开土地。要防止不顾农民意愿，片面追求土地流转速度的倾向，要从实际出发对土地流转的效率进行科学的评价。

（2）土地流转必须坚持"与农业劳动力转移进程相适应"的原则。农业土地流转的过程是一个农业比重不断减少、非农产业比重不断提高的过程，推进农村土地流转，必须以农村剩余劳动力转移为前提，并且是建立在城乡统筹发展基础上的转移。

（3）土地流转必须坚持"保护耕地"的原则。流转出的土地必须保证其农业用途不变。我国是世界上人均耕地资源最少的国家之一，由于土地在农业生产中不可替代的特征，使农业耕地成为农业生产中最为稀缺的要素，保护农业耕地资源是保证农产品供给能力最基本的条件。因此，必须保证在不改变耕地用途的前提下实现土地的流转。

（4）土地流转必须坚持"家庭经营"的原则。现代农业发展的经验证明，家庭经营与现代生产力的发展方向具有一致性，家庭经营更有利于适应农业劳动对象的生物学特点，更有利于降低劳动监督成本，调动劳动者积极性。土地流转不是否定家庭经营，恰恰是要进一步巩固家庭经营的地位，提高家庭经营的竞争力。家庭经营仍然是我国长期坚持的农业基本经营方式。

（5）土地流转必须坚持保护农民权益的原则。要保留农民在土地承包经营权流转之后的话语权，让他们还有议价的权利。对于农村土地承包经营权的流转，当前阶段不宜签订长期合同，而应该从实际出发，"3～5年一签"，"续签合同时重新议定转包价格"。

3. 建立两种机制

（1）要以建立县级土地流转服务平台和乡级服务站点为重点，为土地流转提供有关法律政策宣传、流转信息、流转咨询、价格评估、合同签订指导、利益关系协调、纠纷调处等服务，不断健全流转机制。同时，要以实施流转合同制和备案制为重点，建立健全规范化的流转管理工作制度和规程，全面落实《农村土地承包经营权流转管理办法》的各项规定，推行流转合同规范文本。要把指导合同签订同开展流转法律政策宣传、流转咨询、流转价格评估等多项服务结合起来，指导流转双方在充分自主协商的基础上，依法建立合理的流转关系和利益关系，签订规范的流转合同，并要重视对流转土地用途的审查，防止改变农业用途。

（2）要建立健全纠纷调处机制，及时、有效地解决流转纠纷，要高度重视解决涉及农民工返乡可能出现的土地承包和流转纠纷，依法维护农民工合法的土地承包权益。

十三、重庆市大足县 2009 年农村土地流转与规模经营调研报告

土地作为农民赖以生存的保障，对它进行规范管理、有序流转，既是提高土地利用率、产出率，也是对农民负责。因此，对农村土地流转及其规模经营进行专题调研是十分有必要的。重庆市大足县农业局通过调研，对大足县的土地流转情况有了一个初步的了解。

（一）大足县农村土地流转情况

大足是一个以农业为主的县，全县辖区面积 1392 平方千米，辖 24 个镇乡（办事处），全县共有 292 个行政村（社区），农业人口 78 万人，农业户数 21.8 万户，耕地总面积 422 平方千米，农业人口人均耕地 0.0005 平方千米，农村劳动力 43 万人。该县于 1998 年开始了二轮土地承包工作，2004 年在 1998 年的基础上继续完善。目前，全县有 242 个村开展了完善二轮农村土地承包及流转工作，实行家庭承包经营的耕地面积为 422 平方千米，承包农户总数为 21.8 万户，签订承包合同 21.8 万份，占承包农户总数的 100%；发放农村土地承包经营权证 21.8 万本，发证率达到 100%。

近年来，大足县委、县政府十分重视农村土地流转工作，主管部门积极工作，发挥职能作用，进一步促进产业结构调整，围绕支柱产业推进农村土地承包经营权流转。该县土地流转探索取得初步成效。截至目前，全县共流转土地面积 135 平方千米，同比增长 27%，占耕地面积 422 平方千米的 31.9%，涉及农户 53 113 户，占总农户数的 24.3%。流转的土地主要用于农业规模经营，规模经营面积达 128 平方千米，其中，用于发展粮、油生产 52.5 平方千米，水产养殖 10.05 平方千米，水果生产 30 平方千米，蔬菜生产 35 平方千米。单个业主承包经营土地规模在 0.335 平方千米以上的有 35 家。在大批规模经营业主和龙头企业的带动下，该县规划建设的"三大农业示范区、五大主导产业、六大特色基地"已初成规模，建成优质稻生产基地 201 平方千米，枇杷基地 47 平方千米，笋竹基地 31 平方千米，冬菜调味品原料基地 4 万平方千米，黄金梨、西瓜、葡萄、太空荷莲等特色农产品基地 30 平方千米。全县涌现出了以季家核桃、万古黄金梨、雍溪西瓜，以及玉龙生猪为代表的产业基地和一批新的种植、养殖大户。

（二）农村土地流转的基本形式

1. 转包

转包是指承包方将部分或全部土地承包经营权以一定期限

转给同一集体经济组织的其他农户从事农业生产经营。转包是当前大足县农村土地流转中面积最大、比例最高的一种土地流转形式。全县通过转包形式流转土地总面积49平方千米，占流转总量的36.1%。

2. 转让

转让是指承包方有稳定的非农职业或者有稳定的收入来源，经承包方申请和发包方同意，将部分或全部土地承包经营权让渡给其他从事农业生产经营的农户，由其履行相应土地承包合同的权利和义务。这种形式的市场化程度较低，截至目前，全县转让流转土地总面积29平方千米，占流转总量的21.8%。

3. 互换

互换是指承包方之间为方便耕作或者各自需要，对属于同一集体经济组织的承包地块进行交换，同时交换相应的土地承包经营权。目前全县互换流转土地总面积8平方千米，仅占流转总量的6.2%。

4. 出租

出租是指承包方将部分或全部土地承包经营权以一定期限租赁给他人从事农业生产经营。出租后原土地承包关系不变，原承包方继续履行原土地承包合同规定的权利和义务。承租方按出租时约定的条件对承包方负责。该流转方式是目前比较规范、也为各方所普遍接受的一种符合市场化规律的农村土地流转形式。目前，全县出租流转土地总面积19平方千米，占流转总量的14%。

5. 入股

入股是指实行家庭承包方式的承包方之间为发展农业经济，将土地承包经营权作为股权，自愿联合从事农业合作生产经营；其他承包方式的承包方将土地承包经营权量化为股权，入股组成股份公司或者合作社等，从事农业生产经营。这种形式在大足县尚处于探索和起步阶段，最为明显的是龙岗街道办事处以经济林木巨桉产业为抓手，共有四个村的坡耕地、荒地以农地入股的形式成片承包给业主种植巨桉，入股面积达 4.69 平方千米，占该处流转总面积 10 平方千米的 46.6%，涉及农户 2200 余户。共栽植巨桉 37 万余株，农户与业主按 4:6 分成，预计入股农户收益将翻番。目前，全县以这种方式流转土地总面积 29 平方千米，占流转总量的 21.8%。

（三）土地流转的基本做法

近年来，该县遵循"坚持条件，积极引导，因地制宜，分类指导，大胆探索，形式多样，逐步规范，不断完善"的工作方针，按照"依法、自愿、有偿"的原则，采取切实有效措施，促进农村土地经营权流转，推进农业规模经营。其主要做法表现在以下两个方面：

（1）采取遏制土地撂荒的方法，既减少了本县土地撂荒，又加快了土地流转的运行。主要采取了以下措施：一是大力宣传土地政策。通过组织召开村社干部、社员代表会议以及院坝会，利用宣传车、横幅标语、报刊电视、广播等宣传工具大力宣传农村土地的各项政策、《重庆市人民政府办公厅关于切实解决撂荒地问题的通知》以及《大足县人民政府关于切实解决撂荒地问题的通知》，使农村土地承包政策以及农村土地撂荒政策广泛深入民心，做到人人了解政策，人人心中有数。二是强化措施，落实责任。为切实解决农村土地撂荒现象，大足县委、县府高度重视，提早安排部署，选派了一批农业技术人员、驻村干部和村社干部一起深入到田间地头，对耕地的利用情况进行普查，摸清了各乡镇土地撂荒的数量和原因，且针对土地撂荒的不同原因，又进行了分类、个别指导，搞好撂荒地恢复生产的协调服务。同时，实行耕地撂荒行政首长责任制，并实行年终考核"一票否决制"。在此基础上，各镇成立了以镇长为组长的解决耕地撂荒领导小组办公室，实行联系领导、驻村干部包村、村干部包社、社干部包户、包田块，对各镇的撂荒地进行逐块落实，并纳入年终目标考核。三是实行奖惩制度。为了提高工作人员以及老百姓对撂荒地恢复生产的工作积极性，部分撂荒地相对严重的乡镇采取奖惩制度，使撂荒地恢复生产。例如，回龙镇对无撂荒地的村奖励1000元，奖驻村干部200元/人；对出现撂荒地的村惩罚1000元，罚驻村干部200元/人；石马镇对实现零撂荒的村奖励1000元。四是加大土地流转力度。全县对弃农经商、长期外出务工、家中缺少劳动力等原因而无力耕种农户所造成的撂荒地，实行鼓励和引导其把土地采取转包、出租、委托代种等方式进行流转。五是组建促农助耕队。各镇由党员、团员、干部组成促农助耕队，主要是帮助耕种不愿将土地交给别人的外出户和无劳力户的撂荒地。截至目前，全县在促农助耕队的带领下共复耕撂荒地2.3平方千米，涉及农户2450户。六是政策激励，减少撂荒。允许和鼓励机关干部职工、科技人员承包撂荒和闲置耕地或由集体调剂代耕，提高其粮食和农资的补贴标准，对不服从调剂又撂荒两年以上的，严肃处理，确保实现耕地零撂荒目标。

（2）为推动土地规模经营，推进城乡统筹发展，主要采取了"四激励"措施：一是政策激励。先后出台了《大足县农村承包土地经营权流转暂行办法》、《大足县"四荒"地出让办法》、《关于推进农业产业化重点项目的实施意见》、《关于鼓励农业科技人员开发农业项目的意见》、《关于鼓励机关事业单位职工带薪领办创办农业科技园区的意见》等一系列促进土地流转的规范性文件。二是资金激励。大足县财政每年安排一定的农发资金，专项用于扶持农业规模经营，引导业主增加投入，放大资金扶持效果。比如，2006年，县政府对获得国家A级绿色食品认证的黄金梨专业合作社奖励3万元，引起业主对标准化生产的重视，全县新增无公害生产基地 3 个、绿色食品 7 个、市级名牌农产品 8 个。再比如，大足县对种植水稻 0.01 平方千米以上的农户，每平方千米补贴 134 328 元。2009 年，新增种粮大户 1200 余户，种植规模 0.033 平方千米以上的达 5 户，规模种粮面积达 37.5 平方千米。三是项目激励。大足县将水利设施、农业综合开发、农村道路、生态环境建设等项目打捆使用，投入到农业规模园区，扶持业主做大做强。比如宝邮路沿线的邮亭枇杷乐园、龙水莉菁枇杷园、海晶虾业养殖园、雅美佳荷花生态园、天醉园、长龙生态园等一批农业规模经营示范园，均是与农业项目相结合的产物。四是精神激励。县委、县政府每年在全县农村工作会上表彰一批规模经营土地 0.033 平方千米以上或经营荒地 0.067 平方千米以上的业主。

（四）农村土地流转的基本特点

大足县土地流转工作创造出了自身固有的特点，主要表现在以下三个方面：

1. 土地流转注重"五新"

（1）机制上有新思路。为了强化农村土地流转和规模化经营的工作，县农业局在农经站的基础上，新成立了农村土地流转中心和土地承包纠纷仲裁委员会，县编办为农业局新增了 10 个编制，镇、村各级也成立了相应的工作机构，使全县农村土地流转和规模化经营工作有了相对完善的工作机构、健全的工作队伍，土地流转步入了规范化的工作轨道。

（2）工作上有新举措。建立了土地流转信息发布制度，定期发布土地流转信息；建立了土地流转档案管理制度，对每一宗土地流转都建立流转台账和流转卡，规范了土地流转工作；建立了土地流转矛盾纠纷排查制度，及时发现土地流转和规模化经营中的矛盾和问题，做好沟通协调工作，为农民和业主搞好服务。加大了工作考核力度。土地流转面积、流转工作信息上报、土地流转调研均纳入县委、县政府对全县各乡镇、街道的年度工作目标考核内容。

（3）投入上有新方法。基本建立了引导农民投入、鼓励企业投入、引进业主投入、争取上级投入等多元化的投入机制。农业项目、综合开发、土地整理、水利建设等各种涉农资金打捆使用，集中投入，扶持规模化经营。同时，大足县财政还拿出300万元，建立了农业风险基金，为社会资金投入农业、降低风险提供了支持。

（4）产业上有新特色。经过近两三年的努力，全县农村土地规模化经营得到迅速发展，宝邮路（宝顶至邮亭）沿线形成了以五金加工和销售、种植业、养殖业、生态农业、观光农业为特色的产业带，基本形成了粮油、枇杷、蔬菜、笋竹、花椒、水产养殖等主导产业，发展了荷花山庄、长龙农业、枇杷生态园、天醉园、海晶虾业等一批有较大规模的农业产业化龙头企业。优质大米获得全国粮油博览会金奖，商品米供应居重庆市第三位；2007年新增无公害农产品生产基地3个、绿色食品7个、市级名牌农产品8个。

（5）农民增收有新途径。通过农村土地流转和规模化经营，刺激了全县五金加工销售、种植业、养殖业和观光农业的发展，产业发展促增收、企业发展促增收、劳动力转移促增收的多渠道农民增收途径已基本形成。目前，大足县集中经营土地的平方千米产值比分散经营平均高2倍以上，建成的特色农业园区收益高达2000~3000元/平方千米，农业生产效益得到极大提高。同时，土地流转和规模化经营，让大量农村劳动力转移出来，就地就业农村劳动力大幅度增加，全县已转移农村劳动力24万人，其中县内转移就达11.8万人，占了全县转移总量近一半，劳务收入达到15亿元，农民人均增收1578元。

2. 土地流转促成了大足县土地"四集中"的新局面

（1）土地向龙头企业集中。目前，全县农业龙头企业已达36家，其中规模经营3.35平方千米以上业主达35户，0.134~3.35平方千米的业主达79户，0.033~0.134平方千米的业主达808户。

（2）土地向农民专业合作社集中。目前，大足县已有各种形式的农民专业合作经济组织136个，其中专业合作社127个、专业协会9个。集中经营土地面积超过33.5平方千米，其中，邮亭镇天福村儿菜专业合作社，种植儿菜0.737平方千米。由于实行规范化种植，该村生产的儿菜已经被认定为国家A级绿色食品，为重庆市第一个叶菜类绿色食品，产品远销浙江等地，每平方千米产值可高达4000元，农民人均可增加收入2000元。万古黄金梨专业合作社，已集中土地4平方千米规模化种植黄金梨，建成重庆市最大的优质黄金梨基地。该合作社生产的"万生牌"黄金梨成为大足县第一个获得国家A级绿色食品认证的农产品。

（3）土地向农业综合开发园区集中。全县目前已经建立农业综合开发园区13.4平方千米，其中，雍溪镇建成4平方千米的农业综合开发示范园区，引进种植业主和专业大户82家。业主承包土地经营后，使当地一部分青壮年劳动力解放出来到外地务工经商，在家的富余劳动力则利用空闲时间帮业主打工，不但可以获得土地租金，还可以获得每天17~20元的报酬。土地流转后，农民人均增收300~400元。

（4）土地向种田能手集中。目前大足县有24万外出务工农民，其中有5.6万人的土地进行了流转，单户种植面积在0.0067平方千米以上的流转面积达40余平方千米，若加上每户5平方千米以下的小规模流转，估计流转总量将达到53.6平方千米。外出人口大多通过私下口头协议和村干部协调，采取转包、出租等方式向种田能手集中。其中，智凤镇登云村农民曹登龙，因推广水稻超高产技术，增产达40%，被县里评为科技示范户。在政府的鼓励支持下，他一家三口人承包了近0.0134平方千米水田，每年仅种粮收入就超过2万元。

3. 土地流转进程趋于加快

近年来，大足县农村土地流转在县委、县府以及各级部门的重视下，流转进程逐步呈现加快的趋势。2005年，该县农村土地流转面积为27.47平方千米，2008年达到了135平方千米，接近2005年的5倍。为了进一步加快流转进程，一些乡镇做了不少新探索。最为明显的是龙水镇，该镇在2006年流转土地0.67平方千米，2008年龙水镇采取："政策激励，广建业主"的招商引资办法，先后引进了东临花木有限公司、大足县富足酿造深加工有限公司、重庆广电集团建洲园艺工程有限公司、大足县志力竹木股份有限公司等发展现代农业的龙头企业业主14个，共流转土地2平方千米，是2006年的3倍，涉及农户1305户。

十三、甘肃省宁县土地流转的经验

（一）推进农村土地流转，是农业产业化经营的必然选择和实现农业现代化的必由之路

宁县辖8镇10乡257个行政村，12个社区居民委员会，总人数54万人，其中农业人口49.25万人。总面积2653平方千米，其中耕地643平方千米，人均耕地0.001平方千米，是小麦、玉米、黄豆等作物的主产区。2008年全县地区生产总值完成20.31亿元，财政大口径收入10 120万元，小口径收入7311万元，农民人均纯收入2418元，城镇居民人均可支配收入6980元，是典型的人口大县、农业大县、劳务大县、工业弱县、财政穷县。

作为全省传统农业县和国家扶贫开发重点县，近年来，在经济社会快速发展的同时，该县也敏锐地意识到，农业用地按人均田、封闭不动以及分散经营的做法，引发了诸多问题：一是人均耕地面积的逐年减少和农户土地的分散零乱，使现代化生产手段难以推广和普及，主导产业不明、农产品流通不畅、市场行为趋同等小农经济劣势逐渐凸现，造成了农业产业化经营困难，农民增收能力减弱；二是大批青壮年离田离乡外出打工，大量留守老人和妇女成为新农村建设的主力，缺少青壮年"精兵强将"，农业生产发展后劲不足，新农村建设步伐缓慢。这种情况，也为农村土地规模经营带来契机。首先，大批农村劳动力向第二产业和第三产业转移后，农民增收来源发生了根本变化，经商、务工的农民对土地的依赖程度减弱，有些耕作条件差的土地逐渐被闲置、撂荒。务工农民迫切希望通过土地流转，既保障土地承包经营权不变，又获得一定收益。其次，农业经营专业户迫切希望通过有组织的土地流转，扩大经营规模，提高产出效益。最后，乡村基层组织也希望通过规模经营，加速结构调整，培育优势产业，实现产业富民。

面对这样的矛盾和机遇，该县萌发了完善现行土地基本制度，创新土地经营机制，实现土地规模经营的想法。2007 年年初，宁县开始了土地规模流转的探索和实践。宁县县委、县政府成立了农村土地流转工作领导小组，出台了《土地流转实施意见》和《土地使用权流转管理办法》，建立了县、乡、村三级土地流转服务机构，在"依法、自愿、有偿"的前提下，因地制宜，全县开展土地流转试点 98 个。同时，依法加大土地承包纠纷仲裁调处，全县农村土地承包经营权流转呈现出由自发向自觉、由分散向规模、由无序向规范、由粗放向高效的发展势头。至目前，收集和发布土地流转信息 58 300 多条，公证土地流转合同 12 700 多份，依法仲裁调处土地承包纠纷 226 例，共流转土地 64 平方千米，占全县耕地面积的 10%。全县土地流转催生了各类农民专业合作经济组织 78 个，农业经营形成了科技依托型、产业拉动型、能人引领型、合作组织带动型等新模式，牛饲养量 16.67 万头，苹果树栽植面积 143 平方千米，瓜菜面积 134 平方千米。适度规模的土地流转已为宁县农业生产带来了勃勃生机，涌现出一大批生产经营效益较好的农民专业合作组织。特别是焦村乡任村于 2008 年 3 月率先成立了全省第一家土地股份合作社——民生专业合作社，探索出"4＋1"土地流转模式，形成了一套比较成熟的做法，开创了贫困地区以股份合作形式促进农村土地流转和适度规模经营的先例，引起了国务院新闻办公室、中央电视台等新闻媒体的高度关注。任村推进土地流转试点的实践，初步显现出的成效，更加坚定了宁县推行这一政策的决心和信心。

（二）任村土地流转的基本做法

任村辖 7 个村民小组，313 户，1305 口人，2 平方千米耕地，其中粮田 1.6 平方千米，人均 0.001 平方千米。全村土地平坦肥沃，是典型的传统农业种植村，2008 年农民人均纯收入 2750 元，较上年增长 19%。目前，入社农户 196 户，流转土地 1.5 平方千米，分别占全村总农户和总耕地的 63%、73.4%。任村土地流转的主要做法，可以概括为：建立一个平台、完善两项机制、破解三大难题、坚持四个原则、落实五大举措。

1. 建立一个平台

建立一个平台是指成立民生专业合作社，搭建土地流转市场平台。在充分了解、分析比较各地土地流转做法的基础上，任村党支部、村委会认为，目前已经开展的转包、租赁、互换、代耕、出让等土地流转形式存在不同程度的问题和不足。有的只注重短期效益、掠夺式经营；有的不利于可持续发展项目，土地长期收益难以充分体现出来；有的仍是一家一户经营，难以搞规模经营；有的没有体现出新农村建设要求，不利于发展现代农业和实现城乡一体化。面对这些问题，村领导班子意识到，只有通过股份合作的形式，形成利益共同体，发展多种形式的联合与合作，实现集约化、规模化、专业化生产，才能开辟家庭经营走向市场、走向现代化的广阔前景，实现土地效益最大化，最终实现农业增效和农民增收。基于这一思考，他们从实际出发，组织引导农民以土地使用权入股，地权变股权，农民当股东，成立了任村民生专业合作社，选举产生了理事会和监事会，制定了章程。合作社坚持市场化运作，让土地进入市场流转，既接受农户申请流转进来的土地，由合作社规模种植，又采取招租的办法把土地租出去，满足种植大户规模经营的需求。合作社的成立，搭建了农村土地流转的"有形市场平台"，既解决了土地流转主体脱节，交易成本过高的弊端，又保证了土地相对集中连片，促进了规模经营。

2. 完善两项机制

完善两项机制包括土地流转运作机制和服务保障机制。合作社根据不同层次群众的需要，采取土地股和现金股两种形式。土地按质地分为好、中、差三等，每平方千米 1 股，合作社每年每平方千米分别向社员支付流转费 223 880 元、194 029 元、149 253 元，向公用地支付 50 元；现金 500 元 1 股，每户最高不超过 100 股，股金主要用于发展社办企业和保证合作社正常运转，土地股和现金股均参与合作社盈余部分的分红。在县农业经营管理部门的指导下，围绕土地入股，研究制定了"4＋1"土地流转模式，形成了相应的五类合同。一是全部土地入股型（A 合同）。一些举家外出经商务工、承包地无人耕种的农户，把全部土地入股直接交由合作社经营，每年享受合作社的保底分红。二是部分土地入股型（B 合同）。家中尚有一定劳动能力的老人、需要一定口粮田作为生活保障的农户，以部分土地入股，土地仍由农户经营管护（合作社支付管护费），但必须接受合作社统一规划和指导，实现规模种植，收益双方分成，农户参与合作社盈余部分的分红。三是农户自营型（C合同）。劳力充足，但缺乏信息和技术的农户土地仍由农户自营，合作社规划指导，实现规模经营，有收益后按约定比例提成服务费，农户不参与合作社分红。四是公用地入股型（D合同）。村组集体公用地由各村民小组法人申请入股，交由合作社经营，合作社支付流转费和盈余部分的分红。五是大户转包型（E合同）。经营大户承包经营合作社流转来的土地，自负盈亏，不参与合作社分红。以上几种形式由农户自愿选择其中一种或几种，与合作社或种植大户签订规范的合同。至目前，共签订入社合同203份，其中A合同82份，土地0.35平方千米；B合同97份，土地0.4平方千米；C合同17份，土地0.06平方千米；D合同7份，土地0.69平方千米；E合同3份，土地0.01平方千米。农户入土地股2169股，面积1.45平方千米，占流转面积的96%；入现金股481股，股金24.05万元。这几种流转方式，既满足了群众多层次、多样化需求，又切实维护了农民的合法权益。

在实施过程中，严格界清村委会与合作社的职能，把土地流转经营自主权交给合作社，把属于村级基础设施建设和公益事业交给村委会，合作社独立经营，自负盈亏，村委会和合作社监事会共同监督协调流转土地的农业用途，监督合同的执行和租金、红利的按时兑付，维护农民利益。村级领导班子严格执行《土地流转实施意见》和《土地使用权流转管理办法》，充分发挥扶持、监管作用，搭建服务平台，改善农村基础设施，统筹农村最低生活保障、扶贫救济、帮扶等社会资源。合作社也积极承担社会责任，对男满70岁、女满65岁社员每人每年补助360元现金和400斤小麦。同时，根据农产品价格的变动和土地收益的增长，在按纯收入的10%提留风险金、5%提留公积金和公益金外，合作社与种植大户、社员面对面议定最低保底分红标准，确保入社农户的收益，进一步调动农民参与土地流转的积极性。

3. 破解三大难题

这三大难题是指土地规模经营、资金不断链和富余劳动力转移。

（1）实现土地规模经营效益。土地经营权流转后，如何发挥土地规模经营效益，提高农业产出率，是摆在合作社面前的首要问题。合作社以发挥土地最大效益和为社员创造更大红利为目标，聘请市县专家对入股的土地统一规划和经营，重点进行结构调整，发展高效农业。在经营规划上，坚持长、短线结合，一"主"多"副"。合作社把苹果产业确定为主导产业，2008年秋季一次性栽植苹果1.5平方千米，2009年春全部落实了补植、涂白、施肥及覆膜等管护措施，初步实现了规模化、标准化、专业化经营。在苹果产业培植期，合作社经营土地的重点是加强果树管护，并大力发展中药材种植、养殖和设施瓜菜等短、平、快项目；到苹果成熟期，重点与鼎峰果汁、庆新果业、兴旺牧业、绿鑫草业等县内外农业产业化龙头企业合作，走"农户＋合作社＋基地＋龙头企业"的合作经营新路子。对农户自营和种植大户转租的土地，合作社严格按结构调整总体规划指导经营，避免走传统种植业的老路子。在经营管理上，对流转后由合作社集体经营的土地，采取"小承包"的办法，由合作社将村中劳力按技能特长组建田间作业队，分区域承包，联产计酬，避免出现新的"大锅饭"。

（2）实现发展资金不断链。为了从根本上解决资金链断裂问题，合作社按照"以地养地、以工养地、以畜养地"的思路，提高经营效益，增强"造血功能"。具体办法是：在2014年之前的果树幼龄期，套种香紫、西瓜等短线高效经济作物，以收益兑付果树管护费和土地流转费，并提取风险金，参加农业保险；2009 年 3 月初，合作社将村上 140 多名土建技术人才组成建筑工程队，通过个人投资、合作社向银行贷款的办法筹集资金 100 多万元，采取承包经营的方式，由合作社负责承揽工程，承包人带领工程队建设并向合作社上缴承包经营费。2009 年已承揽工程 600 多万元，预计年终可向合作社上缴承包费 40 万，至 2017 年累计可向合作社上交承包费 620 万元；计划 2009 年 9 月兴建材厂，由合作社牵头，通过争取国家项目资金扶持、银行贴息贷款和村民资金入股等途径筹集资金 320 万元。2010 年 3 月投产，按计划后年可生产空心砖 800 万块，按现价测算，年产值 1000 万元，可实现净利润 160 万元。到 2017 年累计可实现净利润 1280 万元；通过政府贴息贷款，争取农业项目投资，2012 年兴建万只波尔山羊养殖场，按当年出栏 1000 只，每只 500 元计算，年净利润为 20 万元。到 2017 年，养殖场累计利润可达 270 万元。据测算，2014 年是合作社产业收入的最低谷，当年由于果树树冠扩张不能套种作物，产业没有收益，所产生的 26.5 万元土地流转费可用前 6 年合作社提取的农业生产风险金（62.56 万元）支付，社员分红参照前几年平均标准，所需资金通过社办企业利润积累弥补或用农业风险金余留垫付。这样既保证了合作社资金运转正常，又实现了可持续发展。

（3）实现富余劳动力转移。对土地流转后解放出的 400 多名富余劳动力，合作社因势利导，以就地转移为主，合理安置。一是把有劳动能力的"老把式"、"土专家"等组成田间作业队，配备农业机械，在合作社或种植大户从事田间管理，日工资 30~40 元；二是将村上土建技术人才组成工程建筑队，承包经营建筑工程；三是合作社结合阳光扶贫工程，对村上妇女和不愿离乡的青壮年进行专业技能培训，就地转移到社办建材厂和养殖场，从事建材生产和养殖业；四是组织青壮年外出务工，增加收入。

4. 坚持四个原则

（1）家庭承包经营制度不变。任村在土地流转中，始终坚持稳定和完善土地承包关系这一前提，明确农民是土地承包的责任主体，享有充分的生产经营自主权，确保农民将土地承包经营权流转出去没有后顾之忧。

（2）平等协商、依法自愿有偿。完全尊重农民群众的意愿，由土地流转双方自主协调确定流转方式、流转期限、流转价款以及权利、义务、责任，流转的收益完全归承包方所有。

（3）不改变土地农业用途。加强对流转后土地的监督管理，确保土地在流转使用的过程中不改变其农业用途。尤其是基本农田，严禁流转后变为非农建设用地。

（4）因地制宜、因势利导。坚持一切从客观实际出发，从农民需要出发，不下达流转任务，不指定流转时间，不限定流转模式。对具备条件的，积极引导农民通过土地流转市场，规范有序地进行土地流转；对不具备条件的，仍维持家庭承包，不急于求成；对心存顾虑的，给农民留足基本口粮田用于自营，将其余土地流转集中经营。

5. 落实五大举措

在任村土地流转过程中，宁县乡党委、政府充分发挥主导作用，县委、县政府主要领导和分管领导多次深入任村，现场办公，解决突出问题。宁县成立了土地流转服务中心、并指导焦村乡和任村成立了乡土地流转服务站、村土地流转服务小组，积极开展土地流转信息咨询、合同鉴证、矛盾纠纷调解等相关服务，完善合作社财务监管、利益分红监管、重大事项决策、档案规范管理等相关制度和规则，规范合作社运行。在项目、资金上向任村倾斜，指导落实五大举措。一是产业富民。宁县处于全国苹果最佳栽植带，群众有栽植传统。苹果产业是结构调整、助农增收的主导产业。任村民生合作社选择苹果产业作为支柱产业,按照现代农业"高产、优质、高效、生态、安全"的要求,以企业化的方式组织生产,采取统一规划,专业队栽植,实行机械化耕作、标准化生产和集约化经营,拓展农产品加工链,做大做强优势产业,加快了产业富民的进程。按现价测算,合作社在前 6 年果树幼龄期,套种经济作物可实现总收入 1106.23 万元;2015 年果树挂果后,当年每平方千米商品果可实现收入 1 970 149 元;到 2017 年,每平方千米商品果可实现收入 4 117 910 元。二是工业兴农。任村有多名土建技术人才、多个建筑小工队和小型养殖场,发展农业企业有得天独厚的条件和基础。依托资源优势,合作社通过争取国家产业化项目、银行贴息贷款和招商引资,组建工程建筑队等社办企业,增加资本积累,为农业生产提供资金保障。三是科技强农。宁县组织科技、农林、畜牧、水务、工业等部门技术人员深入任村,开展科技指导、实用技术培训和推广工作,选派 1 名大学生村官、2 名林业、畜牧科技特派员常年蹲点指导,与合作社、种植大户结成利益共同体。近年来举办了多期实用技术培训班,推广了日光温室、全膜双垄沟播玉米、暖棚养畜、测土配方、病虫害防治等 20 多项新技术,积极发展循环农业和生态农业,有效地提高了任村农业生产的科技含量。四是政策惠农。宁县全面落实粮食直补、农机具购置补贴、小麦良种补贴、农资综合补贴、能繁母猪补贴等强农惠农各项政策,在"普惠"的基础上重点向任村倾斜,并对所有补贴资金的发放实行"一折统"、"一册明"。县财政筹措专项资金对转出土地的农户、转入土地的经营大户、农业龙头企业、合作社予以补助、扶持和奖励,并对社办企业实行税收全免。五是项目助农。宁县将任村申报为市级新农村建设试点村,在农业产业化、扶贫开发、农田基本建设、农技推广、农村信息网络和农业综合开发等涉农项目的安排上向任村合作社倾斜,下达各类扶持资金 159 万元,实施了通村公路建设、苹果基地建设、土地复垦、户用沼气等项目，极大地改变了任村群众的生产生活条件。

（三）任村加快土地流转显现出较好的现实意义

任村探索推行成立土地股份合作社、加快农村土地流转和适度规模经营的做法，是土地承包经营权流转方式的一次创新，对于农村经济社会发展具有较好的现实意义和长远意义。

（1）有利于完善农村基本经营制度，促进农民土地承包权益得到保障。在坚持土地所有的前提下，把地产权分解为土地股权、经营权和使用权，让农民拥有股权，合作社掌握经营权，土地租种大户享有使用权，从而使农民承包的土地由实物形态变为价值形态，农民的土地承包经营权权能更加完善，合法权益得到有效保障，农村集体经济的实现形式更加有效。

（2）有利于合理配置和充分利用土地资源，促进适度规模经营。土地流转后，确定了主导产业，在较大范围内实现了统一良种、统一耕作、统一施肥、统一用药、统一管理、统一销售，使农业的产前、产中和产后诸环节连接成紧密的产业链条，从而提高了农业生产组织化水平，加快了农业产业结构调整步伐，使农业生产初步实现了"专业化分工、规模化生产、产业化经营、企业化管理"，有力地推动了农业产业化发展。

（3）有利于推广先进科技，促进现代农业发展。农民以土地入股后，可以在较大规模的农田上推广先进适用技术，或通过引进、实验和示范，转化科研成果，提升了农民的专业技术水平，提高了农产品产量和质量，架起了传统农业通向现代农业的桥梁。

（4）有利于加快农村劳动力转移，促进生产力解放和发展。合作社的发展既留住了一部分农村"精兵强将"，又锻炼和培育了新型农民。同时，解除了外出务工农民的后顾之忧，促进农村劳动力向非农产业转移，推动了城镇化发展进程。2008年，全村就地转移富余劳动力 84 人，外出务工 332 人，实现劳务收入 300 多万元，比流转前增加收入 200 多万元。

（5）有利于农民获得财产性增收，促进农村资本市场发育。通过土地流转，过去单一土地收益转向多元化收益，农民收入大幅度增长。一是农民获得土地流转费和合作社收益分红，既规避了生产经营风险、提高了土地基本收益，又给农民带来资产性、长期性收入；二是部分老人和妇女在合作社和种植大户从事日常管理，实现了就地打工增加收入；三是更多的青壮年摆脱土地束缚，外出务工，稳定了务工收入，培育壮大了劳务产业；四是种植大户实现了规模片带承包经营，提高了土地收益。同时，合作社通过争取农村金融部门贷款、民间融资和政府扶持，加快了农村资本集中的速度，促进了农村资本市场的发育。

（6）有利于提高农民建设新农村的积极性，促进农村各项事业全面发展。土地流转在推动农村经济快速发展的同时，激发了干部群众发展农村各项事业的热情。在村党支部、村委会的引领下，全体村民以共同发展、共同富裕为目标，积极建设新农村。一年来，完成秋地顶凌覆膜 0.67 平方千米，新建设施瓜菜钢架大棚 100 座，户用沼气 180 座，培训并输转富余劳动力 350 多人，新建合作社办公用房 0.134 平方米，完成村部旧房维修、学校教学楼翻新和 9.6 千米村组道路路基拓宽和行道树栽植工程等；复垦旧庄基 187 户，新增土地 0.46 平方千米，新修占地 0.1 平方千米公墓一个，搬迁坟墓 22 座，新建农家店、农资店各一家，成立了环卫队，购置垃圾清运车一辆，新建垃圾处理场一处，村庄基础设施条件有了明显改变。2009 年动工新建的 30 户小康住宅已建成 15 户，建成后可整体搬迁任村五组 20 户群众。村里规划，准备利用 5 年时间，在全村建成种植、养殖、教学、住宅区等五大区块，统一修建住宅楼、超市、卫生所、幼儿园，"过上跟城里人一样的生活"。

第 5 章　河南省农地流转市场
建设问题研究

　　从调研的情况看，近年河南省农村土地流转呈现出以下几个特征：一是土地流转率不高，但速度有增长趋势。同时，土地转出户多于转入户，说明农户拥有的土地集中程度在进一步增强。主要原因是：近年来河南省加大了劳务输出力度，大量农村富余人口外出务工，为土地流转提供了大幅提升的空间。二是以转包和出租形式为主，约占全部流转面积的 87%；其他形式少量存在，约占 13%。说明河南省土地流转还处在任其自由发展的阶段，有必要加以正确引导。三是多为农民自发组织，主要依靠示范带动。四是流转对象趋于多元化，流转费用逐年攀升。流转对象从初始本村农户之间的流转，逐步流向工商企业、农民专业合作组织、种养业大户，同时流转收益逐年攀升。五是遵循了"依法、自愿、有偿"的原则，流转双方实现"双赢"。这说明河南省农村土地流转市场更多地表现出了自由交易、互惠互利的基本特征，使土地作为基本要素能够在不同规模水平的农业生产中得到合理配置。

第一节　河南省农地流转市场建设存在的问题

一、河南省土地资源利用状况与面临的形势

河南省土地总面积 16.55 万平方千米，自南向北地跨北亚热带和暖温带，分属长江、淮河、黄河、海河四大流域，分布有大别山、桐柏山、伏牛山、太行山四大山脉。2008 年年底，河南省的总人口 9918 万人，较上年的自然增长率为 4.97‰。全省每年出生人口近 120 万，净增约 50 万人，按照这样一个增长速度，2009 年河南总人口大约为 9970 万。人口密度为 554 人/平方千米，是全国平均水平的 4 倍多；人均土地资源量仅为 0.18 平方千米，不及全国平均水平的 1/4。河南用 1.74% 的国土面积养育着全国 7.48% 的人口。

（一）土地资源利用状况

1. 土地利用结构及分布

（1）农用地。全省农用地（耕地、园地、林地、牧草地、水面）面积 1183.20 万平方千米，占全省土地总面积的 71.48%。

耕地：面积 81.103 平方千米，占全省农用地面积的 68.55%，占全省土地总面积的 48.99%。其中，旱地面积 41.290 万平方千米，占耕地总面积的 50.92%；灌溉水田、水浇地和菜地面积 38.956 万平方千米，占耕地总面积的 48.03%。耕地集中分布在黄淮海平原、南阳盆地及豫西黄土区，其中水田集中分布在水热条件优越的淮河以南和用水条件较好的黄河两岸地带。

园地：面积 3.083 万平方千米，占全省农用地面积的 2.61%，占全省土地总面积的 1.86%。其中，果园分布广泛，尤以苹果园最为突出，分布面积在 0.2 万平方千米以上的有三门峡、商丘和南阳三市，占全省果园面积的 40.08%。

林地：面积 28.316 万平方千米，占全省农用地面积的 23.93%，占全省土地总面积的 17.11%。林地在全省各地均有分布，分布面积最大的是南阳市，分布面积最少的是漯河市。

牧草地：面积 0.145 万平方千米，基本属于天然草地类，占全省农用地面积的 0.12%，占全省土地总面积的 0.09%。主要分布在丘陵山区，分布面积最大的是信阳市。

水面：面积 5.673 万平方千米，占全省农用地面积的 4.79%，占全省土地总面积的 3.43%。全省水面分布不平衡，分布面积最大的是信阳市，其次是南阳市。

（2）建设用地。全省建设用地（居民点及工矿用地、交通用地、水利设施用地）面积 25.145 万平方千米，占全省土地总面积的 15.19%。

居民点及工矿用地：面积 18.342 万平方千米，占全省建设用地面积的 72.95%，占全省土地总面积的 11.08%。其中，城镇用地面积 2.256 万平方千米，占居民点及工矿用地总面积的 12.30%；农村居民点面积 0.13675 万平方千米，占 74.56%；独立工矿用地面积 1.942 万平方千米，占 10.59%。地域分布大体与人口密度分布相对应。

交通用地：面积 3.8 万平方千米，占全省建设用地面积的 15.11%，占全省土地总面积的 2.30%。其中，农村道路面积 2.95 万平方千米，占交通用地总面积的 77.63%。交通用地占地系数在 3% 以上的有漯河、驻马店、鹤壁、商丘和新乡五市、地，其中漯河市为 3.53%，属最高。

水利设施用地：面积 3.002 万平方千米，占全省建设用地面积的 11.94%，占全省土地总面积的 1.81%。其中，沟渠面积 2.64 万平方千米，占水利设施用地总面积的 87.91%；水工建筑物面积 0.363 万平方千米，占水利设施用地总面积的 12.09%。

（3）未利用地。全省未利用地（苇地、滩涂、荒草地、盐碱地、沼泽地、沙地、裸土地、裸岩石砾地、田坎、其他）面积 0.22071 万平方千米，占全省土地总面积的 13.33%。其中，荒草地面积 0.8792 万平方千米，为最多，占未利用地面积的 39.84%；苇地面积 0.097 万平方千米，占 0.44%；滩涂面积 0.3315 万平方千米，占 15.02%。

2. 土地利用特点

（1）土地利用率比较高，耕地后备资源潜力小。河南省土地利用率为 86.67%，土地垦殖率为 48.99%，两者在全国均居前列。未利用地占土地总面积的 13.33%，其中可开垦为耕地的仅有 0.033 万平方千米。

（2）土地利用类型分布规律明显。河南省土地利用类型按土地利用现状调查分类，一级类型有 8 个，二级类型有 45 个。由于受南北气候过渡性和东西地貌差异性的影响，农用地地域分布表现出明显的过渡性。耕地面积约有 75% 集中分布于占全省土地总面积 55.6% 的平原地区，约有 25% 分布于占全省土地总面积 44.4% 的山地丘岗地区。灌溉水田主要分布于豫南淮河两岸地区，水浇地相对集中于豫北平原。林牧用地面积 2/3 以上集中于山区，广大平原面积不足 1/3。

（3）土地资源开发条件区域差异性大。河南省东部黄淮海平原区和南阳盆地区水、热、土的组合条件较好，是全省耕作农业发展的主体，西部丘陵山区水土条件相对较差，土地开发利用难度大，投入产出率低，适宜发展林果牧业；南部丘陵山区则有较好的水热条件，土地开发条件较好，潜力亦较大。

（4）居民点及工矿用地比重较大。全省居民点及工矿用地面积占土地总面积的11.08%，高于北方多数省份，甚至超过南方人口密集的部分省份。其中主要是农村居民点占地过多。

（5）牧草地面积极少。全省牧草地面积仅占土地总面积的0.09%，严格界定应属荒草地，不能作为牧场，只能作为农民零星放牧用。

3. 土地利用存在的问题

（1）耕地数量锐减，人地矛盾加剧。据统计，全省耕地面积由1954年（历史上耕地数量最大年）的9.0620万平方千米下降到1996年的6.7813万平方千米（统计数据），年均减少0.0543万平方千米，相当于每年减少一个中等县的耕地面积；人均耕地由1953年（历史上人均耕地量最大年）的0.00205平方千米下降到1996年的0.00074平方千米，人均耕地减少量为0.00131平方千米。

（2）耕地生产潜力挖掘不足。全省低产田面积古耕地总面积的35%以上，现有中高产田的利用也不充分，主要原因在于：水资源条件、土壤质地等因素的制约，农田水利设施的不完善，旱涝灾害的频繁发生，土地养分的失调，以及耕地利用上的粗放与掠夺性等。另外，全省农副产品综合利用率低、农业生产结构、种植结构不尽合理，耕地利用中一定程度上存在着高产低效、低产低效的问题，从而直接影响着农村经济的快速发展和农民收入水平的不断提高。

（3）土地集约利用不够。全省未成林造林地和疏林地共0.3535万平方千米，占林地总面积的12.48%；可供淡水养殖的水面有0.2695万平方千米，实际利用面积仅占可养殖水面的50%。除涝土地面积仅占易涝土地面积的80%。治碱面积占盐碱地面积的80%左右。虽然全省整体水热条件优越，但耕地复种指数不足150%。居民点及独立工矿用地中，尚有0.04万平方千米左右的闲散地和废弃地未被再利用。

（4）水土流失现象严重。全省水土流失面积约 3 万平方千米，占丘陵山区面积的 41%。重度水土流失区主要分布在浅山丘陵区和黄土丘陵区，严重制约着山区经济的发展。广大平原区的农田防御系统有待进一步完善，黄泛区林木覆盖率相对较低，加之不适当的毁林开垦，导致地面裸露，水土不能保持，生态系统比较脆弱。

（5）乱占滥用浪费土地问题突出。据全省非农业建设用地大清查，1991—1996 年河南省未经依法批准占地 51 万多宗，面积 0.0507 万平方千米，其中耕地 0.036 万平方千米、闲置土地 0.0021 万平方千米。

（二）河南省土地利用面临的形势

合理利用土地、切实保护耕地是事关社会主义建设全局的大问题。党中央、国务院对此一贯高度重视。从河南省实际情况分析，在土地利用与管理上也面临不少的矛盾和问题：一是耕地压力大。全省现有人均耕地量低于全国平均水平，而且耕地分布不平衡，质量差，利用水平低，退化严重。到 2010 年全省人口预计将达到 1.04 亿人。满足人口与消费的增长，解决好粮食问题仍将是河南省长期面临的艰巨任务。二是河南省正处于经济快速发展时期，随着经济发展战略布局由东部向中西部的转移，经济建设对土地的需求在相当长的时期内，仍将有较大的增加，用地供需之间及各业用地之间的矛盾将更加突出。三是河南省耕地后备资源有限，开发利用难度大。为了保护生态环境必须做到适度开发，同时将有一定量的耕地需要退耕。另外，限于现阶段全省经济综合实力还不是很强，特别是地区间经济发展不平衡，支持不发达地区耕地保护、土地整理和土地开发的财力显得不足。四是粮、棉生产比较利益低，现行利益分配格局不改变，保护耕地的难度得不到根本减轻。五是建立和完善社会主义市场经济体制过程中，土地宏观调控有待进一步加强。

二、河南省土地利用结构与布局调整

（一）农用地

1996 年全省农用地面积为 11.832 万平方千米，2000 年为 11.9231 万平方千米，到 2010 年调整为 12.1349 万平方千米，净增加 0.03029 万平方千米。全省农用地结构与布局的调整，要在保护好现有耕地、确保粮棉油等基本农产品生产的前提下进行（全省土地利用结构调整规划指标见表 5-1）。

表 5-1　　　河南省土地利用结构调整规划指标

单位：万平方千米，%

地类		1996 年		2000 年		2010 年		规划期间增减面积	
		面积	比重	面积	比重	面积	比重	1997—2000 年	1997—2010 年
农用地	耕地	8.1103	48.99	8.1133	49.01	8.1203	49.05	+0.30	+1.00
	园地	0.3083	1.86	0.325	1.96	0.3636	2.20	+1.67	+5.53
	林地	2.8316	17.11	2.8740	17.36	2.9727	17.96	+4.24	+14.11
	牧草地	0.0145	0.09	0.0295	0.18	0.0645	0.39	+1.50	+5.00
	水面	0.5673	3.43	0.5813	3.51	0.6138	3.71	+1.40	+4.65
	合计	11.8320	71.48	11.9231	72.03	12.1349	73.31	+9.11	+30.29
建设用地	居民点及工矿用地	1.8342	11.08	1.8104	10.94	1.7609	10.64	-2.38	-7.33
	交通用地	0.38	2.30	0.3863	2.34	0.3974	2.40	+0.63	+1.74
	水利设施用地	0.3003	1.81	0.3062	1.85	0.3180	1.92	+0.59	+1.77
	合计	2.5145	15.19	2.5029	15.12	2.4763	14.96	-1.16	-3.82
未利用地		2.2071	13.33	2.1276	12.85	1.9424	11.73	-7.95	-26.47
土地总面积		16.5536	100	16.5536	100	16.5536	100	0	0

1. 做到耕地总量平衡有余

到 2010 年，全省耕地面积由 1996 年的 8.1103 平方千米，增加到 8.1203 万平方千米，净增 0.01 万平方千米。

　　1997—2010 年，全省耕地减少面积应控制在 0.1487 万平方千米之内，其中建设占用耕地控制在 0.11 万平方千米（含村庄整理置换占用耕地 0.0023 万平方千米）之内，生态退耕还林还牧 0.03 万平方千米，因灾减少耕地 0.0067 万平方千米；全省补充耕地面积应在 0.01587 万平方千米之上，其中土地整理复垦补充耕地 0.01167 万平方千米；土地开发补充耕地 0.042 万平方千米（各市、地规划期间耕地总量动态平衡控制指标见表5-2）。

表 5-2　河南省 1997—2010 年耕地总量三项控制指标分解表

单位：万平方千米

市、地	补充耕地量			控制耕地减少量			净增耕地
	合计	整理复垦	土地开发	合计	建设用地	退耕灾毁	
全省合计	15.87	11.67	4.20	14.64	10.97	3.67	1.23
郑州市	1.13	0.73	0.40	1.22	1.11	0.11	-0.09
开封市	0.90	0.60	0.30	0.53	0.53		0.37
洛阳市	1.25	0.68	0.57	2.84	1.07	1.77	-1.59
平顶山市	0.83	0.53	0.30	0.61	0.61		0.22
安阳市	0.70	0.47	0.23	0.62	0.50	0.12	0.08
鹤壁市	0.26	0.13	0.13	0.35	0.35		-0.09
新乡市	1.08	0.67	0.41	0.53	0.53		0.55
焦作市	0.50	0.41	0.09	0.64	0.51	0.13	-0.14
濮阳市	0.53	0.40	0.13	0.59	0.59		-0.06
许昌市	0.45	0.40	0.05	0.53	0.53		-0.08
漯河市	0.30	0.27	0.03	0.39	0.39		-0.09

表5-2(续)

市、地	补充耕地量			控制耕地减少量			净增耕地
	合计	整理复垦	土地开发	合计	建设用地	退耕灾毁	
三门峡市	0.68	0.41	0.27	1.55	0.50	1.05	-0.87
商丘市	1.23	1.00	0.23	0.70	0.70		0.53
周口地区	0.97	0.87	0.10	0.53	0.53		0.44
驻马店市	1.21	1.03	0.18	0.55	0.55		0.66
南阳市	1.83	1.47	0.36	1.31	0.87	0.44	0.52
信阳市	1.82	1.47	0.35	0.94	0.89	0.05	0.88
济源市	0.20	0.13	0.07	0.21	0.21		-0.01

注：①退耕指25度以上陡坡耕地及防治沙漠化退耕；灾毁指因灾损毁耕地；

②表中耕地净减少的市、地，也应因地制宜，力争做到耕地总量动态平衡；

③表中建设用地不含全省农村居民点整理置换占用的耕地量0.0023万平方千米，该项指标未对市、地分解，由省统一调配；

④表中净增耕地0.0123万平方千米，扣除村庄整理占用耕地0.0023万平方千米，全省规划期内净增耕地量为0.01万平方千米。

2. 适当增加园地面积

到2010年，全省园地面积由1996年的0.3083万平方千米，增加到0.3636万平方千米，净增0.0553万平方千米。园地应重点向浅山、丘陵、台地和荒坡地发展，按照适宜性原则适当集中；平原区园地面积要基本稳定，老龄园要逐步退耕，不得占用耕地发展新果园；加强中低产园地的改造和管理，提高园地经济效益。

3. 扩大林地面积

到2010年，全省林地面积由1996年的2.8316万平方千米，增加到2.9727万平方千米，净增0.1411万平方千米。全省现有林地要保护和经营好，防止过度采伐和毁林开荒；加快荒山造林和疏林、灌木林地的改造，发展生态型林业体系，促进农林结合。增加的林地主要分布在浅山丘陵区和黄泛区；平原地区重点完善农田林网。

4. 适当增加牧草地面积

到 2010 年，全省牧草地面积由 1996 年的 0.0145 万平方千米增加到 0.0645 万平方千米，净增 0.05 万平方千米。对浅山丘陵区的荒草地和平原区比较严重的沙化土壤，特别是黄河等主要水域中的滩涂，要积极开发、改造为牧草地。现有的天然草场要得到进一步改良，逐步建立人工、半人工草场。

5. 适当增加水面面积

到 2010 年，全省水面面积由 1996 年的 0.5673 万平方千米，增加到 0.6138 万平方千米，净增 0.0465 万平方千米。其中，新增用地中控制占用耕地为 0.002 万平方千米。全省水面面积的增加，主要是为提高防洪抗洪、农田灌溉和生态保护的能力。规划期内，重点是通过土地整理、开发、复垦增加水产养殖用地，续建石漫滩水库，新建燕山水库、盘石头水库。

（二）建设用地

1996 年全省建设用地面积 2.5145 万平方千米，2000 年为 2.5029 万平方千米，到 2010 年调整为 2.4763 万平方千米，净减 0.0382 万平方千米。全省建设用地结构与布局的调整，要以严格控制非农建设用地规模、充分挖掘潜力为重点，合理安排各类建设用地增量指标，并尽可能利用非耕地，占用耕地量严格受国家下达的控制指标约束。

1. 严格控制城镇用地规模

到 2010 年，全省总人口据预测为 10 400 万人，城镇人口将达到 3640 万人，城镇化水平达到 35%；城镇用地面积由 1996 年的 0.2256 万平方千米增加到 0.3540 万平方千米，新增 1.1284

万平方千米，其中控制占用耕地0.0573万平方千米；城市人均用地指标由1996年82平方米提高到85平方米，建制镇由1996年的151平方米降到110平方米。其中，到2000年，城镇用地面积新增0.0419万平方千米，其中控制占用耕地1.66万平方千米。

2. 逐步缩小农村居民点用地规模

到2010年，全省农村居民点用地由1999年的13.6175万平方千米，减少到1.1658万平方千米，净减0.2017万平方千米；人均用地指标由1996年的181平方米降到172平方米。规划期间，农村居民点建设占用0.0023万平方千米耕地，用于拆村缩并周转。农村居民点建设发展要以搞好村镇规划为前提，以内涵挖潜为主，集中紧凑，合理布局，大力改造旧村镇、治理"空心村"，有条件的地方要切实做好拆村并点工作。随着农村人口向城镇的转移以及农村居民点的缩并和整理，农村居民点用地总规模要逐步缩小。

3. 稳定独立工矿用地面积

到2010年，全省独立工矿用地（主要包括煤炭、电力、冶金、石油、有色金属、化工、楚材、纺织等部门用地）面积基本与1996年的19.42万平方千米持平。规划期间，新增用地0.03万平方千米，其中占用耕地控制在0.012万平方千米以内；通过大力复垦工矿废弃地，加之城镇建设发展，减少独立工矿用地0.03万平方千米。

4. 增加交通用地面积

到2010年，全省交通用地面积由1996年的0.38万平方千米增加到0.4061万平方千米，净增0.0261万平方千米。其中，新增用地0.033万平方千米，新增用地中控制占用耕地0.02万平方千米；减少用地0.0069万平方千米，主要是土地整理过程中一部分农村道路被合并。公路、铁路等工程项目建设应坚持

"节地"、"造地"并重的用地原则,大力推广开洛高速公路节、改、造地经验,建设取土严禁挖损耕地,并要及时复垦废弃地。

5. 增加水利设施用地面积

到 2010 年,全省水利设施用地由 1996 年的 0.3003 万平方千米增加到 0.3180 万平方千米,净增 0.0177 万平方千米,其中新增用地中控制占用耕地 0.0204 万平方千米。其中,到 2000 年,净增 0.0059 万平方千米,其中新增用地中控制占用耕地 0.0064 万平方千米。

(三) 未利用地

全省未利用地的开发利用,要坚持经济效益与生态效益相统一的原则,以开发荒草地、滩涂为重点,以增加林地、耕地、水产养殖用地等为主要目标,全面规划,适度开垦。规划期内,通过土地开发补充林果用地 0.1667 万平方千米,补充耕地 0.042 万平方千米,补充渔牧等其他用地 0.1 万平方千米(各市、地土地整理、复垦开发指标见表 5 - 3)。1996 年全省未利用地面积 2.2071 万平方千米,到 2000 年调整为 2.1276 万平方千米,净减 0.0795 万平方千米;到 2010 年调整为 1.9424 万平方千米,净减 0.2647 万平方千米。

表 5 - 3　1997—2010 年河南省土地整理复垦、开发规划表

单位: 千平方千米

市、地	整理复垦开发总规模			补充耕地量			补充林果用地			补充其他用地		
	合计	整理复垦	开发	合计	整理复垦	开发	合计	整理复垦	开发	合计	整理复垦	开发
全省总计	503.3	194.6	308.7	158.7	116.7	42.0	183.4	16.7	161.2	161.2	61.2	100.0
郑州市	38.5	13.6	24.9	11.3	7.3	4.0	17.7	1.0	9.5	9.5	5.3	4.2
开封市	17.0	9.9	7.1	9.0	9.0		1.3	0.6	6.7	6.7	3.3	3.4
洛阳市	52.5	12.5	40.0	12.5	6.8	5.7	24.3	1.0	15.7	15.7	4.7	11.0
平顶山市	29.5	9.3	20.2	8.3	5.3	3.0	10.7	0.7	10.0	10.5	3.3	7.2
安阳市	20.7	8.4	12.3	7.0	4.7	2.3	9.0	1.0	8.0	4.7	2.7	2.0
鹤壁市	5.4	2.6	2.8	2.6	1.3	1.3	1.0	0.3	0.7	1.8	1.0	0.8

表5-3(续)

市、地	整理复垦开发总规模			补充耕地量			补充林果用地			补充其他用地		
	合计	整形复垦	开发	合计	整理复垦	开发	合计	整理复垦	开发	合计	整理复垦	开发
新乡市	33.9	11.7	22.2	10.8	6.7	4.1	10.7	0.7	10.0	12.4	4.3	801
焦作市	15.7	7.4	8.3	5.0	4.1	0.9	2.0	1.3	0.7	8.7	2.0	6.7
濮阳市	17.8	6.3	11.5	5.3	4.0	1.3	7.3	0.7	6.6	5.2	1.6	3.6
许昌市	7.0	5.6	1.4	4.5	4.0	0.5	0.7	0.3	0.4	1.8	1.3	0.5
漯河市	5.1	3.8	1.3	3.0	2.7	0.3	0.7	0.4	0.3	1.4	0.7	0.7
三门峡市	46.6	8.8	37.8	6.8	4.1	2.7	32.0	2.0	30.0	7.8	2.7	5.1
商丘市	25.9	16.0	9.9	12.3	10.0	2.3	2.3	1.3	1.0	11.3	5.0	6.3
周口地区	18.9	14.0	4.9	9.7	8.7	1.0	2.1	1.3	1.4	6.5	4.0	2.5
驻马店地区	35.5	16.3	19.2	12.1	10.3	1.8	10.9	1.0	9.9	12.5	5.0	7.5
南阳市	62.5	21.8	40.7	18.3	14.7	3.6	21.7	1.7	20.0	22.4	5.3	17.1
信阳市	59.5	24.0	35.5	18.2	14.7	3.5	21.3	1.3	20.0	20.0	8.0	12.0
济源市	11.3	2.6	8.7	2.0	1.3	0.7	7.0	0.3	6.7	2.3	1.0	1.3

第二节　影响河南省农地流转市场发展的主要因素

一、当前河南省农村土地流转过程中存在的主要问题

农村产业结构和就业结构的调整，农村劳动力流动的加快以及农村经济发展的不平衡，使农村集体土地流转成为必要。"在平均化的家庭承包制下，造成了土地的分散化、细碎化，不利于土地的规模经营和经营效率的提高，土地流转会通过效率'拉平效应'改善土地资源的配置效率，简单理解就是土地会向能够更有效使用土地的人手中转移，即向更适合从事农业生产的人手中转移。"随着我国农业生产经营方式的逐渐转变，土地流转将在全国各地逐步有序地推开。但是，在土地流转过程中

由于缺乏规范和有序的管理，出现了损害农民利益等各种问题。

（一）流转机制不完善，土地流转程序不规范

虽然大多数县都制定了统一规范的流转合同，但缺乏统一规范的土地承包经营流转市场和具体管理实施细则，在对租期、租金的标准上缺乏统一规定。例如，临颍县规定：一平方千米地租金为597 014斤小麦，但没有考虑随着土地的升值和小麦价格上涨而逐年提高租金标准，这种不规范的土地流转既埋下了纠纷隐患，又增加了土地流转的随意性和不稳定性。由于流转合同不规范，权利、义务不明确；规模化流转对农民的风险保护不够；农户之间的小规模流转一般只有口头约定。目前农村土地流转尚处于自发阶段，口头协议多，报村、乡（镇）、县批准备案的少；即使签有书面合同，内容也较简单，责、权、利不明确，甚至有的条款不合法，没有按规范的流转合同文本签订，造成土地流转纠纷隐患增多；还没有形成统一规范、市场化运作的土地流转机制，土地流转中介组织缺乏，流转信息不畅，出现"要流转土地的转不出，要租土地的租不到"这一矛盾；土地流转价格确定缺乏科学依据，土地资源配置效率低。个别乡（镇）土地开发整理项目后续管理跟不上，承包政策不落实，形成新的抛荒；土地流转管理机构缺失，乡（镇）、村两级引导和服务不到位，少数基层干部工作作风不踏实，方法不当，操作不规范，把政策引导变为行政干预，强迫农民流转土地，造成土地流转主体不合法；乡（镇）农村经济经营管理人员转为公务员后大多未从事农村经济经营管理工作，即使现有从事农村经济经营管理工作的人的职责也不明，兼职较多，无力对土地流转进行全过程监督管理，造成土地的管理与流转使用脱节，农民的土地承包权和流转收益权受侵害的事情屡见不鲜。

土地流转的行为不规范主要表现为：一是土地流转存在随

意性和不稳定性。许多流转特别是农户之间的流转都没有建立稳定的流转关系，流转期限短。除林地流转期限较长以外，以转包为主的农户间的耕地流转，期限一般为 1~3 年，有的更短。二是流转行为不够规范。农户之间的土地流转，大部分地方土地流转都没有合同，很多仅仅通过口头协议进行私下流转，将土地流转给邻居或亲属，而没有签订正式合同，往往导致承包费纠纷。即使有合同，也存在权利义务表述不清、利益分配不规范等不完善之处，这种情况极易造成土地承包关系混乱，形成土地流转纠纷隐患。目前临颍县各乡镇都不同程度存在这种农户间口头约定流转土地的现象。从调查的情况来看，有近30%的农户未采用规范性的流转合同。农户委托村社统一流转土地的有相当一部分没有签订委托书。有的社私下流转土地，没有按规定报批、登记。三是对土地流转各项法律制度的宣传还不到位。有一部分农民不愿意流转土地，对土地眷恋很深，虽然已经在外面务工、经商，但宁愿造成土地荒芜也舍不得将土地流转出去，导致个别地方承包土地流转困难。

（二）乡村两级中介组织和管理服务机构功能不健全

流转平台未建立，土地流转信息不畅，出现农户有意转出土地却找不到合适的流入方，而需要土地的流入方又难以找到有流转土地意向的农户，造成转入转出两头难。没有专业的经营权价值评估机构，农村土地承包经营权流转缺乏金融服务支持。在对长葛市调查的三个乡镇中，没有一个比较规范的土地流转中介机构。三个乡镇36个大户流转的4.67平方千米耕地，主要是通过行政村做工作完成的。行政村一方面代表村委会与农民签订协议；另一方面又代表农户与承包商签订协议，充当中介的角色。有一些承包人，自己直接与农户签订承包协议。有的仅是口头约定。这些做法留下了许多纠纷隐患。也充分展示了需求的规范化与土地交易的零散性之间的矛盾，土地很难以较为合理的价格在市场中流转。

由于没有形成完善的土地流转市场，同时也缺乏土地流转的中介组织，土地流转各方不能及时进行信息的有效沟通。经常会出现出租方找不到承租方，只好请人代耕或无偿倒贴转包，甚至撂荒的现象，而想扩大经营规模的专业大户，又难以找到愿意流转出土地的对象。"由于土地流转市场不健全，农村土地流转没有可操作的价格标准，一方面存在竞相压低租金、损害农户利益的行为；另一方面也有少数农户漫天要价，阻碍土地合理流转"。目前，规范的土地流转机制还没有建立，在完备流转手续、规范流转程序方面存在不少问题，相应的法律法规也没有具体的规定，致使不少农户私下进行自发性的流转，不遵循一定的程序和履行必要的手续，未通过流转合同来规范双方的权利和义务关系，一旦出现纠纷很难进行调节。对于农村土地流转仅仅停留在一般性的引导管理上，缺乏对农村土地流转的有效管理和服务，农户自发土地流转占相当比重。特别是在边远地区，多数农户土地流转发生在父子、叔侄、亲戚及邻居之间，有些是被动流转，因无力耕种，谈不上精耕细作，导致土地质量下降。

（三）农民对土地流转认识不足，顾虑较多，政策宣传和扶持力度还有待进一步加强

目前绝大多数乡（镇）对土地流转缺乏相应的扶持政策，一些部门出台的扶持政策多而不实，在一定程度上制约土地流转，降低土地产出效益。主要表现为有些农户认为种田不但不缴纳农业税，还可以获得一定数量的农业补贴，觉得弃之可惜。部分农户存在"三怕"：怕丧失土地经营权，缺少就业门路，因此部分农民外出打工后，宁愿土地荒芜也不愿转包出去；怕流出的土地收益（租金或承包费）难兑现，无生活保障，失去赖以生存之本；怕退回耕地时难复耕等。加上农民的恋土深情、

小农经济等意识较严重，还有极少数的农民甚至还存在金不调银不换的思想，宁愿粗放经营，也不愿将土地流转出去。主要是农村土地承包政策宣传教育没有跟上来，农民思想认识不足，心存疑虑。部分农民怕土地流转会失去承包权，影响自己的利益。因此，宁可粗放经营，甚至撂荒、弃耕，也不愿意将土地流转出去。部分地方的基层干部特别是村级干部对土地流转不够重视，有的村干部持"事不关己、高高挂起"的态度和看法，认为土地流转和规模经营是农户与种养大户或农业企业的事情，直接参与这项工作会自找麻烦、自找"苦吃"，于是采取放任不管、听之任之的态度。

（四）土地流转收益过低，损害农民利益

土地作为农民可持续生存的最重要的农业生产资料，是农民生活的最基本保障，土地的变动与农民的切身利益相关密切。由于传统的城乡二元结构，我国的城乡发展处于不平衡状态，广大农村土地市场还不完善，城乡土地价差很大。城市的发展在一定程度上牺牲了农民的利益，从农民手中流转出来的土地与土地所在的区域位置、经济社会发展水平、土地供求状况等市场因素联系并不紧密，农民不能分享土地增值；在土地招商趋于火热、土地价格不断上涨的社会环境下，一些人会利用自己手中的行政权力，与引资客商联合起来，强制农民以低价、低租金进行土地流转，甚至以虚假手段骗取农民土地，这就严重侵害了农民利益。

土地经营粗放，土质严重下降。受市场经济影响，当前农村劳动力大量外出，产生了一个日益庞大的特殊群体（妇、老、弱、病、残）留守在家，农村劳动力严重缺乏，导致土地耕作粗放经营，甚至出现荒芜。为保证土地的粮食产量，留守的劳动力就通过使用更多的化肥、农药、除草剂等来种植、管理农作物，造成耕地、水源、大气等的严重污染，土质下降。同时目前农村还存在着大面积的中低产田要升级改造，农业自身的生产层次有待提高，留下的农民由于素质差、技能低、熟练劳动力严重缺乏，无法满足农村经济发展和农业产业结构调整、升级的要求，这对农业的进一步发展起到了一定的釜底抽薪作用。

土地资源日益匮乏，人地矛盾比较突出。随着城镇的迅速扩张、工业用地和基础设施用地的大幅度增加，基本农田的缩减已成客观趋势。个别地方没有完全将新增建设用地有偿使用费投入到土地开发整理的规定项目，严重影响了耕地补充和建设用地的"占补平衡"。为稳定土地承包关系，中央在1998年出台了土地承包期再延长30年不变的政策，导致部分农户新增人口后没有承包地耕作，从而形成农村内部土地占有不均衡，并随着时间的推移人地矛盾日益突出。

（五）土地流转集中连片流转难度大，不利于规模经营和大型机械作业

土地承包到户时，各地都是根据土质、地利搭配，按人平均承包分配到户，人为地把整块分割为若干小块。后经数次承包地调整，每户的承包地就更加零星。据调查，目前农户承包的田地多的有十几块，少则有几块（大多出现在黄河滩区）。由于农户经营的分散性、自发性及盲目性，很难适应农产品市场发展的需要，从而出现农产品卖难的问题。同时要把这些土地从分散的农户手中集中成片后由业主开发，没有较高的利益吸引或新的政策规定，多数农户是不愿流转出来的。即使业主支付了较高的租金，也存在少数"钉子户"硬是不愿意把使用权转让出来，导致土地经营分散，集中开发较难。主要有以下几个原因：一是农村剩余劳动力多。主要是一些60岁上下的男劳动力，在家兼顾带小孩和种自家承包田。他们认为这是一举两得，比承包给别人合算；同时乡村土地流转价格低廉，平均流

转费用一般每平方千米 149 253 ~ 223 880 元，其中还包括一部分国家补贴。二是代耕现象较为普遍。代耕者多为小农户亲戚或邻居，这种方式没有租金之类的费用，代耕者收入还是非常可观的，一般代耕 0.0134 平方千米田，年纯收入在 1.2 万元以上。如果把土地流转给大户，势必对他们的利益造成冲击，他们以种种理由对土地流转进行抵制，影响了土地流转的进程。

另外，由于小农意识的存在，一些农民不相信业主，害怕土地流转之后，业主不按照合同执行而引起不必要的纠纷，不敢也不愿意交出土地承包经营权，少数土地不参与流转直接影响业主成片发展优势特色产业；反之，一些业主又担心国家的土地政策会发生变化，以及在投入农业生产之后，面临着自然灾害和市场不景气的双重压力，不敢成片大规模的投入搞开发。

（六）承租方擅自改变土地的性质和用途，破坏了农民长远利益

土地流转过程中承包人改变土地用途，破坏性流转突出。随着城市的扩张，城区土地与城郊农村用地的界限在不断变化，大量城市商业性用地也打着公益性的名义非法侵占农用耕地，随意转变土地的性质和用途。一些乡镇地方政府急于招商引资，在与客商签订土地包租合同时，并没有规范商家的土地用途，一些商家就在耕地上建起了厂房或其他永久性建筑，破坏了耕地的固有属性，即使到期收回，农民也难以再行耕种。

（七）农业补贴的优惠政策随着土地的流转而消失

政府从农业安全和发展的角度出发，逐年加大对农业的扶持力度，加大对农民的补贴额度。但由于土地使用权发生了流转，在权利主体模糊的状况下，这项惠民政策在实施过程中，经常出现被挤占、挪用以及资金不到位等问题，再加上一些主管部门和村级财务管理混乱，使国家对农民的直接补贴落实不到位，侵占了农民本应得到的利益。

（八）土地流转时间过长，侵害了农民的根本利益

土地经营权的长久不变是从根本上保证土地属性和农民利益。但是，一旦出现土地大规模的长期流转，就有可能产生圈占土地现象，将直接影响农民利益。在土地价格不断上涨的情况下，一些承租方闲置土地，静待土地升值，土地被荒芜的现象也屡见不鲜。在土地一次性流转的情况下，土地的市场化利润与农民的收益之间就缺少了持久的结合点，花光了流转收益的农民就失去了基本的生活保障。

（九）土地流转受地理环境条件的影响大

农田水利基础设施较差，尤其是丘陵山区，地块小且不平整，水、电、路建设滞后，集中流转难度较大。一些地理条件、交通、水源、基础设施好的土地，业主们争相前来投资，为能争得各个方面条件好的土地而抬高土地承包费。然而地理条件、基础设施较差，即使土地承包费再低，也没有业主愿意来承包。

（十）管理服务严重滞后，业务工作人员不稳定影响土地流转

由于基层流转服务机构匮乏，导致土地流出、流入信息不灵，往往出现农户有意转出土地却找不到合适的流入方，而需要土地的流入方又难以找到有流转土地意向的农户，只好将土地撂荒或简单耕种，造成转入、转出两头难，既浪费土地资源，又影响了土地资源的合理流动和优化配置。另外，大多数市、县、乡均没有建立农村土地承包合同纠纷仲裁机构，发生流转纠纷时，没有权威的调解仲裁机构来及时处理，流转双方相互扯皮，影响正常生产生活和农村社会稳定。近几年，各级各部门密集出台了有关农村土地的一些政策与法规，农村承包土地管理工作复杂，而且矛盾纠纷多，这些需要业务工作人员熟悉政策并且能够灵活运用，各乡镇虽然成立了土地流转办公室，但是在一些乡镇存在着频繁更换土地流转工作人员的现象，导

致新的业务人员不能很快熟悉该项工作，不利于工作的正常开展和提高。

（十一）农村社会保障机制不健全

广大农村农民的基本生活、养老、医疗、社会救助等社会保障体系尚未完善，以农业生产为主要经济来源的农户，习惯于靠种地养活自己，担心流转土地后会失去生活的依靠，"土地是农民的命根子"的思想严重，恋土情结较为普遍，认为只要有土地生活就有保障；已经脱离农业或长期在外务工经商的农户，把土地作为今后生活的"退路"，对不高的土地流转收入觉得无所谓，宁可抛荒或粗放经营，也要把自己的土地保留下来；小农经济、小富即安的思想意识仍然较重，一些地方的农民满足于守土经营的现状，难以促成土地有效流转，影响了土地规模化、集约化经营。目前，农村社会养老保险机制没有建立完善，部分农民担心土地全部流转出去后生活没有着落，思想上有顾忌。对于规模经营的主体来说，由于农业生产受天气等自然条件的制约，一旦遭遇自然灾害，要承担很大的风险。

（十二）土地流转存在变相收益

有的乡镇农村土地向企业（龙头）流转，呈现出企业名义上承包，但实际上存在着将承包的地块再次转手给个体老板，利用国家的土地流转政策套取国家项目补偿资金的行为。究竟是不改变"农业种植"用途，还是只要"涉农"就会得到许可，不得而知；农村"土地集体所有制性质"表明所有权是村级所有，但土地的"所有权"中还依附着继承权、分配权、处置权；一旦农民获得承包经营权，在承包期内按照"增人不增地、减人不减地"原则，家庭其他成员可以继续承包，其实就享有了"继承权"；如果农民的承包地被征用，农民也有权享受其收益；目前土地流转中的"一口价"大包大揽，几乎是"胁迫"农民放弃继承权与分配权；尤其是一些落户的农业龙头企业，往往过度依赖地方政府而不直接跟农户订立合同，地方政府所签合同其实不具备法律效力，因为土地是集体的、而承包经营权又是农民的！一旦打起官司，地方政府岂有不败诉的！

（十三）效益提升不明显

目前，规模经营还是以种植业为主，从事高效种植、养殖的比例较小，经济效益不明显。那么承包户给予农户的租金也不会很高。

（十四）村级所有权或多或少被剥夺

一些地方自有财力严重不足，就打起农村土地的主意，通过各种手段"加快土地流转"；本应全部归属村集体的土地收益，几乎被县市（区）与乡镇瓜分了！特别是一些农用地改变了性质后实行"招拍挂"，农民好像成了局外人士，根本无权享受其中的巨额收益；确权滞后，"二轮延包"还留有"尾巴"。农村土地所有者——农村集体经济组织，至今尚未得到由国土资源管理部门颁发的集体土地所有证，这无疑给农村土地的科学管理与依法流转留下了基础性障碍，以至于接下来的一系列操作都显得"底气不足"。土地"二轮延包"时，一些村级"探索试行两田制"，留有的机动地超过了5%的上限，既违反了《农村土地承包法》，又侵犯了农民合法权益。

（十五）土地流转还存在一些法律盲区

目前的土地流转，转让的只是土地的承包经营权，其使用权、所有权是无法转让的。一是经营权能否用于抵押贷款，尚无法律规定；二是在"流转"后的土地上，势必会出现一些临时或永久性建筑物。如何界定这些建筑物，是本着求实的态度"默认"它还是"一刀切"的禁止，能不能收费与发证，目前操作起来非常困难，完全凭"感觉"行事，找不到成文的"条条框框"。

（十六）目前农村土地流转大多是由县市（区）农村经济经营管理局一家"单打独斗"，未形成一张网、一条龙、一种合力

农村土地流转关联度广、政策性强、过程也复杂，显然农村经济经营管理局一家是难以承担此责的，国土、财政、司法、金融以及所有涉农部门都应主动参与并"联手作战"，而不能袖手旁观。

（十七）有些土地流转给农村带来的水污染、空气污染、噪音污染、生态污染将是灾难性的

如有的农业加工企业大量排放恶臭难闻的废气废水，有的鸡猪养殖大户因对粪尿未做任何处理任其往地下渗透，导致方圆一带地下水源已无修复净化的可能。

（十八）土地流转的需求动力不足，规模经营的不多

由于受农业投资成本高、周期长、风险大、收益低，农村土地政策不稳，农产品市场预测难、农业整体竞争力弱等多种因素影响，各类经营业主不敢大规模搞开发。即便种植果树或发展高效设施农业（如蔬菜大棚和木耳大棚），单位土地的净收益要高一些，但却需要相对较高投入，加上多数经营的业主能力偏低，资金、技术、人才、设备、信息等条件欠缺，管理乏力，以及受农村土地及其附着物不能担保和抵押贷款等政策限制，严重制约规模经营发展和农村市场化进程，最终形成土地流转规模经营的不多。

（十九）户企利益联结机制不完善，产业链条联结不紧密

龙头企业在带动农户进入市场的产业化组织形式中，肩负着双重责任，既要保证企业自身利益的实现，又要能够带动农户，并让利于农民，实现"双赢"。目前各乡（镇）相当一部分农业企业与农户的关系还是松散型或不稳定，项目建成后管护较差，设施毁坏严重，没有结成风险共担、利益共享、协作

发展的关系，各种风险完全由业主承担，只能"同富贵"而不可能"共患难"。一旦业主遇到自然灾害或市场风险，不仅使农户的利益得不到保障，而且企业也可能中途而退，利益纠纷时有发生。

二、制约土地流转的因素

（一）土地分散经营制约着土地流转

30 年前，农村实行土地联产承包责任制，农民分到了土地，解决了温饱问题。但由于土地肥瘦不一，大块的土地被分割成条条块块。划分土地时以及后来的几次小调整留下的种种弊端，严重制约着生产力的发展和产量的提高。同时由于地形地貌和人口相对密集等方面的原因，南方丘陵地区普遍存在人均耕地少、丘块多、经营分散等方面的特点。这种土地的分散经营，要转为集中规模经营，由于涉及的农户多，农户之间的思想认识不一致，严重制约了土地的有序流转，影响了土地规模效益的发挥。

（二）农民缺乏社会保障制约着土地流转

农村土地对于农民来说，普遍具有社会保障和就业两大功能。这就决定了农民把土地作为命根子来看待，不愿轻易离开土地。他们认为，有了土地，生活就有退路，即使外出打工赚不到钱还可以返乡种田，心里踏实。同时，由于目前城镇化水平较低，吸纳农民就业能力不足，农村剩余劳动力向城镇转移空间有限，以及农民自身知识技能的储备不足，进城就业门路窄，无法在城市获得稳定的职业和收入，因此，农民始终把土地作为自己的最后保障。有钱的不在乎土地流转所得的收益，没有钱的更惦念土地。有的宁可粗放经营，甚至不惜撂荒弃耕，也不愿将土地转让出去。另外，近年来国家将各种惠农补贴直接发放给承包农户的发放方式，也挫伤了部分种粮户的积极性。

（三）效益价格低廉制约着土地流转

虽然政策倡导土地要有偿流转，但是土地流转的价格极低。造成这种现象的原因：一是农业比较效益低。据农业部统计，2007 年全国稻谷、小麦、玉米三种粮食的平方千米平均成本为718 059 元；2008 年以来由于生产资料价格大幅上涨，有的甚至成倍增长，每平方千米利润仅为552 835 元。受此影响土地流转的价格难以提高，流转农户难以获得较高的土地收益，因此选择粗放经营而不流转。二是土地流转渠道不畅。由于缺乏信息渠道和规范统一的土地流转市场，急于流转土地的农民只能低价或无偿把土地转让给别人耕种。三是农民土地经营流转价格意识淡薄。土地流转价格不像普通商品价格那样容易确定，且目前又没有完整的价格评估机制，从而导致农民价格意识淡薄。四是农业特色产业少，带动力不强，使得土地流转规模化经营程度不高。而评价土地流转的成效，一个重要的标志就是看农民流转土地后，通过经营主体的集约化经营，土地的产出效益比流转前是不是提高了。有特色有优势的产业，对形成适度规模经营有明显的推动作用，但从调查的情况看，许多地方由于缺乏效益明显、可持续性强的特色农业产业的有力支撑，农用地需求相对较少，许多农户面临着土地向何处流转的困惑。

（四）农业规模经营风险大制约着土地流转

农业规模化经营一般前期投入资金大，回笼周期长。加之缺乏配套的风险防范机制作为保障，自然灾害、市场波动、经营不善等不确定因素均可导致产业效益降低甚至血本无归，一旦发生这类情况就难以保障农民的土地收益，将造成新的矛盾，影响社会稳定。另外，水田流转对于种粮大户也有些现实问题难以解决。如粮食收割后怎么晒干处理等。因此，大多数流转经营主体对土地流转表现得很谨慎，不敢轻易接手。

第6章 河南省部分县市农村土地流转市场建设取得的成效

为促进和规范农村土地流转，河南省各县市结合本地实际，创造出了许多较好的经验和做法，这些不同经济发展水平的农村土地流转，丰富和完善了既定模式。

第一节　沁阳竞拍流转模式

2008年9月11日，河南省沁阳市完成了中国农村土地承包经营权的"第一拍"。

在不改变农村耕地基本的家庭承包制前提下，出于对农村土地集约化和规模化经营的需要，不同层面不同方式的土地流转案例在河南省纷纷出现。也就是在这样的背景下，河南省沁阳首创了通过公开竞拍实现土地流转的模式。这一土地流转模式在更大程度上保证了农村土地流转中的公开、公正、公平，同时，明确了竞拍过程中政府的角色就是搭建平台提供服务，使该地区的土地流转更多体现了市场化操作的思路。而土地高效流转为发展农业专业合作社提供了更多方便，使得"家庭承包制＋农业专业合作社"的发展模式得以更大范围地推广。

2008 年 9 月 11 日，沁阳市首批公开对外的 1.474 平方千米农村土地的承包经营权通过竞拍一次性交易成功。参与竞拍者包括 65 名村民和 5 名农业经营组织的法人代表，他们是经过沁阳市土地流转中心严格考核的，均具有进行规模性承包土地生产的能力。据参加了当日竞拍过程的人士介绍，拍卖现场气氛火爆，竞拍者对参与拍卖的土地经营权表达了充分兴趣。

河南省社会科学院工业经济研究所副所长樊万选告诉记者："这种引入市场化机制，推动农村土地流转，进行公开拍卖和竞争性谈判的方式，在河南是第一次，在全国亦是第一次。"

《中国经济周刊》在沁阳市采访中了解到，该市农村土地流转涉及 12 个乡镇（办事处）162 个村 8500 农户，流转面积累计达 20 平方千米，占全市耕地的 7.13%。当天，涉及该市 11 个乡（镇）、17 个行政村的 22 001.474 平方千米土地承包经营权交易成功。正是出于促进已经广泛存在的农村土地的自发性流转的高效、公平、公开的流转的考虑，沁阳市开始尝试通过政府的组织，并充分考虑农民意愿的情况下，搭建农村土地公开拍卖经营权平台的尝试。

从 2008 年 5 月开始，沁阳陆续成立的市、乡、村三级土地流转服务中心为开展这一流转方式提供了可能。该中心的职能包括：负责建立全市农村土地流转信息平台，收集发布农村土地流转的有关信息；深入开展农村土地流转有关问题调研，及时提出对策建议等。通过土地流转服务中心的三级服务体系，村民和农业经营组织法人代表能全面了解出让土地的各种信息，及时作出有效的投入和产出评估，为公开竞拍掌握第一手资料。在这期间，沁阳市还制定了《沁阳市农村土地承包经营权公开竞拍和竞争谈判暂行办法》，明确了保证农业用地用途不变的情况下推动土地流转的原则。"沁阳市积极建设农村土地流转三级服务平台，大胆推进农村土地经营权公开拍卖，就是为了保障土地流转的高效、公平、公正、公开，维护国家、集体、农民三方面的利益。"沁阳市市长陈敬如向《中国经济周刊》坦言，沁阳市的农村土地流转，刚开始时大部分为农民之间的自发性流转。"由于不规范，也给稳定社会与农业生产带来了一定的隐患"。

土地流转以后，具体的集约化和规模化经营模式成为关键。对此，在沁阳市所推出的多个土地流转的典型中，该市紫陵镇西紫陵村的"家庭承包制＋专业合作社"模式引起了外界的关注。2007年9月份，紫陵镇西紫陵村以"空心村"治理中获得的0.18平方千米土地为试点，采取农民土地入股的形式，组建农业专业合作社，尝试开展土地集约化经营。

西紫陵村位于沁阳市西北部，共有550户2300口人，耕地1.273平方千米。由于历史原因，在该村东南侧形成了一块0.18平方千米的"空心村"。该"空心村"共涉及176户，房屋500余间，建筑面积5000余平方米。长期以来，这片土地除了少数几户用于居住外，一直处于闲置状态，未给村民带来任何经济效益，造成了土地资源的浪费。2007年3月，该村在争取到了国家的土地整理开发项目的资金支持后，同年8月，开始对该区块的0.18平方千米"空心村"进行复耕。但是，通过整理获得的0.18平方千米土地，给该村带来了新的问题。如果将其平均分配，每个人分到的地很少，不便于耕作；如果将全村的土地重新调整不仅违反《土地承包法》的规定，而且工作难度和工作量都比较大。于是，该村决定以复耕的0.18平方千米土地作为试点，鼓励农民以土地入股的形式，注册成立农业专业合作社，带领农民走集约化经营之路，以点带面推动农村土地的快速流转。

2007年9月，投资20万元的"沁阳市开源农业合作社"注册成立，拟以复垦出来的 0.18 平方千米土地为依托，从事种植、养殖结合的立体式生态农业生产。为了鼓励村民入股，该村承诺，如果农民以复耕后得到的土地为股份加入合作社，参与农业产业化生产的，则每平方千米地每年将得到 149 253 元的收益。同时规定，本村村民可优先进入开源农业合作社打工，按照技术水平、出勤天数每月领取工资。在这些鼓励条件下，全村群众都自愿加入到了合作社中。

不过，沁阳市的土地流转在行进之中，也面临着诸多挑战。

"土地流转以后，发展高效农业，精耕细作，达到高产高效，这是土地流转的意义所在。如果只搞粗放的规模化，意义不大。"河南省社会科学院工业经济研究所副所长樊万选向《中国经济周刊》记者坦言。

而对于未来能否通过规模化经营提高收益，张小随亦有些迷茫，"今年只种了冬小麦，本想在麦地里套种冬瓜、红薯或其他经济作物，但自己没有技术，现在只能走一步看一步了。""俺合作社面临的困难主要是资金不足，东方红四轮拖拉机需要六台，每台大概 1.3 万元，现在俺的钱只能买两台，机械化耕作不能保证。"沁阳市金盛和农业专业合作社法定代表人靳应棋坦陈，"目前合作社融资渠道比较单一，大部分资金是向亲戚借的，贷款的利息太高。"对此，樊万选认为，"现阶段，政府能否对专业合作社在财政补贴、金融支持、减免税费等方面给予支持非常关键，否则现代农业很难发展起来。"曾专门跑到北京大学进修一年的西万村党总支书记、村委会主任董小柱对于农业产业化的重要性亦深有感触，"农村经济要发展，不能仅仅依靠粗放的规模化种植，还要根据农村的特点，搞农产品深加工，发展循环农业经济，走农业产业化的道路。利用好自身的农业资源，自己养活自己，要学会自己造血，不能光靠输血。"

《中国经济周刊》记者在采访中发现，土地流转的各方也正在努力地扮演好自己的角色。沁阳市西向四街村在土地流转以后，相关人员专门聘请了河南农业大学教授崔党群为指导，进行规模化经营，不仅建成了"千平方千米高产示范区"，还与沁阳市种子公司联建了"种子培训基地"。而在沁阳市农业局等部门的积极组织下，该市也成立了60多个农机合作社，专门为农业生产大户提供一条龙服务，解决机械化耕作不能保证的难题。

第二节　信阳市农地流转情况与成效

为了全面了解和掌握当前信阳市农村土地流转现状，及时发现存在困难和问题，研究探索推动农村土地流转的对策措施，促进土地流转健康有序规范运行，服务农村改革发展综合试验区建设。信阳市人大常委会组织市直单位相关人员组成调研组，陆续深入部分县区，对全市农村土地经营权流转情况进行了专题调研。

一、信阳市农村土地流转的特点

（一）土地流转面积迅速增长，流转规模不断扩大，流转进程不断加快

2008年年底全市耕地流转面积734平方千米，占耕地总面积的13.25%。截至2009年6月30日，全市耕地流转面积扩大到1261平方千米，占耕地总面积的22%，提高了近9个百分点。主要原因是该市大力发展农村第二产业和第三产业，劳务输出的力度不断加大，非农化进程加快，解放了大量农村劳动力，为土地集中奠定了基础。

（二）流转形式以转包出租为主，流转对象多元化

土地以转包形式流转的面积为11.96万平方千米，出租形

式流转的为334平方千米，以这两种形式流转的土地面积为414平方千米，占土地流转总面积的39%。从土地流转对象上看，流转给专业大户（50平方千米以上）经营的面积为496平方千米，占耕地流转面积的39.3%；流转给企业经营的面积为94平方千米，占耕地流转面积的7.45%；流转给农民专业合作社的面积为101平方千米，占耕地流转面积的8.01%。

（三）土地流转模式不断创新，典型带动作用凸显

一是种养大户承包型。种养大户通过租赁、互换、转包等形式承接农户土地，进行规模种养，带动特色农产品和土地规模化经营双向发展。二是农民专业合作社带动型。通过合作社承包土地，建立生产基地，形成合作社＋基地的产业化经营模式。三是龙头企业租用型。以主导产业为依托，培育和发展了一批农业产业化龙头企业集群，通过建立特色农产品基地，兼并土地，引领农户进行有方向性的流转。

（四）政府引导作用彰显，流转程序逐步规范

各县区政府高度重视土地流转工作，充分利用广播、电视、报刊等形式，广泛宣传农村土地承包的相关政策法律，引导农民在政策法律框架内进行土地流转。各县区从搭建流转平台入手，规范土地流转程序。县、乡、村土地流转服务机构组织健全、设施配套、各司其职，负责本地土地流转政策的宣传、咨询，信息的收集、整理、反馈，指导土地流转双方依法签订合同，监督承包户经营情况，管理土地流转合同及档案等多项职责，保证了土地在流转过程中坚持严格的耕地保护制度和最严格的节约用地制度。

总之，在当前该市创新农村土地流转的体制机制的进程中，各县区均进行了有益的探索。但从总体上看，农村土地的改革还是明显落后现代农业的发展要求。表现在土地流转行为不规范；土地流转规模小、流转的市场机制尚未形成；缺少具体政

策的指导，政府的扶持力度不够；配套社会保障机制不健全；产业格局不理想，产业链条短等方面。因此，在现阶段认真研究该市农村土地流转进程中存在的问题，寻找并建立起新的土地经营管理机制，对解放和发展农村生产力，全面推进农村改革发展综合试验区各项建设，具有重要的现实意义。为推动全市农村土地流转，提出以下政策建议：

二、信阳市农村土地流转成就及经验

（一）用活政策，在创新流转体制上谋求新突破

1. 倡导股份制

农民将土地承包经营权以货币形式量化入股，组建土地股份合作社。一是合作社本身不直接经营产业，农民以土地承包经营权和资本共同入股，将土地出租给其他农业经济组织经营，入股农民保底分红；二是合作社直接经营，由合作社按统一经营、联产计酬经营方式开展生产经营活动，以发展特色高效农业为抓手，把分散的农户组织起来，分散的作业统一起来，分散的经营联合起来，实现现代农业的集约化和规模化经营；三是合作社参股到龙头企业经营。合作社通过经营土地所获取的收益，除去必要的开支和章程规定留存的积累外，其余全部按农户入股股份进行分红。

2. 支持租赁制

农户将承包土地经营权出租给专业大户，龙头企业等产业经营业主，出租后原承包关系不变，承租方按租赁合同约定定期向出租方支付土地租金，对承包户负责。

3. 允许多形式

一是互换。互换可以打破村组界限，跨村跨组互换承包地块，使土地"化零为整"，为实施机械化规模经营打下基础，既可以产生更大的经济效益，又可以解放更多的劳动力。二是转

让。对有稳定非农职业收入来源的农户，鼓励其将部分或全部土地承包经营权有偿转让给经营大户、龙头企业。三是置换。鼓励长期外出并有稳定固定职业和固定住所的农民，自愿永久放弃承包土地及宅基地，探索在产业园区、城镇郊区范围内开展以"承包地换社保、宅基地换住房"试点，按照承包责任制不变、可耕种土地不减、尊重农民自愿的原则，高水平规划富有特色和宜居的农民新村，农民自愿以其宅基地，按照规定的置换标准换取一套住房。这样可以快速完成宅基地换房，使农村土地进一步集中，土地流转有了更大的发展空间。

（二）大胆实践，谋求政策扶持新突破

1. 积极吸纳各类资本

一方面力争政府财政在每年财政预算中，安排一定数量的资金设立土地流转专项基金，重点用于改善流转土地规模经营的基础设施，完善土地流转信息网络，鼓励农民土地流转和培育规模经营大户。对于土地流转面积一定规模的，由县级立项并给予项目资金奖励扶助。对于整组、整村进行土地流转的，政府可按不同标准奖励集体经济组织。另一方面，像信阳市这样一个经济欠发达的地区，单纯依赖国家和地方财政给付是不现实的。因此，在现有条件下实现农村改革发展的目标，就必须挖掘民间资本的潜力。政府要鼓励有条件的农民群众成立资金互助合作社，引导社会闲散资金入股，解决农民创业的融资难题；要积极联系本地在外成功人士，把握他们返乡创业的心理动态，打出亲情牌，营造浓厚的回乡创业氛围，增强他们的投资愿望、投资意识和为家乡发展做贡献的荣誉感。要搞好宣传工作，对返乡创业的人士，要出台奖励优惠措施，在土地、资金、信贷等各方面给予扶持，激发广大在外成功人士返乡参与发展特色高效农业的热情。

2. 实行农业项目和基础设施优先投入政策

政府要整合农业、国土、财政、水利等部门资源，加大农村基础设施建设投入，通过国土整治和农田水利等项目建设，使小田变大田，坡田变梯田，提高耕地质量，增加有效耕地面积，调整优化土地利用结构和布局。以实施农业综合开发、土地整理项目为契机，加强交通、水利、电力等基础设施建设，建设一批树成行、地成方、田间道路和排灌沟渠齐全的农业生产基地，为土地大规模流转，吸引社会投资和产业开发创造优越的基础条件。农村土地整理、标准农田建设、特色农业产业基地建设、高效产业园区、农业综合开发、农用机械补助等涉农项目，要尽可能与土地流转经营相结合，优先安排项目资金。

3. 围绕土地流转建立现代农村金融制度

广大金融机构之所以不愿对农村和农民发放贷款，主要原因是出于对贷款安全的担忧。因为农业自身的特点决定了这一产业的风险比较大，而农民又缺少符合抵押条件的财产来作为贷款的担保。确权颁证使农民的土地承包权或使用权具备了充当抵押物的条件，这将消除阻碍农村金融发展的最大障碍，吸引更多的金融机构到农村去提供融资及各项金融服务。所以，政府要抓紧对土地、林地、滩涂等生产资料进行确权颁证，并建立有序规范的土地流转市场，研究探索土地承包经营权、林权、房产成为银行抵押物的途径和方法，建立一套完善的机制，让土地流转撬动农村亿万元资产，激活农民手中最大的资本。各金融机构和财政担保公司要探索试行土地经营权作为贷款抵押的具体实施方法，支持具备条件的规模经营主体利用法律法规未禁止的其他方式，开展直接融资。对规模经营主体用于添置和更新机耕设备、扩大生产经营的贷款，财政可给予适当比例的贴息。

4. 加大科技支撑力度

对流入土地一定规模以上的龙头企业、专业大户或各类农民专业合作社，农业、科技部门应争取选派专业对口的科技人员，实行"一帮一"的技术服务或科技承包；鼓励支持更多的专业技术人员积极参加各类业主的招聘，原有身份待遇不变，有突出贡献的另行奖励。科研单位和科技人员也可以采取创办、参股等多种形式，依靠种子和科技优势，积极吸纳带动农民或土地入社。在发展壮大农民专业合作社、促进农民增收的同时推动土地流转。

5. 大力培育经营主体

首先，土地流转要与农民专业合作社发展相结合。农民专业合作社作为一个新兴的经济实体，能够对土地流转行为实行规范化、程序化操作。农民专业合作社与土地流转是孪生兄弟，相互联系、相互发展，没有连片的土地经营，农民专业合作社无法发展壮大。农民可以以土地为资本，灵活运用土地流转的五种形式，采取入股、互换等多种形式加入各类农民专业合作社，推动土地流转。农民专业合作社也可以通过流转的土地，实施规模化生产经营，使合作社自身得到不断发展壮大。所以，政府要从规范、引导农民专业合作社发展入手，探索出一条以农民专业合作社为桥梁，农户自愿互利、多种形式流转土地的新模式，盘活土地流转这盘棋。其次，土地流转要与培养农民企业家、农村能人相结合。农民专业合作社不仅是农民公司，也是提高农民素质的大学校。所以，要依托承包土地的农民专业合作社等各类经济实体，大面积普及农业科技，培养农民企业家、能人大户和有知识、懂技术、会经营的职业农民；要大量吸纳大学生加入合作社，在生产实践中培养农业科技人才；要鼓励工商业投资农业，鼓励成功人士兴办家庭农场，通过土地流转培育和造就更多的大农场主、农民企业家。同时，政府要为创业者解决规模经营难题，使之成为农村生产力发展的一支生力军，推动农村生产力发展。

6. 建立现代农业生产经营体系

农户小规模生产与农业市场化矛盾日趋尖锐，同一种植区域内甚至同一块田内种植不同的农作物品种，难以保证农产品质量，导致经济效益低下。只有土地流转才能实现农作物规模种植，推进农业结构升级。一是流转后形成的规模化土地，必须依靠现代农业科技手段组织生产经营，才能产生最大的效益。要利用土地规模化经营，催生一批有优势、有规模、有特色的高科技示范园和现代农村服务组织，开展农业先进技术集成示范。从良种选育、高效安全生产、贮藏加工等各个环节开展农业产业化技术创新，实现生产技术集约化、生产过程机械化、农产品销售信息化。二是土地流转后要实施农业技术大面积推广应用和农业机械化作业、集约化生产。政府要大力培育社会化服务体系，尤其是搞好机械化插秧、信息化技术提供、优良品种推广等服务，这样才能有效降低成本，提高农业效益，调动农民和各类资本投资农业的积极性，为土地流转提供稳定的支撑。三是以土地流转推动农业产业化升级。政府要通过联合招商、公开招标等形式将土地流转到农民经济合作组织、能人大户以及其他经济科技实体手中，培育出农业产业化龙头企业、各种特色农业示范基地和高科技示范园区，以土地流转加速农业产业结构升级，实现本地特色农业规模发展。

7. 实行用地倾斜政策

在符合土地利用总体规划的前提下，各类规模经营主体发展特色高效农业，需要建造与之配套的圈舍、简易仓储、晒场及临时办公用房等相关用地，按不超过流转面积8%的临时用地手续报批，经营业主应与土地主管部门签订复垦协议，按农业用地对待。政府各职能部门之间要加强沟通，特别是要与国土部门这样的土地执法机构搞好协调。在牵涉到农业发展用地的具体事宜上，政府相关职能部门要与国土部门实现对接，搞好政策咨询，避免部门间的政策发生冲突。政府可责成国土部门向土地、林权流转和金融服务中心派驻工作人员，组成相互联络的工作机构，这就便于政府有关部门及广大农民群众咨询土地的各项法规政策，在具体事务上得到帮助和指导，确保土地流转及承包经营合法。

8. 探索政策性农业保险

积极创造条件，按照"政策性保险、商业化运作"的方式，充分利用现有商业保险公司资源，优先在土地规模经营主体中开展农业政策性保险，各级政府可给予保费补助，并及时提供气候信息、市场信息、重大病虫害预防信息，尽可能规避或降低农业生产风险。

（三）把握重点，谋求规范管理新突破

1. 积极培育农村土地流转市场

一是逐步建立农村土地流转信息网络。以村组为单位，把农村土地承包情况、流转情况、农村劳动力情况等资料进行全面统计，逐级上报汇总，实行年报制度。有条件的地方，逐步实行微机化联网管理，实行信息资源共享。二是建立科学的农地评定、评估体系，合理评价农村土地价值，保护农民土地流转的收益。三是有条件的地方成立市场化运作的土地流转中介服务组织。以市场为导向，自负盈亏，自主服务，解决土地供需双方因不能及时沟通而使流转受阻的矛盾，收集统计土地流转的供需和市场价格等信息资料，使农户和有意投资农业的经营者能及时、准确地获得可靠信息，提高土地流转交易的成功率，降低流转交易成本。

2. 建立农村土地流转服务体系

县级农村经济管理部门要成立农村土地流转管理办公室，负责土地流转的政策研究，方案制订和业务指导等工作。乡镇以农村经济管理机构为依托，成立农村土地流转服务中心，负责农村土地流转的政策咨询，贯彻落实土地流转政策，指导流转双方签订土地流转合同，办理土地流转合同的鉴证，对土地流转纠纷进行调解仲裁，以及对土地流转合同的登记、变更等情况进行备案。村级成立土地流转服务站，由村报账员兼任土地流转信息员，及时掌握村组农户土地流转的意愿，提供规范的土地流转合同文本和土地承包经营权流转的信息，协调土地经营权流转双方的利益，督促依法签订流转合同，调解土地流转中出现的矛盾和纠纷，对土地流转情况进行登记，及时向乡镇农村土地流转服务中心提供土地流转动态情况。

3. 建立土地流转纠纷调处仲裁机制

县级土地流转服务中心要成立土地流转仲裁机构，根据《农村土地承包经营权纠纷调解仲裁法》，开展农村土地承包纠纷仲裁工作，采取协商、调解、仲裁、诉讼等多种形式，依法调解农村土地承包经营纠纷。调解不服的，由县级农业行政主管部门仲裁，也可直接向人民法院起诉，确保土地流转在法律框架下依法有序进行。

4. 加大就业培训力度

只有加快农村劳动力转移，才能为土地流转创造良好的外部条件。因此，要建立以政府为主导，社会中介为补充的农村劳动力就业服务体系，形成多形式、多层次、有保障的劳务输出格局。通过大力发展各类农民专业合作社，放手发展农村第二产业、第三产业和个体私营经济，吸纳农民就业，完成传统农民向工人、合作社社员和其他角色的转变，实现劳动力就地转移。同时，要以广泛施行农村劳动力转移培训，提高劳动力素质，增强农村劳动力就业层次为依托，多方联动加速农村劳动力向外转移的步伐，让大量的农村劳动力能够出得去、留得下、挣到钱。这样才能使农民破除传统思想，摆脱土地束缚，集中精力外出务工，进而带动土地流转，得到土地流转收益和外出务工双重收入，实现农业发展和农民增收的目标。

第三节　郑州市农地流转情况与成效

为全面贯彻落实党的十七届三中全会精神，掌握郑州市农村土地承包经营权流转情况，积极探索建立健全农村土地承包经营权流转市场，促进和规范农村土地承包经营权流转，郑州市农业局到中牟县、巩义市、金水区、管城区等地进行了调研。

一、土地流转的情况与特点

郑州市的农村土地流转，进入 21 世纪后在各地逐步开始，近几年速度加快。截至 2008 年 6 月底，全市流转面积达 87 平方千米，占全市耕地总面积的 2.9%，流转出土地的农户数达 3.7万户，占总户数的 3.8%。主要呈现以下几个特点：

（一）土地流转规模不断扩大

2007 年全市农村土地流转面积与 2005 年相比，增加了 35平方千米，两年内增长了 68.3%。流转面积最多的巩义市，土地流转率已达到 10% 以上。

（二）土地流转期限逐渐延长

2005 年土地流转期限 10 年（含 10 年）以上的有 29 平方千米，占流转面积的 56%；2007 年土地流转期限为 10 年（含 10年）以上的有 55 平方千米，占流转面积的 63.4%。

（三）乡村组织牵头流转土地所占比重增加

2005 年，通过乡村两级（作为流转中介）组织流转土地的面积只有 22 平方千米，占流转面积的 44%，而到了 2007 年已达到 47 平方千米，占流转面积的 54%。

（四）土地流入经营组织的面积比重增加

2005 年全市农村土地流转入农业企业、合作社等经营组织的面积占流转面积的比重为 43.8%，2007 年达到 44.6%。

二、土地流转的初步成效

（一）促进了农业结构的调整和农业规模化、标准化、产业化经营

郑州市农村土地承包经营权的流转，直接推动了农业结构调整和农业产业化经营。如巩义市康店镇 6 万平方千米旱岭地，土地贫瘠，以种植小麦为主，土地流转后，种植品种全部调整为小杂果和经济作物，土地受让方由 280 个种植大户和农业企业组成，种植 100 平方千米至 1200 平方千米的大户和企业达 17 户。

（二）促进了高新技术的应用和现代农业的发展

农村土地流转后，不仅促进了农业适度规模经营，而且促进了农村土地向懂科技、会经营的种养大户和农业企业集中，优化了农村土地资源配置，加快了农业高新技术的推广应用，推进了现代农业建设。如巩义汇鑫高效农业示范园区，租用当地农户土地 1500 多平方千米，引进种植"新、特、名、优"果树品种 380 多个，各种花卉苗木品种 460 多个，每平方千米平均收益达到 2 万多元，比土地流转前高数倍。

（三）促进了农村劳动力的转移，增加了农民收入

农村土地流转后，促进了农村劳动力的转移，拓宽了农民的增收渠道，增加了农民的非农收入。如新密市曲梁乡五虎庙村马家北居民组和马家南村民组 78 户农民，将 422.15 平方千米耕地出租给苗木场，流转户除每年得到流转收益外，还可以在苗木场打工，农户收入比流转前增加了一倍多。

（四）促进了农业招商引资，推动了新农村建设

农村土地流转后，一方面为发展农业企业提供了土地这个必要条件；另一方面具备了进行规模经营的条件，同时企业可以自主选择较长时间的经营期限。如荥阳市贾峪镇洞林湖周围的洞林寺、邢村等5个行政村，将土地流转给河南新田置业有限公司后，公司对洞林湖进行整体规划，大力发展现代生态农业，预计用5~8年时间，投资近50亿元，把洞林湖周围农村打造成一个自然、生态的田园城镇，开辟了一条新农村建设的新路子。

三、影响土地流转的主要问题

调研中发现郑州市土地流转中还存在一些矛盾和问题：一是土地流转率低，当前仅为2.9%。二是指导和管理机构不健全，缺少专门机构和专职人员。三是土地流转不规范，如有的土地流转没有登记备案；有的集体土地和"四荒地"未经民主讨论，村组干部擅自做主进行流转；有的受让方擅自改变土地农业用途；有的土地流转合同没有使用全省统一的合同文本，或者合同没有经过公证机关公证，内容不完整，甚至与政策规定相抵触，以致产生纠纷等。四是农业产业发展动力不足，缺少对土地流转的拉动。五是农民非农就业较少，农村社会保障制度不完善，农民对土地的依赖性还比较强。

四、启示与建议

农村土地承包经营权流转涉及面广，政策性强，直接关系到广大农民和各类经营主体的切身利益和农村改革、发展、稳定的大局。党的十七届三中全会明确指出："完善土地承包经营权权能，依法保障农民对承包土地的占有、使用、收益等权利。加强土地承包经营权流转管理和服务，建立健全土地承包经营

权流转市场，按照依法自愿有偿原则，允许农民以转包、出租、互换、转让、股份合作等形式流转土地承包经营权，发展多种形式的适度规模经营。有条件的地方可以发展专业大户、家庭农场、农民专业合作社等规模经营主体。土地承包经营权流转，不得改变土地集体所有性质，不得改变土地用途，不得损害农民土地承包权益。"按照中央要求，结合郑州市的实际，当前应做好以下工作：

（一）广泛宣传发动，引导土地流转

加大舆论宣传力度，充分利用广播、电视以及网络等媒体开展各种形式的宣传，让广大农户充分领会中央政策，帮助他们开阔视野，逐步消除传统思想观念的束缚。坚持规划引导、典型引路、效益引领，因地制宜，因势利导，积极引导土地流转。及时总结和推广土地流转好的做法和经验，稳妥解决土地承包经营权流转中出现的问题。

（二）壮大农业产业，促进土地流转

鼓励现有的农业企业和农村种养大户进一步扩大经营规模。积极发展"一村一品"特色产业。制定优惠政策，吸引各种社会资金投资农业。鼓励多类经营主体参与土地流转。鼓励各类工商企业、农业科研机构、社会能人、城镇居民等带项目、带技术、带资金到农村与农民联合兴办农业企业。鼓励"公司＋基地＋农户"、"公司＋合作社＋农户"等形式发展产业化经营。积极发展农村土地流转合作社，作为经营主体促进土地流转。

（三）积极创造条件，鼓励土地流转

一是大力扶持发展农村第二产业和第三产业，增加农民非农收入；二是加快小城镇建设；三是建立健全城乡统一的劳动力市场，增加农村劳动力在城镇就业的机会；四要积极发展劳务输出；五是广泛宣传农村土地流转政策，让农民懂得土地流转后，自己既能全额得到国家种粮补贴，又能获得一定的流转收益，同时还拥有土地承包经营权。

（四）加大扶持力度，支持土地流转

一是政府财政每年应安排一定额度的土地流转规模经营专项资金，对利用流转土地开展规模经营的农业企业、专业合作社、种养大户等进行奖励；二是政府财政可对规模经营中的基础设施建设和高新技术推广进行补贴；三是可在经营主体办理农业保险时，给予一定的保费补贴；四是加大对土地出让方的财政扶持力度。财政对自愿流转土地的农民在办理养老保险、医疗保险方面如何进行扶持要进行积极研究探索。

（五）建立流转市场，规范土地流转

目前重点是建立健全县、乡两级农村土地流转服务中心，逐步建立起村级土地流转服务站，搭建土地流转服务平台，畅通土地流转信息渠道。同时，建立健全土地流转制度和工作流程。如备案登记、资格审查、信息报送发布、合同管理和鉴证、收益评估、档案管理、服务承诺、投诉举报、流转主体预审申报以及工作例会等制度，加强规范管理和服务。

（六）加强组织领导，推动土地流转

各级、各部门要从战略和全局的高度充分认识加快土地流转的重要性，进一步增强责任感和紧迫感，建立严格的目标管理责任制，大力推进土地流转工作。市、县、乡要建立健全领导机构，加强对土地流转工作的指导和管理。要加强对土地流转的政策研究，坚持土地所有权不变、承包权不变、农民权益不减，按照有偿、自愿、合法、规范的原则，尽快出台符合实际的土地流转办法，加快土地流转步伐，推动土地有序流转。

第四节　商城县达权店乡农地流转的具体做法

河南省商城县达权店乡总面积 153.6 平方千米，其中耕地面积 9.2 平方千米，山林面积 120 平方千米，辖 22 个行政村，291 个村民组，3.4 万人，2008 年农民人均纯收入 3936 元。

近年来，随着市场化、工业化迅速发展和城市化进程的快速推进，该乡大量的农村劳动力转向第二产业和第三产业，农村土地出现了闲置抛荒现象，农户间的土地自发流转十分频繁，并且规模越来越大。面对这一现状，乡党委、政府审时度势、出台政策、因势利导，成立了土地流转交易大厅，探索出了一条促进农村土地流转规范化、制度化的新路子。截至目前，全乡土地流转总面积 1.6 平方千米，占全乡耕地面积的 17%。

一、解放思想，统一认识，推进土地流转

达权店乡高度重视土地流转工作，试验区建设活动开展后，乡党委、政府把土地流转工作列入"八篇文章"推进工程之一，并把它作为该乡现代农业发展高位突破的一项重要举措来抓。

（一）建立组织，加强领导

成立了由书记任组长，乡长、分管土地的副乡长为副组长，相关部门为成员的土地流转工作领导小组，同时成立了由分管领导兼任中心主任的土地流转中心，配备了 10 名专职工作员；各村也都相应成立了工作班子和土地流转站，配备了 2 名土地流转信息员，为做好土地流转工作提供了组织保障。

（二）做好宣传，积极引导

在推进土地流转过程中，达权店乡发现少数农户对流转收入持无所谓态度而不愿意流转，部分农户担心政策变化，怕流

转以后失去土地，部分外出务工人员无法取得联系。为消除顾虑，充分调动农户流转的积极性，充分利用标语、广播等宣传形式，加大对农村土地承包、依法流转的政策宣传，提高乡村干部对土地流转工作的认识，让农民认清开展土地流转的实际好处，彻底打消农民的后顾之忧。

（三）强化考核，促进落实

出台了《达权店乡农村土地承包经营权流转工作考核办法》，把土地流转工作列入对各村年终责任制考核内容，从土地流转管理服务和土地流转实绩两个方面进行全面考核，兑现奖励政策，促进了流转工作的责任落实。

二、出台政策，加大扶持，鼓励土地流转

一是出台指导价。全乡统一印发了《农村土地承包经营权出租合同》，规范了流转合同；制定《达权店乡土地流转规范化操作指南》，规范了工作程序；制定全乡土地流转最低指导价，一类田为 400 元/平方千米，二类田为 300 元/平方千米，荒山、荒坡、荒地为 200 元/平方千米，对流转期限较长的，提倡分期付款和按实物折价方式结算。坚持公开流转，乡村集中连片流转的，要求采用向社会公开招投标方式流转，体现公平、公正、公开。二是出台奖励办法。对当年新增连片规模流转土地在 50 平方千米以上，流转期限在 5 年以上按实际流转面积，乡财政一次性给予流出户每平方千米 200 元的资金补助，给予所属村每平方千米 60 元的奖励。与此同时，各村对流出户也相应配套了每平方千米 100～200 元不等的资金补助。

三、建立平台，抓好服务，规范土地流转

（一）收集情况，摸清家底

全面收集、调查和掌握乡内尤其是全家外出和因劳动力不足的土地资源状况，摸清底数，切实了解农户、业主的土地流转意愿，宣传农村土地流转政策。

（二）整理分类，灵活多样

在流转过程中，针对农户不同情况，灵活采用互换、转包、出租、转让、委托代理等土地流转形式，实施分类指导。对常年外出人员比较多的村，主要采用转包和出租的形式，经发包方同意，将土地流转给种植大户或发展农业范围区；对农户不愿耕种的边远次地，在农户自愿的前提下，由村委会组织，用委托代理的形式，将土地流转给种植大户发展规模经营或创办农业示范园区；对自愿放弃土地承包经营权或全家迁往城市的农户，主要采取转让的方式，转让给其他农户经营，优先解决人多地少的用地问题；对地块零散的农户，利用互换的形式，将土地并成大块，方便机械耕作。

（三）牵线搭桥，发布信息

对收集到的土地资源信息及农户、业主流转意愿进行分类，通过整理后录入相关账簿，利用土地流转信息发布栏、网络等平台发布土地流转信息，实现信息对接。

（四）指导签约，中介服务

评估土地价格，搭建流转平台，核实主体资质和流转内容，提供规范文本，宣传流转法规。

（五）调解纠纷，维护权利

建立土地纠纷调解制度，充分发挥乡、村两级调解组织的职能作用，切实维护双方的合法权益，把矛盾消化在基层。

四、规章立制，有序操作，规范土地流转

建立"一栏三簿六制度"。

"一栏"：在显要位置设置农村土地流转信息发布栏，公布需要流出流入土地数量、价格、期限等。

"三簿"：《农村土地流出意向登记簿》、《农村土地流入意向登记簿》、《农村土地流转台账簿》。全面掌握农村土地流出动态情况和需要流出流入数量，为农村土地流转管理和进入市场提供可靠的信息。

"六制度"：

（1）岗位责任制度。负责本单位土地流转工作的目标、任务及实现目标的措施并组织实施，完成上级交办的任务。

（2）信息发布制度。定点收集、定期发布、定时上报土地流转信息；及时更新信息发布栏内容；指导、培训村级信息员，及时采集信息资源，扩大信息服务功能。

（3）备案审查制度。加强对土地流转合法性的审查，把好政策关口。明确审查和调查核实的方法、原则，保证流转程序和内容真实、完整、合法有效。对申请合同鉴证的，依法鉴证。

（4）档案管理制度。根据档案法规要求，将合同、协议书、流转台账、会议记录等档案材料按顺序装订成册，编好序号放入专门的档案柜中保存，专人管理。

（5）调解仲裁制度。落实乡村级调解人职责，调解的程序、调解时限，及时调查和调处矛盾纠纷，把矛盾消化在萌芽状态，提高调处质量和调处效果。

（6）风险预警制度。对大户业主、企业进行跟踪管理，随时掌握土地流转后的生产经营、双方履约状况，建立预案，发现问题，及时预警，妥善处理。

五、抓点示范，探索模式，带动土地流转

为有效指导全乡土地流转，达权店乡在经济较为发达、土地流转充分的塘畈、汪埠、石船3个村先行开展试点。塘畈村张学富等5位农民把本村3个村民组260多平方千米农田以每平方千米400元的租金租了下来，从土地中解放出来的110多名劳

动力参加了本村组建的建筑劳务公司，年收入 2 万多元。汪埠村利用 2008 年实施的 220 平方千米集体土地整理项目，以每平方千米 200 元的价格进行集体土地流转试点，实现了村集体和承包大户"双赢"。石船村是个劳务大村，全家外出户占全村总户数的 75%，该村采取分户转包的方式进行，使撂荒问题得到有效解决。

六、破解难题，总结经验，土地流转作用大

土地流转在发展现代农业中的作用，可集中概括为"两加快两提高"：

（1）加快了劳务经济的发展。通过土地流转，使该乡外出务工经商农民签订土地流转合同 260 份，涉及流转土地面积 2400 平方千米，使他们能够安心在外务工经商，解除了他们的后顾之忧，促进了全乡劳务经济的快速发展。

（2）加快了农业结构调整步伐。全乡通过土地流转，实现农村土地的有序流动，极大地促进了全乡各类农业示范园区的建设，石船农业示范园、果老食用菌示范园、福源茶叶示范园等 7 个农业示范园的建成，对全乡农业产生了强大的辐射带动作用，加快了全乡农业结构调整步伐。一大批有技术、有经验能力的农民通过土地流转初步实现了规模经营，涌现出一大批农业产业经营大户。

（3）提高了农业生产的投入。通过土地流转形成一定规模后，示范园和经营大户加大了对农业的投入力度，多方筹集资金购买农机、打井、修塘、埋设防渗管道，引进新的生产技术和优良品种，极大地提高了农业生产效益。

（4）提高了土地利用率。乡村土地流转服务机构充分发挥中介服务和管理职能，多渠道给农民提供土地流转信息，积极引导流转双方签订土地流转合同，解决了外出务工农民和人少

地多户的土地弃耕撂荒问题。

通过全乡上下的共同努力，达权店乡土地流转工作取得了明显实效，有力地推进了农业的规模经营，促进了现代农业发展，初步形成了粮食和经济作物等特色产业基地和种植区。

第五节　焦作市农地流转调研报告

在稳定家庭经营承包责任制的基础上，积极引导农户土地承包经营权有序流转，大力推进规模经营，对调整农村产业结构、促进劳动力向非农转移、增加农民收入、发展现代农业具有重要作用。近年来，焦作市认真贯彻落实《农村土地承包法》、《农村土地承包经营权流转管理办法》，积极探索并加快了农村土地承包经营权流转步伐，涌现出了沁阳市西万村、孟州市东田丈村、博爱县北里村、武陟县马宣寨村等一批典型，取得了明显的成效。

一、土地流转基本情况

焦作市共有 1827 个行政村，农业人口 241.9 万人，耕地面积 272.9 万平方千米。农村土地经营权流转总面积为 10.2 万平方千米，占家庭承包经营面积的 4.4%；土地流转涉及的农户39 836 户，占农户总数的 6.5%。其中，有 29 处属农民专业合作社牵头，进行土地流转形成规模高效种植面积达 9861 平方千米。土地流转期限在 5 年以下有的 57 370 平方千米，占全市总数的 56.3%；5～10 年的有 10 385 平方千米，占 10.2%。流转方式以转包为主，面积 54 676 平方千米，占 53.6%；出租面积36 215 平方千米，占 35.5%；转让面积 1931 平方千米，占1.9%；互换面积 3513 平方千米，占 3.4%；其他形式流转面积

4956平方千米，占4.9%。

二、主要做法和经验

（一）领导重视，思路明确

2007年以来，针对农村出现的土地流转新态势，该市委、市政府高度重视、因势利导、推广典型、及时规范，力促健康发展。特别是2009年4月7日新华社报道沁阳市西万村土地流转后，市委书记路国贤根据省委徐光春书记、陈全国副书记，省政府刘满仓副省长等领导的重要批示，要求有关部门和各县市区大胆探索，勇于创新，结合实际，加快推进农村土地流转工作。

7月8日，市委召开了由市农业局、林业局、水利局、土地局局长、各县市区委副书记、副县市区长、各乡镇办事处党委书记180人参加的全市土地流转现场会，参观学习了博爱县金城乡北里村、孟州市河雍办事处东田丈村、沁阳市西万镇西万村、沁阳市太行办事处水南关村等先进典型。要求各级党委、政府要切实加强组织领导，形成推动合力，制定配套政策，完善操作方法，积极构建平台，为土地流转提供优质服务。

（二）树立典型，示范引导

该市多次召开会议，对各县区在引导土地流转工作中的好做法进行交流，以充分发挥典型的示范带动作用，推动面上工作的有效开展。一是在村集体经济实力较好的村推广西万村的做法，由村集体兴办龙头企业集中流转土地，发展规模经营；二是在纯粮区树立马宣寨村的典型，由种植大户发起组建合作社，通过合作社统一流转土地；三是在蔬菜种植区树立东田丈村的典型，由村委协助合作社流转土地。

（三）积极培育规模经营主体

对流转土地开展规模经营的龙头企业、农民专业合作社或专业大户，凡面积达到 1000 平方千米、800 平方千米、700 平方千米、600 平方千米的，分别一次性补贴 2 万元、1.5 万元、1 万元、5000 元。博爱县对流转土地 100 平方千米以上连片种菜大户，县财政每平方千米补助 200 元，乡财政补贴 100 元，连续补贴 3 年；新建大拱棚集中连片 20～100 座的，县财政每座补助 200 元。

经过各地的积极探索，特别是随着该市农民专业合作社的蓬勃发展，引领了规模经营的扩大，推动了农村土地承包经营权的较快流转，呈现出有序健康发展的良好势头，促进了农业增效和产业结构升级。

三、土地流转的特点和成效

焦作市土地流转呈现出三个特点：

（一）规模经营主体成为推动土地流转的生力军

由于该市农民专业合作社的快速发展，农民专业合作社这个市场主体牵头流转土地，发展规模化、产业化、集约化经营，成为推动土地流转的重要力量。全市专业合作社土地流转面积达 9861 平方千米。以龙头企业作为土地流转受让方主体的有沁阳市维德生态农业有限公司、温县伟康实业公司等。如沁阳市西万村原 2097 户承包的 2400 平方千米土地流转给维德生态农业公司，提高了土地利用率、产出率和综合效益，推进了农业结构调整，加快了农业产业化进程。

（二）土地流转的区域分布明显

一是县城附近的村土地流转较快。如沁阳市太行办事处水南关村流转土地 580 平方千米；武陟县龙源镇东仲许村流转 200 余平方千米。这些村都在县城周围，第二产业和第三产业发达，农民都愿意将土地转包给专业大户、龙头企业或合作社经营。二是在集约化程度较高，农业结构调整合理，产业链条形成明显，农业标准化基地比较集中的地方土地流转较快。如博爱县蔬菜种植区和沁阳市沿太行山工业集聚区。

（三）流转合同的签订率逐步提高

土地流转初始时农户间自发转包、互换的流转，多数以口头方式达成协议。随后由村集体经济组织协助流转或由合作社、龙头企业牵头流转的，均签订有正式合同，以保障流出方的土地承包经营权收益。近年来由于该市土地流转呈现组织化、规模化发展的良好势头，合同签订率逐步提高，目前已达50%以上。通过土地流转取得了以下明显的成效：

（1）促进了农民增收。从调查的情况看，流出方土地流转后，除国家补贴资金继续享受外，既获得了土地流转费收入，又可以从事其他经营或劳务获得收入。武陟县乔庙乡马宣寨村农民将承包土地流转给禾丰绿色稻米产销合作社后，不仅每平方千米地可以获得800元的稳定收益，还可以通过到合作社或外出务工、从事养殖业增加收入，比土地流出前增长近2倍。

（2）促进规模化、合作化经营，增强农产品市场竞争力。农民专业合作社、龙头企业、专业大户，通过流转获得大量土地实行规模化、产业化经营，产品质量意识、品牌意识、市场开拓意识明显增强，提高了农产品的市场竞争力，取得了较好的经济效益和社会效益。如孟州市东田丈村130户农户把原来由3个村民小组发包到户的150平方千米耕地自愿流转给孟香果蔬专业合作社，实行规模经营发展"四位一体"现代化的半地下标准化设施大棚47个，合作社对外招标承包，承包给本社47户成员，实施黄瓜、苦瓜套种，推进无公害标准化生产，产品由合作社统一收购、包装、销售，产品供不应求，每平方千米纯收入达2万元。

（3）提高了农业经济效益，促进了农民整体素质的提高。土地流转，促进了农村开放，引进外埠资金、人才、技术和管理经验，不仅带动了当地的资源开发，为发展高效农业创造了条件，而且促进了传统农业向现代农业转变，提高了农村经济效益。土地流转后，许多农民可以不离乡到规模经营主体务工获得劳务收入，不仅学到先进的耕作技术、管理经验和引进优良品种、发展高效特色种植业的方法，而且还享受到了调整产业结构、发展设施农业、搞产业化生产经营的成果，增长了知识，提高了素质和科学生产的能力。

四、存在问题和下一步打算

虽然焦作市土地流转已形成一定规模，但仍属于起步阶段。目前存在问题有：

（1）发展不平衡。部分县乡领导认识不足，重视不够，对土地流转缺乏有效的引导和服务，县区之间发展不平衡。

（2）合同管理不到位。前段时间在流转程序、流转方式，流转档案管理等方面缺乏统一规范的程序和规定，使流转操作程序不规范。

（3）土地流转市场和服务机构不健全。除沁阳外大部分县市区尚未建立县、乡、村土地流转服务机构，土地流转信息传递渠道不畅。

尽管存在上述问题，但加快土地承包经营权流转是发展现代农业、增加农民收入、推进城乡一体化的现实需要。在贯彻落实党的十七届三中全会精神中，我们要突出抓好以下几方面的工作：

（1）加大宣传力度，营造舆论氛围。各级政府和有关部门要认真学习党的十七届三中全会关于"加强土地承包经营权流转管理和服务，建立健全土地承包经营权流转市场，按照依法自愿有偿原则允许农民以转包、出租、互换、转让、股份合作等形式流转土地承包经营权，发展多种形式的适度规模经营"

的精神，通过各种途径，加大对《农村土地承包法》、《农村土地承包经营权流转管理办法》等相关法律、法规、政策和农村土地承包经营权流转、规模经营对推动现代农业建设、促进农业增效、农民增收等先进典型和成功经验的宣传，消除基层干部群众的顾虑，形成推进农村土地流转和规模经营的共识和内在动力。相关部门要采取多种形式组织广大基层干部开展农村土地流转有关政策、法律法规知识培训与岗位操作能力培训，切实提高其政策法律水平、业务知识水平和实践操作水平。一方面要鼓励专业大户、龙头企业、农民专业合作社通过土地流转建立农产品生产基地，开展土地规模经营；另一方面要充分利用农村劳动力阳光技能培训，加大对农民的职业教育和技术培训，提高他们的就业技能，拓宽就业门路，促进农村劳动力向非农产业转移，向城镇转移，为农村土地流转和规模经营创造一个稳定有效的条件。

（2）加强组织领导，加大资金扶持力度。一是各级领导要高度重视土地流转工作，把推进农村土地流转作为发展现代农业的首要任务，切实加强对这项工作的领导。二是各级财政要列出专项资金对规模经营主体进行扶持。三是帮助农民读懂政策、算好经济账，进行流转疏导，使其自愿将土地流转给农民专业合作社、龙头企业、专业大户。四是要探索并尽快出台符合该市农村实际的土地流转工作指导意见。

（3）典型示范，分类指导。农村土地流转要典型示范、分类指导、稳步推进。目前该市已经有了依托农民专业合作社进行土地流转、农业产业化龙头企业牵头实现土地流转、专业大户推进土地流转的典型，我们是要对现有的典型进行总结，把农民群众的创造和实践上升到理性认识，在进一步完善流转机制的基础上全面推广。

（4）建立服务机构，培育流转市场。土地流转服务组织在承包方和受让方之间起媒介和桥梁作用。县、乡两级都要建立土地流转服务中心，村要建立土地流转服务站，为土地流转双方提供流转信息、政策咨询、阳光交易、合同签订、纠纷仲裁等方面的优质服务。我们要依托农村土地流转服务中心体系，建立自下而上的农村土地流转信息化网络市场，为土地流转提供信息平台。

第六节　永城市农地流转调研报告

一、永城市农村土地承包经营权流转的现状及特点

随着农村经济不断发展和农民大量外出务工以及中央一系列支农惠农政策出台，永城市部分乡村对土地承包经营权流转进行了尝试和探索，取得了一定成效。呈现出以下特点：

（1）流转数量逐步增加。据统计，永城市现农村土地流转面积约为1.33万平方千米，流转面积有逐年扩大之势。如马桥镇党委政府采取了抓重点、促规模、出效益，建平台、重引导、抓服务，已流转土地3216平方千米，流转面积占全镇总耕地面积的2.7%，涉及农户482户。

（2）流转方式逐步拓展。当前在永城市土地流转形式主要有：一是转包。这种形式占50%以上。一些农户外出打工或经商，把承包地转包给本组的其他农户经营。二是互换。群众为了便于耕种和管理，将各自的承包地块进行互换，将小块地并成大块地。以上传统流转方式占流转总面积的90%以上。此外，永城市群众较欢迎、能接受的一种形式是联合体的方式，即以村为单位，以合作社的形式把农户土地统一组织起来，采取"六统一"的标准进行经营管理。如王集乡成立了金土地专业合

作社，且成效明显。

（3）返乡农民积极参与土地流转。部分外出务工经商致富的农民，返乡投资农业开发，带动了许多农户，推动了土地流转。

二、永城市土地流转取得的成效

（1）推动了劳务经济的发展。土地使用权流转解除了农民的后顾之忧，使农村富余劳动力得以从土地的束缚中解放出来，向非农产业转移，农民从土地流转中得到实惠，并推动了劳务经济的发展。据统计，2007年永城市外出打工收入13亿元，成为农民收入的一个重要来源。

（2）促进了土地规模经营。通过土地流转，土地向大户农业企业集聚，促进了各类农业示范园的建设，建成了一批具有一定规模的农产品生产基地。如茴村乡苗庄村的莴苣生产基地、薛湖镇聂寨村双孢菇生产基地、芒山镇朱厂村的苹果基地等。

（3）改善了农业生产结构。土地流转形成一定规模后，承包人加大投入，优化农业生产结构，提高了农业生产效益。如永城市烟草局干部在马桥镇侯寨村租用1200平方千米种植烟叶，每年纯收入达36万元，再加上套种的大豆等农作物，效益较为可观。

（4）提高了农业科技水平。一些土地流转大户主动与农技部门联系，引进新技术、新品种，改善生产经营方法，提高了经济效益。马牧乡西董楼村已流转土地498平方千米，在村支部书记李金标的带领下，加大科技投入，积极发展生态农业，为推广农业新科技起到了示范作用。

三、当前农村土地流转中存在的主要问题

（1）传统思想观念束缚较大。一是大部分农民对土地流转

有后顾之忧，怕收不到钱，又怕失去土地，恋土情结较重，不愿把承包地流转给他人；二是农闲时从事第二产业和第三产业，兼职从事农业的农户，想留几平方千米土地来补充家庭收入，对土地流转的意愿不强；三是已经脱离农业或长期在外务工经商的农户，仍然把土地作为今后生活的"退路"。

（2）土地流转机制不规范。一是缺乏土地流转服务机构和流转平台，土地流转的供求信息不能及时有效地沟通，转出方找不到转入方，土地流转供给需求脱节。二是土地流转的形式简单，反租倒包、入股、抵押等新的流转形式较少出现。三是土地流转的程序简单，由于多数流转为自发形成，主要表现为口头协议多。多数乡镇土地承包合同管理机构和村委会没有建立土地流转合同档案，给解决土地流转纠纷带来很大难度。另外，由于尚未建立土地流转补偿制度和土地投资补偿制度，土地流转价格的确定没有可操作的价格标准，容易出现竞相压低租金损害农民利益的行为，还有的农户对自己的承包地没有正确的估值，有个别农户漫天要价，阻碍土地流转。

（3）干部积极性不高。一是部分乡村干部对土地流转认识不足，过问较少。农村土地流转涉及千家万户和方方面面的利益，情况复杂，工作难度大，一些乡村干部存有求稳怕乱、少找麻烦的思想，对土地流转尚没引起足够的重视。二是个别乡村干部尊重农民意愿不够，随意改变土地的承包关系，搞强制性土地流转。三是有的乡村干部片面地认为土地流转是农户自己的事情，应由农户和业主自己协商，对此听之任之、不管不问，疏于引导和管理。

（4）流转不平衡。该市市南、市西土地流转较市北、市东速度快、规模大。由于该市市南、市西乡镇人均耕地面积多，地块集中，外出务工人员较多，所以流转相对容易。该市市北、市东在本地做生意、搞蔬菜种植、养殖的农户较多，外出务工人员较少，人均占有耕地少，又因为部分是采煤塌陷区，土地经营权不确定性，地块零碎等原因，流转较慢。

（5）土地流转规模小、流转期短。在土地流转的运作过程中，主要是农户间通过自由协商进行流转，形不成规模。区域内流转耕地用于种植传统粮食作物占多数，流转地用于经济作物种植较少。大部分农民私下自愿流转期限为 5~10 年，甚至更短。由于土地流转期短，转租人缺少长期经营的打算，不愿在土地上投入过多的成本，因而加剧了生产上的短期行为和掠夺式经营，不利于农业和农村经济的可持续发展。此外，还有的擅自改变土地使用性质，在转租的土地上建房、建厂，损害了他人的利益，造成耕地的流失。

（6）政策措施不完善。一是缺乏土地流转的配套政策措施做保证。有不少农民觉得流转收益不高，担心土地的权益能否得到保障。而受让方为增加投入提高回报率，又必须要有一定的使用年限做保证，不愿短期流转。二是土地产权不明晰。由于该市 1998 年进行二轮土地延包，土地确权存在一些遗留问题，承包经营权证书发放不到位，合同不规范，所以农户在土地流转时有顾虑，不敢流转。三是国家政策、资金的支持不能发挥其应有的作用。在实践中这些补贴不能发到流入户手中，起不到聚集资金改善农业生产条件的作用。有的农户看到国家补贴连年增加，已流转出土地的农户，就强行收回，致使流入户损失很大。四是保障性政策措施落实不到位，影响了土地流转。由于农村的养老、医疗、社会救助等社会保障体系不健全，农民主要还是依靠土地收入解决看病、上学、养老等问题，普遍把土地看成是赖以生存的基本保障，对于流转土地存在后顾之忧。

三、推进永城市农村土地流转的对策建议

（1）转变思想观念。让农民意识到土地流转的重要性，是加快土地流转的前提。因此，要充分利用各种行之有效的形式，广泛宣传土地流转的意义，引导农民增强流转土地的自觉性。要大力宣传政策法规。要大力宣传《土地承包法》、《中华人民共和国合同法》以及中共中央《关于做好农户承包地使用权流转工作的通知》精神以及相关的政策法规，教育广大农民和基层干部知法、懂法、用法。要加大典型引导力度。乡镇和涉农部门要充分发挥外出创业有成人员和种田大户的典型示范作用，用身边的事教育身边的人，使农民看到实实在在的效果，从而转变思想观念，投身非农产业，加快土地流转。

（2）抓好典型引导示范。一是大力培育流转典型，组织现场观摩，帮助农民分析流转后的经济效益，算好经济账，消除思想顾虑，充分认识到土地流转是互利的，努力形成支持土地流转、参与土地流转的良好氛围。二是充分发挥市郊乡镇的地缘优势，引导农民集中土地资源，积极发展生态农业、观光农业和高效农业。三是依据各乡村产业的特点，积极引导农户向龙头企业、种养大户有偿流转土地，壮大特色产业规模。四是不断探索解决该市地块零碎分散的可行办法，以村为单位把全村土地集中起来，小块合大块，也可以采取互换方式加快土地集中改变土地分散的问题。特别是塌陷区复垦后，地块比较集中，更利于规模流转，政府部门应加强引导帮扶，促进土地流转。

（3）建立健全管理规范的土地流转机制。一是建立健全土地流转的服务机制。乡级要成立诸如土地流转服务中心（站）、土地转业合作社、土地信用合作社、土地股份合作社等形式多样的服务型、实体型机构，把土地流转纳入规范有序轨道。村

级要积极探索农民自愿联合流转、农户委托流转、土地股份合作社等多种流转形式，大力引导各类组织和个人参与土地流转，促进土地流转主体多元化。二是要建立健全规范化管理机制。市、乡两级要制定农村土地流转管理办法，从流转协议、程序、文书、档案等各个方面，建立健全一套规范化制度，加强农村土地流转管理。三是要建立健全监管机制。相关部门要建立信息共享平台，严格监管农业土地用途，对随意改变土地使用性质、违规违法占用耕地的现象要予以严厉查处。

（4）建立完善中介服务体系。一是完善土地确权、登记、颁证工作。土地承包经营权证书是农户依法确认土地承包经营权的法律凭证，是农户依法享有承包土地使用、流转和获取收益的依据，所以市、乡农村经济管理部门要切实履行职责，做好农村土地承包经营权流转证书的发放管理工作。二是建立健全土地流转合同制度、登记备案制度，明确流转双方的权利义务，协调化解土地流转纠纷。搞好流转合同的签订，要建立流转台账，当好流转双方的"中间人"。三是健全农村土地承包纠纷调处机制。市人民法院、市农村土地承包合同纠纷仲裁委员会、农业行政主管部门、乡村两级要加强部门协作，加大纠纷调处力度，维护农民的合法权益，促进农村经济协调发展，保持农村大局稳定。

（5）加快劳务经济发展。要拓宽劳务输出渠道，为农民外出就业创造条件。要加强对农村劳动力的技术、技能培训，搞好信息服务、政策服务、法律服务和组织管理，为农村劳动力永久性、实质性向第二产业和第三产业转移提供条件，让大量的农村劳动力能够出得去，挣到钱，留得住，使大量的农村人口离开土地，离开农村，向城市转移，为农村土地流转创造必然条件和有效空间。

（6）完善制定鼓励保障政策。借鉴外地开展土地流转的先进经验，建议由市、乡两级政府制定出台扶持专业合作社、种植大户、土地转让农户和集体土地流转的奖励政策和鼓励政策，以激励农民进行土地流转，发展土地规模经营。对龙头农业企业和种植大户，优先扶持，优先考虑有关农业项目，进行贴息贷款，增加贷款额度等。尽快把已经放弃经营土地、进入城市就业的农民纳入城镇社会保障体系，实现与城镇社会保险的对接，避免再次返乡与在家农民争地。加大对农村社会保障的财政投入力度，探索建立农村养老保险制度，进一步扩大新型农村合作医疗制度覆盖范围，促进最低生活保障体系进一步向农村延伸，特别要加快解决年老和已经丧失劳动能力人员的社会保障问题，让他们放心的流转土地。对于已经流转土地的农民，要引导他们从土地流转收益中拿出部分资金，参加个人基本医疗和养老保险，提高自我保障能力。

第7章 推进和加强河南省
农村土地流转的对策

土地是农业最基本的生产资料，也是农民最基本的生活保障，随着我国农村市场化水平的不断提高，规范有序地进行土地流转已成为必然的要求。农用土地的流转特别是土地承包经营权的流转有利于土地价值的实现，促进农村产业结构和就业结构的变化，进而提高土地的效益和土地利用率，这既是农业可持续发展的客观要求，也是化解"三农"难题的核心和基础。由于我国农村土地制度不完善等原因，土地流转过程中出现了各种问题。如何规范土地流转，确保土地流转政策得到切实贯彻执行，确保农民的土地承包权益在流转中不受侵害，是土地流转过程中的重要保障。

党的十七届三中全会提出："加强土地承包经营权流转管理和服务，建立健全土地承包经营权流转市场，按照依法自愿有偿原则，允许农民以转包、出租、互换、转让、股份合作等形式流转土地承包经营权，发展多种形式的适度规模经营。有条件的地方可以发展专业大户、家庭农场、农民专业合作社等规模经营主体。土地承包经营权流转，不得改变土地集体所有性质，不得改变土地用途，不得损害农民土地承包权益"。完善家庭承包制和土地流转机制是我国当前土地制度改革的重点。推进农村土地承包经营权流转、实行适度规模经营，最大限度地发挥好土地资源的效益，是发展现代农业的客观要求，也是推进城乡统筹发展、促进农村劳动力转移、增加农民收入的重要措施。

第一节　农村土地流转是解决"三农"问题的切入点

虽然党和国家就"三农"问题出台了不少政策，各级财政支持"三农"的支出逐年大幅度增加，但"农村很穷，农业很苦，农民很可怜"的现状仍然没有得到根本改变。破解"三农"问题的"突破口"在哪里？中央允许和推进农村土地流转，为农村生产要素在市场经济条件下的优化配置敞开了大门。到2008年年底，全国农村土地承包经营权流转面积 1.09 亿平方千米，占我国农户承包耕地面积的 8.9%。

我国农村土地承包经营权流转呈现如下特点：一是流转进程开始加快。2008 年全国农村承包耕地流转总面积达到10884.96 万平方千米，比 2007 年增长 70.8%。二是在农村土地流转的各种形式中，出租、转让的比例迅速提高。据 2008 年年底统计，全国出租和转让占全部流转耕地的 80%。三是土地流转受让对象多元化。由过去单一的农村种田能手，发展到城市工商企业、外资企业、种植大户等。有的地区流转到各类企业的土地已占流转土地的 50% 以上。四是农村土地流转与当地经济发展水平和劳动力转移成正相关关系。即经济发展较快、劳动力转移较多并比较稳定的地区快于其他地区，其区域发展不平衡十分明显。五是流转土地用于从事农业生产项目的选择性很强。以重庆市为例，农村流转土地主要用于经济效益较好的蔬菜、水果、花卉苗木、药材、奶类、特种水产、种猪、肉兔等种植业和养殖业生产。而受让土地企业对比较效益差的粮食生产选择较少。

调研中发现，目前我国农村土地流转普遍存在五大问题：一是农村土地流转的本质内涵及其在解决"三农"问题上的理论和实践意义远未被大家所认识。二是适应农村土地流转的大环境尚未形成。"城乡分治、一国二策"的影响及其政策、法律、法规不健全，地权不明晰等成为土地流转的硬约束。三是对受让农村土地的企业、大户的金融、保险服务的体制性、政策性缺失。如农村土地使用权、宅基地使用权，农业设施、农房所有权不能抵押贷款等。四是农村土地流转用于种植业和养殖业项目的固定设施如圈舍、炕房、加工房的建设占地难以解决。五是城乡土地流转没有形成统一市场。以城乡土地同为使用权为例，远未做到同地、同权、同价，其体制性、法律性不公平突出。以上五个方面问题的存在严重制约了农村土地的流转，迟滞了"三农"问题的突破和解决。

一、农村土地流转，是破解"三农"问题的关键

党中央允许和推进农村土地承包经营权流转，是农村地权制度的又一次重大改革，是推动城乡生产要素优化组合、促进城乡共同繁荣的根本举措。

（一）允许农村土地承包经营权流转，是继包产到户以来农村土地政策的又一次重大突破

（1）农村土地承包经营权流转，是我国第三次地权改革。新中国成立前夕及20世纪50年代初，在党的领导下，全国实行了第一次地权改革，让农民获得了土地所有权，在我国有史以来第一次实现了"耕者有其田"，从而极大地调动了亿万农民的积极性。它不但使中国农业生产力得到大解放，而且在中国共产党赢得政权中发挥了重要作用。

党的十一届三中全会之后，我们进行了以"包产到户"为主要内容的第二次地权改革。由于该形式方法简单、利益直接，即"交足国家的，留够集体的，剩下全是自己的"，使我国农业生产结束了多年"吃大锅饭"的局面，农民在承包地上真正享有了种什么、怎么种的自主权，从而使农业生产力得到又一次解放。它不但让农民吃饱了肚子，结束了长期困扰我国的农产品短缺问题，而且引发了我国城乡各行各业的改革开放。

党的十七届三中全会允许和推动农村土地承包经营权流转，我们认为是第三次地权改革的开始，是以土地承包经营权物权化为前提，承认农民对承包地的资本化收益的合法性，其本质是激活农村土地、劳动力等生产要素，并与城市资本等要素相结合，从而冲破城乡分割，实现生产要素的全社会优化配置，这对农业生产力的解放，意义十分重大和深远。

我们认为，中央允许和推进农村土地流转政策的核心有两点：一是必须明确农村土地承包经营权的流转是市场经济条件下两个市场主体间的经济行为，互利双赢或多赢既是市场经济的基本要求，也是农村土地承包经营权流转得以实现和持续的充分必要条件。二是必须尽快完善农村土地承包经营权能，不折不扣的将其视为农民的财产权，并依法切实保护农民对承包土地的占有、使用、收益、处分等权利。要明白无误地承认土地使用权为物权，即财产权，其完整内涵应当包括农民享有独立的承包权、经营权、抵押权、入股权、出租权、转让权等诸多权能，它是具有交换价值的独立资本。使用权的物权化应该包括法定化、固定化、长期化、可继承化和市场化。

其实，中央多年来就开始了对农村土地流转的探索，现将我们了解的情况整理如表 7-1 所示。

表 7-1　中央历年来关于土地流转的规定及要求

文件年份	农村土地流转的主要内容	土地流转的要求	流转的禁止事项
1984 年中共中央 1 号文件	承包地可以转包给种田能手		不准买卖；不准出租；不准转作宅基地或非农用地
1993 年中共中央 11 号文件	允许农户在承包期内转让土地使用权	坚持土地集体所有；不改变土地用途；经发包方同意	
1998 年十五届三中全会决定	土地使用权的合理流转，要坚持自愿、有偿的原则进行	不得以任何理由强制农户转让	
2002 年《中华人民共和国农村土地承包法》	把允许和推动农村土地承包经营权流转的政策上升为法律		
2006 年中共中央第十七次代表大会决议	按照依法、自愿、有偿原则健全土地承包经营权流转市场，有条件的地方可以发展多种形式的适度规模经营		

表7-1(续)

文件年份	农村土地流转的主要内容	土地流转的要求	流转的禁止事项
2008 年中共中央十七届三中全会决定	加强土地承包经营权流转管理和服务；建立土地承包经营权流转市场；允许农民以转包、出租、互换、转让、股份合作等形式流转土地承包经营权；发展多种形式的适度规模经营	依法、自愿、有偿	

从表7-1我们可以看到中央在农村土地流转政策上的重大变化和逐渐完善的过程。一是从1984年中央1号文件只允许将承包地转包给种田能手，到2008年中央十七届三中全会决定允许农民以转包、出租、互换、转让、股份合作等多种形式流转土地。二是从不准出租到允许出租，让农民获得土地使用权的资本收益。三是把农村土地流转的政策上升为法律，立法保护农民的土地经营承包权。四是从一般号召到大力推进，要求加强土地承包经营权流转管理和服务，建立流转市场，发展多种形式的适度规模经营。这是中央为了破除城乡二元结构，缩小城乡差距，让"三农"走出困境，经多年精心谋划出台的一项大政策，必将带来农业生产力的大解放和"三农"面貌的大改观。

（2）推进农村土地承包经营权流转，目的在于从根本上提高农业发展水平。与城市、工业、市民相比较的农村、农业、农民在诸多方面存在的差距就是"三农"所要解决的核心问题。我们认为当前我国城乡之差可以用三个"大"来概括：一是城乡经济社会现代化程度差别大。就是我们一些人调侃的看城市像欧洲，看农村如非洲，此虽戏言，却反映了我国城乡发展的阶段性差距。二是工农业生产装备水平、科技含量差异大。即用现代科学技术，包括电子技术等武装起来的城市工业与主要依靠手工劳动，原始农具从事小规模生产的农业形成巨大反差。三是劳动生产率和收入差距大。以 2008 年我国城乡居民人均收入为例，城镇居民人均收入为 15 781 元，农村居民人均收入为 4761 元，城镇居民收入与农村居民收入相比为 3. 31∶1。

研究库兹涅茨的倒"U"型曲线使我们认识到，"收入水平与发展水平密切相关，进入缩小收入差距的'拐点'的基础，是人均 GDP 的发展水平达到一定阶段，高收入部门（产业）的发展潜力已经发挥，低收入部门（产业）的发展具有强劲的发展势头"。与此曲线相对照，我国现阶段，城市各行各业的现代化势头方兴未艾，而农业增长的能力仍然不足。从以上分析不难看出，当前我国以城乡收入差距为主要表现的"三农"问题，其根源是农业发展水平低下所造成的，而破解这道中国世纪难题的切入点，就是激活农村生产要素，吸引全社会资本、技术、人才进入农村和农业，使农村和农业成为社会投资的热点，让农业发展水平迅速提高，并让其与城市、工业的差距接近"拐点"。正是从这个意义上讲，中央提出允许和推进农村土地承包经营权流转，推动城乡生产要素优化组合，破除城乡二元结构，促进城乡共同繁荣，就抓住了解决"三农"问题的关键和根本。

（二）农村土地承包经营权流转，为农业规模化、集约化经营创造了前提条件

党的十七届三中全会对完善农村基本经济制度的"分层"提出了新的要求："家庭经营要向采用先进科技和生产手段的方向转变，增加技术、资本等生产要素的投入，着力提高集约化水平；统一经营要向发展农户联合与合作，形成多元化、多层

次、多形式经营服务体系的方向转变，鼓励龙头企业与农民建立紧密型利益联结机制，着力提高组织化程度。"当前无论家庭经营一方还是统一经营一方实现两个转变的任务都十分艰巨，其中主要障碍是家庭经营规模太小，对增加投入，采用先进技术，更新生产装备既无实力也没有积极性；原来统一经营一方的集体经济组织多数成了"空壳"，无法行使统一经营的权能。中央允许农村土地承包经营权流转，就为实现两个转变创造了契机和条件。

（1）当前我国微型户营农业已成为农业规模化、集约化经营的严重障碍。当今世界发达国家的农业生产经营单元多为户营，这说明户营是符合农业生产自身特点的。问题在于按人头平均承包土地的包产到户政策，带来中国农户的土地经营规模太小。因此，从宏观上看，中国有着能够支撑13亿人口吃饭和发展建设的庞大农业体系，但从微观上看中国农业是以超小规模的户营和落后原始的生产方式加上业余农民来予以支撑的。随着我国现代化进程的发展，这种不适应和不协调的状况不但更加突出，而且使城乡各方面的差距越来越大。我国农村微型户营农业影响土地规模经营，限制了农业劳动生产效率和商品率的提高，不利于农业的区域化布局、专业化种植，影响农业先进技术的推广和运用，让农业生产成本和流通成本居高不下并失去市场竞争力。中央允许和推进农村土地承包经营权流转，为社会资本、技术、人才进入农村和农业并对其进行现代化改造，推进我国农业规模化、集约化和现代化进程创造了基本条件。

（2）农村土地承包经营权流转是农业规模化、现代化的有效途径。农业规模化、现代化有两个必不可少的条件：一是土地相对集中，形成规模；二是部分农业劳动力转移至非农产业。而中央允许和推进农村土地承包经营权流转和鼓励农民外出务工，就为我国农业规模经营、集约经营和农业现代化创造了前提条件。当前，我国农业问题集中表现为农业科技含量不高，投入不足，农业基础设施落后，组织化程度不高，劳动生产率低下。通过土地流转，吸引大量社会资本、技术、人才和管理进入农村和农业；通过采用先进技术和管理，不断扩大经营规模，改善农村基础设施，提高农业科技装备水平，实现分工分业。提高专业化服务水平和组织化程度，就能走出一条改造传统农业的中国特色之路。

（三）农村土地承包经营权流转，为城乡统筹搭建了平台，开辟了新的途径

我国要从过去"城乡分治，一国二策"转变到城乡统筹，城乡协调发展上来。目前国家从指导思想上已经明确"我国已进入以工促农，以城带乡的发展阶段，我们必须适应经济社会发展新阶段的要求，实行工业反哺农业，城市支援农村的方针"，城乡一体化目标的实现，重要的是体现在农村经济发展水平提高，城乡差别缩小。而农村土地承包经营权的流转，为城乡统筹，城乡生产要素的流动和优化配置找到了新的途径，搭建了新的平台，从而将会全面促进当前落后的农村经济的发展和农村面貌的改变。

（1）农村土地承包经营权流转为城市支援农村，工业反哺农业开辟了新的途径。胡锦涛同志曾经提出两个倾向的论断：一是在工业化的初始阶段，农业支持工业，为工业提供积累是带有普遍性的倾向；二是在工业化达到相当程度以后，工业反哺农业，城市支援农村，实现工业与农业，城市与农村协调发展，也是带有普遍性的倾向。胡锦涛同志的论断揭示了世界各国在工业化过程中城乡经济发展的普遍规律。

但是，工业反哺农业，城市支援农村仅靠国家在财政、税收、农村基础设施建设上予以支持和尽量减轻农民负担的政策

是远远不够的。因为这些支持和反哺落实到地头和人头，其数量是极为有限的。面对目前中国农村与城市发展的巨大差距，面对中国落后农业产业的现代化改造上百万亿元的资金需求，仅有对农民的少量补贴和同情是远远不够的。我们要在城乡统筹上继续做好"多予少取"文章的同时，更要做好激活农村土地、劳动力等生产要素的文章，特别是做好扩大农村土地使用权能这篇文章，让这一政策为我国传统农业的改造积聚资金，为农村劳动力创造更多新的农业和非农产业的就业岗位。中央允许和推进农村土地流转的政策如果贯彻执行得好，将会迅速形成中国农村、农业的"洼地"效应，让农村土地吸引全社会的各种优质生产要素在农村聚集，参与中国传统农业的改造，加快农业规模化、集约化、现代化的进程，为我国现阶段工业反哺农业，城市支援农村开辟一条崭新的市场之路。这种反哺和支援符合市场经济规律，其动力来源是参与各方的内在积极性。过去由于农村土地甚至劳动力都不能自由流动，使生产要素吸引资本的作用发挥有限。而今中央允许和推动农村土地以多种形式流转，加之城市经过多年的发展，是资本、人才、技术的富集区。在强烈投资欲望的驱使下，正好能够在农村找到出路，满足传统农业改造上百万亿的资本需求，这将开创城乡以生产要素为纽带的，互补双赢的新型合作的广阔前景，从而促进农村传统农业的改造和现代农业的实现。

这与国家组织反哺和支援两相比较，一个是渠道有限，一个是渠道广阔无限；一个是数量有限，一个是数量无限；一个是单方面的反哺、支援，尽道义责任，一个是结成利益共同体，互补共赢，可持续发展。

（2）农村土地承包经营权流转政策的实施，将使农村、农业成为投资新热点。我国农村由于种种复杂原因，当今仍然处在原始落后的阶段，而城市由于历经30多年的快速发展，各行各业竞争十分激烈，城市资本正在四处寻找投资项目和机会。正是因为中央允许和推动农村土地流转的大政策，使城乡经济发展水平、技术水平以及人才、管理上的"落差"，成为城市及整个社会资本投资农村、农业的强大吸引力。因为投资目前相对落后且竞争不大的农村、农业，有取得较高收益的机会，加之近年来国家出台了不少惠农政策，使投资农业的风险也有所降低。一是选择产生效益。农村土地承包经营权流转以后，不少城市企业进入农村，租用"三荒"地和农地，有选择地从事药材、水果、蔬菜、花卉苗木以及特种养殖，一般都取得了比较好的效益。二是规模带来效益。当前我国农村以分散小规模组织生产，劳动生产率低下，使不少农副产品生产的收益不高。而农村土地承包经营权以各种形式流转后，受让企业一般都采取规模化、集约化生产，与传统小规模生产相比，其效率成倍提高，收益增加。三是先进技术运用的丰厚回报。农户运用传统种养殖技术生产出来的农产品，产量低，质量差，效益不好，难以适应市场的要求。农村土地承包经营权流转以后，受让土地经营权的企业或个人，将先进技术运用于种植业和养殖业，使产量大幅提高，质量改善，而且回报丰厚。四是产销加一条龙，使企业效益倍增。从目前我们了解的情况看，不少到农村受让土地，从事农业种植业和养殖业的企业，能够把生产、加工、销售结合起来，延长产业链，从而使生产效益大幅度提高。

总之，农村土地承包经营权的流转，有利于吸引城市及全社会生产要素进入农村和农业；有利于激活农村土地、劳动力等生产要素；有利于城乡生产要素的优化配置；有利于中国传统农业的改造及资金筹集；有利于破除城乡二元结构，缩小城乡差别，促进城乡统筹和城乡一体化的实现。

二、农村土地流转，是新时期农村改革发展的客观要求

历史的经验已经反复证明，地权问题始终是中国农村改革发展中首当其冲必须解决的问题。其区别在于，在不同时期和环境下，解决的途径和方法各不相同。新中国成立前后的地权改革，是通过急风暴雨式的革命手段解决的。改革开放初期的第二次地权改革，是通过包产到户打破"大锅饭"，扩大农民经营自主权解决的。现在，我国已进入着力破除城乡二元结构、形成城乡经济社会发展一体化新格局的重要时期，地权改革再一次成为全国上下关注的焦点。我们认为，农村地权改革的核心是明晰和扩大农民地权，使土地成为农民自己的财产，进入市场流转，实现土地优化配置和增值，使"三农"问题得到根本解决。

（一）农民地权的明晰，为农村土地流转创造了必要条件

农民地权明晰和扩大后，土地便可以由单纯的农业生产资料转化为资本性资产，农民的土地使用权就能进入市场，参与合法流转，实现最大增值。这是农村土地流转的必要条件。

1. 明晰和扩大地权，有利于农民自主流转土地

农村实行包产到户，只是改变了土地的经营管理模式，基本上没有触及土地制度的核心即产权问题。由于产权不明晰，近些年来，全国各地农民承包地被任意侵占的事例屡见不鲜，土地纠纷接连不断，承包地撂荒和农房闲置随处可见。土地这个最稀缺、最宝贵的要素和核心资产，在一些地方反而变成了最不值钱的东西甚至包袱。据重庆市农业部门的调查，2008 年农村撂荒耕地 14.72 万平方千米。另据重庆市长寿区抽样调查，由于农房不能上市交易，全区农房空置率高达 34%。党的十七届三中全会明确提出，"现有土地承包关系保持稳定并长久不变"。这是强化对农民土地承包经营权保护的重大举措。我国

《物权法》已经把农民的土地承包经营权和宅基地使用权界定为用益物权。同时规定，用益物权人享有"占有、使用和收益的权利"。也就是说，"用益物权"不仅有使用权，更重要的是具有排他性的占有权和交换价值的独立资产。推进农村地权制度改革，明晰和扩大农民地权，就是要落实党的十七届三中全会精神，实施好《物权法》，让农民享有更加充分而有保障的土地承包经营权和宅基地使用权，扩大农民土地用益物权的权能，把它视同为农民自己的资产。农民流转土地，就是依法行使自己的财产权利，无论是谁，都不能妨碍农民自主流转土地。农民获得流转土地的自主权后，必将更加有利于农村土地的流转。

2. 明晰和扩大地权，有利于农民通过土地流转获得更多收益

近些年来，从上到下，尽管付出了很大努力，但"三农"问题仍然没有得到很好解决。我们通过调研分析发现，其症结主要表现在以下两个方面：一是在新形势下，再靠微型户营的方式经营小块土地，难以实现农业增产，农民增收，农村繁荣的政策目标；二是土地作为农民最主要的资产，在现行政策下，农民与土地资本化收益无缘。显而易见，农民不能靠自己最主要的财产即土地实现增值增收，仅靠外部"输血"是很难解决增收致富问题的。只有随着土地制度改革的深化，通过明晰和扩大农民地权，使农村土地按照市场化原则流动起来，让土地在流动中实现其真实价值，农民才能占有更多的地租增值和土地资本化增值收益。这样，农民就更愿意让自己的土地参与市场流转。美国施格兰公司从2007年开始，在重庆忠县租用农地建设柑橘生产基地，流转土地农民在获得租金的同时，还通过到公司务工获得工资，比原来自己经营增收4倍以上。目前，这个公司在该县的石宝、黄金等8个乡镇，租用农民土地达到4.5万多平方千米，流转土地农户达到1.3万多户。四川省安岳

县引进企业，大规模从事本县优势产业柠檬生产，在获得公司赢利、农民增收的同时，还实现了该县多年来梦寐以求的柠檬种植产业化的目标。由此可见，土地流转的吸引力和好处十分明显。

3. 明晰和扩大地权，有利于土地通过流转实现生产要素优化配置

加快农村经济发展，必须发展现代农业，而现代农业的实质是集约农业。集约农业则要求集中使用和管理生产资料、科学技术、金融资本、农业装备，以提高生产效率和经济效益。集约农业在生产环节主要表现为土地的集中使用和其他要素的集中投入。但现实的情况是，由于微型而分散的土地经营方式和农民土地产权不明晰，土地作为最基本的生产要素，资源配置往往与市场规律背离。只有进一步明晰农民土地的产权和归属，推进农村土地流转，才能用市场化手段使生产要素得到优化配置，实现农业的规模化、集约化、产业化经营，使流出土地的农民和受让土地的业主共同受益。据重庆市涪陵区调查，流转土地实行规模化经营后，每平方千米耕地的纯收入是流转前的3~5倍。这个区的龙桥街道麻磊村农民文撤元兄弟俩，2007年从广东打工回村租用农民土地350平方千米种植特色蔬菜，每平方千米每年租金为800斤稻谷（按当年市价以现金支付）。同时，流出土地的农民种菜务工收入每人每月可达1000多元。文氏兄弟年纯收入近100万元。这种双赢的经营模式和利益机制，有利于农村土地健康稳定流转。

（二）不同市场主体的自身需求，为农村土地流转提供了内在动力

我国农村土地承包经营权流转，虽然已经过去了20多年时间，但由于种种原因，至今仍处于探索起步阶段。近年来，随着农村经济社会发展阶段的变化，为农村土地流转提供了新的

契机和条件。在有的地区，农村土地流转开始出现加速之势。对此，我们在重庆市不同区域的 10 多个区县进行了实地调研，并分析研究了有关省、市土地流转的情况。结果表明，推动土地流转的内在动力，来源于参与流转的不同市场主体的内在需求；流转动力的内生性，决定了不可逆转的流转趋势和大好前景。

1. 农村土地传统功能的明显变化，为土地流转提供了新的契机

过去，在靠传统农业解决温饱问题的情况下，小块土地是农民的"命根子"，承担着"增收、社保、社会稳定"的三大功能，农村土地很难流动。但是，在我国城乡经济社会发展进入新阶段后，农村土地的"三大功能"已经和正在发生明显变化。一是农村土地原来最主要的"增收功能"已明显下降。原因是，传统微型户营模式，很难实现集约经营；农村主要劳动力外出打工，留下从事农业生产的劳动者年龄大、文化水平低，很难掌握使用先进技术；分散生产经营导致决策能力弱、市场行为趋同，很难抵御自然风险和市场风险。由于存在这"三难"，农民靠经营小块土地从事传统种植和养殖业生产，几无增收空间。生产某些农产品，收益倒挂。二是农村土地的"社保功能"基本丧失。原因是，农民的收入结构已经发生了重大变化，传统种植业和养殖业在家庭收入总构成中的比例越来越小，而来自非农产业的收入比重越来越大。由此可见，打工收入已成为农户的主要生活来源，土地已经丧失社会保障功能。三是农村土地的稳定功能已经弱化。所谓稳定功能，通常是指外出务工的农村青壮年如果遇到城市经济和企业不景气时大量返回农村，仍可依托土地就业并获得收入来源而言的。事实上，这只是一种不现实的想法。在农村劳动力严重过剩的情况下，农村留守农民靠小块土地经营种植业和养殖业都只能勉强度日，

大量务工农民返乡或滞留城市，处于失业或隐性失业状态，将会给城乡稳定带来巨大隐患。因此，农村土地的社会稳定功能已荡然无存。农村土地功能的变化为土地流转提供了新的契机。

2. 农民土地资产通过流转实现增值，是农村土地流转的主要动力

农民的承包地、宅基地，只有作为农民自己的资产在市场上流动，才能真正实现最大的增值。而一旦土地的真实价值得到实现，农民增收致富的利益驱动就成为土地流转最主要的动力。我们从农村土地流转的利益预期来看，农村土地通过流转，农民主要可以从四个方面获得收益：一是通过转包、出租、合作等形式，获得地租增值收益；二是通过入股、抵押等形式，获得土地资本化增值收益；三是农用土地"农转非"，通过流转市场交易，获得土地增值收益；四是流出土地的农民，或到受让土地的企业、合作社、经营大户打工，或进入城镇务工，获得务工收入。

3. 业主投资农业具有较好的资本增值收益，是农村土地流转的重要动因

从经济学的角度看，投资者是以投资增值为目的的，只有能使资本增值的项目，资本才愿意流入。农村土地流转，给社会资本进入农业实现增值打开了方便之门，也为能人施展经营管理才干提供了广阔舞台。我们在调研中发现，社会资本进入农业和能人受让流转土地，主要有三大动因：一是随着我国市场经济逐步成熟和规范，城市工商领域的暴利行业和产品越来越少，竞争日趋激烈，迫使社会资本到仍有巨大发展空间和潜力的农村找出路；二是社会资本和能人结合，运用先进技术、装备、管理经验和市场信息，对流入的土地实行集约经营，使生产要素得到优化配置，从而提高劳动生产率和土地利用率，实现农业项目资本增值。而且，这些企业和大户生产经营的多

为比较效益高、市场前景好的优势特色产业和产品。重庆市荣昌县庆达药业有限公司在安富镇租用农民承包地 1.6675 平方千米种植中药材，前期投入 1800 多万元。据业主估算，2010 年纯收入可达 400 多万元，2011 年进入盛产期后，年纯收入可达 1500 万元以上，如果加上药材深加工的收入，利润更为可观。三是受让流转土地的业主，无论是与农民进行合作开发，还是租地、吸收承包地入股兴办农业企业，与征用土地在城镇办企业相比，一次性投入要少得多，前期工作周期也较短，还能得到政府的扶持。这对社会资本也是一种不小的吸引力。

（三）外部条件的积极变化，开始逐步形成推动农村土地流转的合力

改革开放发展到今天，农村改革又到了一个新的历史关键点。无论是培育内部市场、扩大内部需求，还是破除城乡二元结构、实现城乡统筹发展，把传统农业改造为现代农业，彻底改变农村的落后面貌，关键在搞活农村土地这个最重要的市场要素。

在这种背景下，近年来，农村土地流转的外部条件正在发生积极的变化。一是中央对农村土地流转高度重视。党的十七届三中全会提出了农村土地承包经营权流转的"三个原则"和"三个不得"，2010 年中央 1 号文件又要求"抓紧修订、完善相关法律法规和政策，赋予农民更加充分而有保障的土地承包经营权"、"强化对土地承包经营权的物权保护"，这无疑会促进农村土地流转市场的发育，使土地流转在解决"三农"问题中发挥更加重要的作用。二是我国在推进工业化、城市化进程中，既需要农村土地通过"农转非"提供建设用地，又需要大量农民进入城市。这是促进农村土地流转的重要外部条件。三是推进农业现代化，必须实行产业化、规模化、集约化经营，提高土地利用率和劳动生产率，实现资本增值和农民增收。这就从

利益机制上为流出土地的农民和受让土地的业主提供了有利条件。四是我国将逐步形成城乡经济社会一体化的新格局，特别是随着覆盖农村的社会保障制度的建立并逐步过渡到城乡统一的社会保障制度，势必弱化和替代土地的社会保险功能，解除进城农民的后顾之忧，为农村土地流转创造良好的社会条件。五是经过大胆探索创新，各地已经和正在为农村土地流转提供政策支持和配套服务。2009年，党中央、国务院出台了《关于全面推进集体林权制度改革的意见》，是中国农村改革的又一重大突破，其核心是"还山于民、还权于民"。林权制度改革为地权制度改革提供了方向和范例，有利于各地大胆探索"还地于民、还权于民"的实现形式和途径。

近年来，为了鼓励农村土地流转，不少地方政府陆续出台了一些扶持土地流转的优惠政策。山东省做出规定："创业人员的房屋产权、土地使用权"等"均可作为抵（质）押品"；在四川等省的地震灾区，政府已允许农民用宅基地与城镇居民实行联建；重庆市建立了市一级的农村土地交易所，进行农村土地上市公开交易。有的地方还把土地流转与农业综合开发、社会主义新农村建设结合起来推动，采取业主集中开发到什么地方，政府的各种扶持资金就打捆使用到什么地方的办法，为龙头企业进入农业生产经营领域提供配套服务。为了做好土地流转的服务和保障工作，各级各类土地流转中介服务机构、纠纷仲裁机构和流转市场正在逐步形成和建立起来。据重庆市农业部门统计，在全市40个区县中，已有20个建立了土地流转服务中心，18个建立了农村土地流转纠纷仲裁委员会；在基层，有667个镇乡建立了土地流转服务中心，3772个村建立了土地流转服务站。

上述这些外部因素和前述内在动因的结合与互动，必将逐步形成推进农村土地流转的合力，开创出"三农"工作的新局面。

三、农村土地流转，亟待创造良好的法律政策环境

多年来，在党的政策引导下，特别是在党的十七届三中全会《关于推进农村改革发展若干重大问题决定》的指引和鼓舞下，农村土地流转在全国范围逐步展开，效果已经开始显现。但是，经过调研我们认为，对我国农村土地流转的现状和效果不能估计过高。目前农村土地流转总体尚处于起步、探索阶段，各地在认识高度，重视程度，推进措施，工作力度上与解决我国"三农"问题的紧迫要求存在差距。对农村土地流转重大意义的认识远未到位，体制障碍还未打破，相关法律法规和政策尚未理顺，土地流转的市场体系和服务体系尚不健全，为农业产业化服务的金融体系缺失等，使土地流转障碍重重。面对当前农村土地流转存在的诸多问题，现就创造农村土地流转的法律政策环境等提出如下建议：

（一）推动农村土地流转必须有一个明确的指导思想

农村土地流转是一个复杂的系统工程，涉及诸多法律、法规、政策和新情况新问题，具有很强的政策性、实践性、探索性、创新性和高度的敏感性。总结各地农村土地流转的成功经验和失败教训，我们认为，推动农村土地流转必须坚持"政府引导、农民自主、业主选择、市场运作、形式多样、政策扶持"的工作指导思想，才能保证土地流转的正确方向，推动土地有序流转、持续稳定流转。

2. 落实"长久不变"的土地政策，为土地流转扫清法律政策障碍

党的十七届三中全会做出的土地承包关系长久不变的政策，赋予了农民更加明晰、稳定、充分而有保障的土地承包经营权，为土地承包经营权进入市场流转提供了政策前提。农民的土地

承包权和土地经营使用权，应当受到全社会的尊重。全社会应像尊重城市人私有财产权那样尊重农民的土地承包权；应像尊重城市人土地使用权那样尊重农民的土地承包使用权。我们在调研中发现，在党的十七届三中全会召开前颁布的《土地承包法》和农业部的《土地流转办法》等法律法规政策性文件中关于"流转的期限不得超过承包期的剩余期限"等规定与中央"长久不变"的大政策相冲突，成了农村土地流转的法律政策障碍，应当调整修改。只有落实"长久不变"的土地政策，才能调动农民、业主参与流转的积极性，使农民放心流转土地，业主放心投资经营土地，实现土地稳定流转、持续流转。

（1）清理、废止与"长久不变"政策相冲突的法律法规和政策。落实和明晰土地承包关系长久不变是进行土地承包经营权流转的基本条件，是健全土地承包经营权流转市场的基础性工作。各级党委和政府应当组织力量，清理、废止与"长久不变"政策相冲突的法律法规和政策。在清理、废止的基础上，制定和修改农村土地流转的法律，为土地流转提供有力的法律依据。

（2）做好农村土地确权、登记、颁证工作。各地应抓紧做好农民土地承包权、土地经营权、宅基地使用权以及林权等的确权、登记和颁证工作，使农民的权益通过有形的法律文本得到体现和保障。

（三）编制好乡镇土地利用规划，发挥规划对土地流转的规范作用

为了保护耕地，合理利用土地，避免土地流转的盲目性，因地制宜发展农村产业，在推进土地流转中，必须首先做好乡镇农村产业发展规划、乡镇土地利用规划、乡村建设规划。在调研中我们发现，乡镇大多没有编制上述规划，使土地流转和流转后的产业发展与基础设施不配套、不协调，制约了土地流

转和产业化发展。因此，编制规划已刻不容缓。我们认为，在推进农村土地流转中，应强调规划的导向和规范作用，确立规划大于土地使用权，土地使用权服从规划的原则。

（1）把编制乡镇规划作为农村土地流转的基础工作。在推进农村土地流转中，应把编制规划作为基础工作来抓，为土地流转和产业化经营提供依据，使农村基础设施建设、城镇功能与土地流转、产业化经营相互配套和协调。

（2）解决好与产业化项目配套的基础设施建设用地。土地流转的目的在于发展规模化、集约化、现代化的农村产业，而规模化、现代化的农业产业化项目往往需要基础设施和管理用房、圈舍、仓库等配套设施。在乡镇规划中，对产业化项目基础设施和配套设施建设用地应与产业发展用地同步规划，按产业经营用地的一定比例提供基础设施和配套设施建设用地。

（3）强化乡镇土地利用规划实施监督，确保规划的连续性和权威性。规划一旦制定，必须严格执行，任何人不得随意改变。对于违反规划的行为，必须予以查处和纠正，确保规划的实施。

（四）落实同地同权同价的大政策，建立城乡统一的土地市场

目前，城乡土地"同地、不同权、不同价"是"城乡分治、一国二策"的重要表现，是造成我国农村落后、农业弱质、农民弱势和城乡差距越拉越大的重要原因。党的十七届三中全会明确提出的在城乡实行同地、同权、同价的政策，为改革城乡土地二元管理体制，实行城乡同地同权同价的新体制，建立城乡统一的土地要素市场提供了政策依据。我们认为，当前应切实落实中央的同地、同权、同价的政策，给予农村土地上市交易权、市场定价权、抵押融资权能。实行城乡土地在交易、征用、拆迁补偿上实行一个标准，真正做到同地同权同价。

（五）放开粮价，实行粮食市场定价机制

我国实行的种粮补贴和控制粮价政策的实质是政府购买粮食安全，而非解决粮食安全的根本途径。种粮补贴和控制粮价政策是一把双刃剑。政府在粮价低迷时采取保护价收购等政策对农民有一定的保护作用；但在粮价上涨时国家采取措施平抑粮价，这就扭曲了市场规律，让农民在市场粮价低迷时很少赚钱，而在市场粮价上涨时由于政府平抑也赚不到钱，从而在严重挫伤农民种粮积极性的同时，阻碍了土地等生产要素流向粮食种植业，导致粮食种植业长期处于弱质产业的地位，最终使国家粮食安全难以保证。

我们认为补贴种粮不如放开粮价，同时对低收入群体给予财政补贴。在粮食短缺的情况下，补贴生产者不如补贴消费者。在粮食过剩的情况下，补贴粮价不如补贴休耕。我们建议，放开粮价，实行粮食市场定价机制，充分发挥市场机制的作用，调动农民、业主种粮的积极性，促进农村土地和城市优良要素流向粮食规模种植业，以提高粮食生产能力，保障国家粮食安全。

（六）建立城乡平等就业的劳动制度和社会保障制度，为农村土地流转创造社会条件

现行的城乡二元劳动制度、社会保障制度，对农民存在着明显的身份歧视、就业用工歧视和社会保障歧视，是农民就业、素质提升、转变为市民的制度障碍。我们认为，这种制度安排的继续实行，必然阻碍我国"三农"问题的根本解决，阻碍城乡统筹发展、阻碍缩小城乡差距和城市化进程，应当立即破除。建议如下：

（1）建立城乡统一的用工制度。实行进城务工农民与城市居民平等就业、同工同酬，消除城乡用工制度的不平等。

（2）建立城乡统一的身份管理制度。取消农民工称谓，消

除身份歧视和不平等。农民入城定居即为市民，务工即为工人，与城市居民和城市务工人员身份平等，使他们真正融入城市。

（3）建立城乡统一的社会保障制度。将农村入城务工人员及其子女纳入城市居民社保、医疗、就学保障体系，使他们平等享有城市居民的权益。尽快建立覆盖农村的社会保障制度，逐步过渡到城乡一体化的社会保障制度，取代农村土地的社会保障功能，解除进城农民的后顾之忧，为农村劳动力转移和农村土地流转创造良好的社会条件。

（七）完善土地流转和产业化经营政策

农村土地流转是我国农业走向产业化、规模化、现代化的新探索，具有风险性、探索性和创新性，需要采取多项政策措施给予扶持。不少省区市、县（市）制定了土地流转支持政策和产业化经营支持政策，为土地流转和产业发展创造了良好的政策环境，值得借鉴。建议如下：

（1）各级政府应安排土地流转工作专项资金，用于保障土地流转服务机构运转。

（2）制定土地流转特别是规模流转、长期流转的扶持政策。

（3）对流转土地开展规模化经营的产业项目，特别是粮食规模生产经营企业，提供基础设施配套和产业扶持。

（4）健全担保体系，为流转土地开展生产经营提供贷款担保和贷款贴息支持。

（5）建立土地流转产业化经营项目风险基金，健全风险防范机制。

（6）按照中央 2009 年 1 号文件的要求，落实大幅提高耕地占用税新增收入用于农业的比例的政策。

（八）调整"反哺"思路，转变"反哺"方式

党的十七届三中全会指出："我国农业基础仍然薄弱，最需要加强；农村发展仍然滞后，最需要扶持；农民增收仍然困难，

最需要加快。"对中央的"反哺"方针，全国上下已经形成共识。但是，我们认为在如何反哺、支持"三农"问题上，需要调整思路、转变方式，在实践中不断地探索。

（1）调整财政支农思路，将财政资金集中用于加快农村基础设施建设和公共服务体系建设，尽快改善农村基础设施和农民基本生活条件。

（2）拓宽反哺思路，实施要素反哺，引导城市要素流向农村、农业；实施科教反哺，提升农业要素素质和管理水平；实施产业反哺，引导城市产业、企业为农村产业提供配套、延伸完善产业链，发挥对农业的带动作用。

（九）改革农村金融保险体制，适应农村土地流转的要求

农村金融是现代农村经济发展的杠杆。农村土地流转形成的新型农业企业所从事的产业化、规模化、集约化生产经营，离不开金融、保险的全程参与和服务支持；把我国农村传统落后的农业改造成为现代化农业没有金融支持是不可能的。但是，我国农村金融机构存在着严重的去农化趋向，与推进农村土地流转，实施农业产业化、规模化和现代化的要求不相适应。

我国农村金融保险的缺失是一种制度性、体制性和政策性缺失，是我国城乡二元结构的制度、体制造成的，应当整体思考，采取创新制度机制，加大政策支持力度，强化监管等综合配套措施，为农村土地流转和流转后的产业化经营提供金融保险服务支持。

当前应当按照党的十七届三中全会的精神，着力创新农村金融体制，放宽农村金融准入政策，建立适应农业产业化发展的商业性金融、合作性金融、政策性金融相结合，资本充足、功能健全、服务完善、运行安全的农村金融体系。建议如下：

（1）中央和国务院要明确农业银行、农业开发银行、农村商业银行、农业保险公司为专为"三农"服务的农村专业金融、

保险机构。

（2）健全农村金融法规，以法规形式规定农村金融机构在农村吸收的存款，保险公司在农村开展农业保险所集中的资金，只能用于农村和农业，不准农转非。

（3）严格按照同地、同权、同价、同信用的原则，法人和个人合法取得的农村土地承包权、农村土地经营使用权、林权、大型农业设施设备、农房可用于银行抵押贷款。

（4）降低农村金融保险业经营门槛，大力发展农村村镇银行、小额贷款公司、农村资金互助社、担保公司等，规范民间借贷。允许上述机构根据开展业务的需要，扩大服务范围，开展存贷业务。

（5）建立以服务"三农"为导向的考核评价体系和监管体系，赋予县级人民政府对农村金融保险机构服务"三农"的监管、考核权。

（十）完善农村土地流转的组织、服务体系，搞好流转服务

完善农村土地流转组织、服务体系，有利于基层政府对土地流转的引导、规范、服务和监管，对于农村土地的有序流转、稳定流转和持续流转有着重要的作用。建议省级建立农村土地交易所，市（县）建立农村土地流转市场，镇乡建立农村土地流转中心，村建立农村土地流转咨询服务站（点），加强农村土地流转的服务、监管、仲裁和调处。

第二节　加强河南省农村土地流转的对策

随着农村劳动力外出务工增多和现代农业的发展，农村对加快土地承包经营权流转的要求更加迫切。如何在稳定土地承包关系的基础上，促进土地承包经营权流转，发展规模经营和

集约经营，已经成为成为一个重大而紧迫的任务。党的十七届三中全会的《关于推进农村改革发展若干重大问题决定》提出，加强土地承包经营权流转管理和服务，建立健全土地承包经营权市场，按照依法自愿有偿原则，允许农民以转包、出租、互换、转让、股份合作等形式流转土地承包经营权，发展多种形式的适度规模经营。

结合河南省农村土地流转的政策以及河南省一些地区成功的经验，我们认为加强农村土地流转应从以下几个方面着手：

一、土地流转过程中应处理好四个关系

据统计，到 2008 年年底，全国土地承包经营权流转面积达到 72 703 平方千米，占农户承包耕地总面积的 8.9%。农业部经管司负责人接受记者采访时说，随着各地进入流转的承包农户增多，流转形式多样，规模经营的主体日益多元化，流转利益关系也比较复杂。迫切需要建立符合市场经济规律和要求的土地承包经营权流转制度，确保流转不改变土地集体所有性质、不改变土地用途、不损害农民土地承包权益。因此，在建立土地承包经营权流转制度过程中，必须正确认识和处理好这样几对关系：

（一）土地承包经营权流转与坚持农村基本经营制度的关系

坚持农村基本经营制度是土地承包经营权流转的重要前提和制度保障。只有坚定不移地坚持农村基本经营制度，赋予农民更加充分而有保障的土地承包经营权，农民才有可能充分行使好土地承包经营权流转权利，从根本上消除流转的后顾之忧。

（二）土地承包经营权流转与发展现代农业的关系

土地承包经营权流转是发展规模经营的一个途径，但绝不是唯一途径。在我国人多地少、农村人口占多数的基本国情下，将农户组织起来，发展多种形式的联合与合作，特别是发展专业合作，提高组织化程度，更为现实。发展规模经营是一个长

期的过程，不能一讲规模经营就只讲土地集中经营，更不能脱离实际盲目追求规模经营的速度和规模，违背农民意愿强行推动土地承包经营权流转。

（三）土地承包经营权流转中政府与市场的关系

土地承包经营权流转本质上是一种市场行为，是生产要素的合理配置。农民是流转主体，土地是否流转和以什么方式流转，都应尊重农民的意愿，由农民自己做主，任何组织和个人都不得强迫或者阻碍流转。政府是公共服务的提供者，也是市场的监管者。正确的做法应当是因势利导，充分发挥市场机制的基础作用，顺应农业和农村经济发展的要求，引导而不干预，服务而不包办，放活而不放任。

（四）土地承包经营权流转中国家、承包者和经营者的利益关系

正确处理三者的利益关系，统筹协调国家粮食安全利益、承包者权益、经营者收益，在确保土地承包经营权流转不改变集体所有性质、不改变土地用途、不损害农民土地承包权益的前提下，促进土地资源的合理有效利用，提高土地产出率和劳动生产率，发展现代农业。

二、完善我国农村土地承包经营权权能，保障农民土地权益

1. 维护农民合法权益、尊重农民意愿是土地流转的基本前提

土地承包经营权流转过程中，农民最担心的是失去土地承包权，变成既失地又失业的农民。因此，土地流转必须保护农民对承包土地的使用、收益等承包经营权；必须坚持依法有偿自愿的原则，防止强迫农民流转土地和流转后改变土地农业用途；必须明确双方权益，确保平等协商、互利有偿，依法合理

流转。因此,要大力宣传《农村土地承包法》和《农村土地承包经营权流转管理办法》等相关法律法规,使农村土地法律法规深入民心,农民懂得运用法律手段保护自己的合法权益。在农村和城市掀起一股解放思想、打破旧观念的热潮,鼓励农民流转土地,激励城市资本下乡,发展规模经营。同时,积极组建县乡土地承包仲裁机构,切实解决土地流转过程中发生的纠纷矛盾,让农民放心流转土地,让业主大胆经营土地。充分发挥乡村组织在土地流转中的引导、组织、监督作用,积极培育县、乡(镇)农村土地承包经营权流转市场和中介组织,搞活土地使用权的流转,提高土地集约化水平,促进农民增收。

(二)扩大农村土地承包经营权

对农民家庭承包或以其他方式合法承包、转包的土地,要明确承包人拥有土地的占有、使用、处分、收益、继承、转让、出租、入股、抵押等权利。特别是对农民集体建设用地,要打破国家对土地市场的垄断,允许农村集体建设用地包括农民宅基地走进土地一级市场,帮助农民以土地权利分享城镇化的成果,获得土地级差收益,把工业化、城镇化带来的土地增值收益返还给农民。

(三)稳定农村土地承包经营关系

十七届三中全会将现行的农村土地家庭承包经营权由"30年不变"拓展为"长久不变",是保证农民有长久的土地经营权,是一个进步。更进一步,应该在《物权法》的基础上,从法律上将土地承包经营权明确为农民的私有财产权,纳入相关法律保护范畴,更有效地保护农民权益。一是做好土地的分配工作。按照"起点公平"的原则,将农民集体所有的土地,按照一定时限的集体成员人口数,平均分配承包土地,确保拥有农村户口的18周岁以上成人包括妇女、未成家子女都有权平等分配到承包土地。二是切断人口变化与土地的联系。在土地平等分配之后，应该实行"生不增、死不减"的政策，不再通过法律或行政手段进行土地调整，当家庭成员减少时，其承包的土地作为遗产或财产在其他家庭成员内部进行分配，其他人只能通过市场流转来扩大承包经营的土地面积，从而稳定农地使用关系，鼓励农民对承包土地进行长期投入。

（四）土地流转要依法办事，保障农民权益

在土地流转过程中，必须遵循《物权法》、《农村土地承包法》等法律法规，坚持"依法、自愿、有偿"的原则，严格约束集体权力的肆意扩大，严禁采用任何行政命令的方式去促使土地流转。土地的市场化运作中，农民要有知情权、参与权、监督权和申诉权。依法保障农民的土地流转自主权和流转土地的收益权；依法保障农民享受到原土地的国家补助、直接补贴等。任何组织和个人不得以任何形式截留、扣缴。为此，一是要在法律中明确界定农村土地使用权流转的基本原则；二是要建立健全土地使用权流转市场运作的方法及执法管理工作，切实保护土地流转市场的正常运作；三是要构建适应土地使用权市场化的土地管理体制，并通过有效的调节机制，来防止土地使用权的过于集中；四是要采取有效措施，降低租金成本和增加土地经营的收益，并在此基础上提高农户对土地的需求水平以及对土地流转的积极性。

（五）提高土地产出效益、增加农民收入是土地流转的核心任务

获取相对稳定的较高收益是农民参与土地流转的根本动因，也是土地流转关系长期有效的根本保证。实施农村土地经营权流转，必须以提高土地产出效益为着力点，既要通过规模集约经营，普及和推广现代农业技术，以科技提高农业附加值，使土地效益倍增，大幅增加农民家庭经营性收入，又要使部分农民获得稳定的土地流转收益，大幅增加农民财产性收入，还要

促使大量农民从"农工兼营"状态中解放出来，一心一意进城务工或就地转向第二产业和第三产业，大幅增加农民的工资性收入，构建农民持续增收的长效机制。

（六）规范土地流转程序，严禁擅自改变土地用途，保护农民利益

在土地流转过程中，要充分采用市场化运作方式，合理确定土地流转补偿金额。实现土地收益的合理再分配，确保农民权益不受侵害。土地管理机构要对土地流转过程实施监督和管理，建立健全土地流转档案，提供规范的合同文本，妥善调解和处理土地流转纠纷，为失地农民无偿提供法律援助，促进土地流转规范化进行。同时坚持农地农用的原则，制定相关政策禁止农户和农村集体经济组织非法出让、出租集体农用地用于非农建设，不允许任何人通过任何方式将农民集体所有土地转为国有，不允许出现土地使用的粗放和闲置现象。在条件允许的情况下，可以培育土地使用权市场，用政府主办或者民办公助的形式设立土地银行。有土地流转意愿的农民可以把土地存在银行里获取利息收入，银行再把这些存进来的土地贷给规模经营的种养大户。这样，既能为农民流转的土地找到合适的客体，促进适度规模经营，又可以保证土地使用方向不变，保护农产品综合生产能力。为此，实践中可首先建立相应的土地流转市场信息、咨询等服务系统；然后在有条件的地方建立土地使用权流转的经营公司、土地评估事务所、土地银行、土地保险公司等机构，并尽量实现服务的专业化、社会化与企业化。中介机构的建立与规范必将会大大有利于农村土地的有序流转。

（七）合理确定土地流转周期和流转进程

从土地流转的个例来说，一方面，专业大户或农民专业合作社等经营实体希望能将土地长期稳定下来，形成稳定的规模经营，同时，承包经营的项目也会随市场变化而变化；另一方

面，农民可能因为信息不对称等原因，以较低价格将土地长期转租给了经营客体，损害到自身的土地收益。因此，在土地流转过程中，要兼顾双方利益，灵活确定流转周期，尽量避免土地一次流转定终身的现象。从土地流转的整体情势来说，我国各地方的经济社会发展和自然条件差异明显，地方政府应根据自身实际发展水平，分阶段合理推进土地流转进程，不可盲目求快贪多，从而造成土地资源的浪费。同时要积极创造条件，促进农村土地有效流转。要加大农业项目、招商引资力度，用大项目和农业产业化龙头企业带动土地规模化经营。要不断增加农业基础设施投入，降低农业经营风险，提高农业经济效益，逐步形成土地流转长效机制，积极支持和帮助种养大户发展生产。大力培育和发展乡村农业支柱产业。以农民专业合作经济组织和村集体经济组织为载体，鼓励农户多以出租和入股的形式流转承包土地经营权，实施规模化产业化发展战略。同时职能部门要加强对农户土地流转收益的监督检查，防止损害农民利益事件的发生，维护好农民利益。国土资源部长徐绍史在工作电视电话会议上郑重其事表示，农村集体土地决不能搞房地产，不能搞高尔夫球场建设，不能搞不符合土地供应政策和产业的项目。可以说，徐绍史这"三不能"是对土地流转承包经营的规范，也是土地流转的一条底线。国务院 2008 年 10 月 17 日召开常务会议提出继续保持经济平稳增长的"十大措施"，第一条就是加大强农惠农政策力度，较大幅度提高粮食最低收购价格，制定并发布增加各项农业补贴方案，扩大补贴范围，提高补贴标准。而强农惠农的目的，除了关心农民群众的生产生活之外，从政策方面引导农民群众保护耕地的用意也十分明显。

（八）加强对土地流转的监管，帮助农民和企业规避土地流转的风险

根据各地的土地流转经验，如果没有健全的监管机制做保证，

没有相应的政府机构做后盾，一旦承包者不按合同兑付租金或承包金，农民利益就无法得到保障，就会因流转费用或合同问题产生纠纷。土地是农民的命根子，土地流转出了问题，不利于农村的稳定。同时，一旦土地流转出了问题，企业将难以获得预期的利润，甚至不能正常运转。因此，需要政府尤其是区、镇两级政府加强对土地流转的监管，保护农民和企业双方的利益。一是要建立区级甚至市级土地流转抗风险机制，保障土地流转的正常运作。例如，可以设立抗风险基金，使企业在出口受阻、效益不好的情况下，仍然有能力有效履行合同。二是乡镇要建立农村土地经营权流转合同管理机构，建立涉及乡镇、村两级组织和土地、农业、林业等多个部门的行政指导管理体系，指导、协调、监督、管理农村土地经营权流转有关事务。特别是做好农村土地承包合同、流转合同等的签订、变更、注销等登记管理工作，监督管理好农村土地使用权流转行为，以保证农村土地流转行为的规范性、有效性，防止出现合同纠纷。

（九）土地流转的运作应因地制宜，防止一刀切（略）

三、对土地流转机制进行严格而规范的制度匹配

（一）完善相关土地制度

在土地流转过程中，必须严格控制土地的流向，避免耕地资源的流失。要严格土地征用制度，完善土地补偿机制，严厉制止各种强占与寻租行为。同时还要启动户籍制度改革，对失去土地的农民应该在身份平等和社会保障方面提供援助，特别要强化可持续的就业能力的培训机制，避免城市流民阶层或城市"贫民窟"的产生。

（二）建立相应的约束和调节机制

为了避免土地流转与集中过程中可能出现的垄断，避免官商资本对农民的排挤，有必要对进入主体的身份、进入方式与

进入空间做出明确的界定，并建立相应的约束机制。由于经济发展水平的不同，新的土地政策对不同地区的农民隐含着不同的利益潜力，从而因土地级差收益可能会导致新的贫富差距。因此，在适当的时候应该匹配恰当的税收调节机制。同时为保证国家粮食安全的公共利益，国家应该对基本农田保护区的农民所支付的机会成本实行财政补贴，以增强农民参与基本农田保护的积极性。

(三) 修改完善配套政策法规

为进一步强化农村土地承包管理部门的职能，加强农村土地承包管理和土地经营权流转指导服务，各级党委、政府应设置农村土地流转专项扶持资金，制定相关配套政策，对达到一定流转规模的经济主体及工作出色的乡、村等给予一定的补助和奖励；同时加大信贷支持力度，为经营大户解决好季节性、临时性所需资金的困难，鼓励经营大户以联保等形式办理贷款手续。一是出台农村土地股份合作相关政策法规。出台《农村土地股份合作化法》或在《农民专业合作社法》中专章规定，确立其法律地位；同时，在计划、财政、投资、金融等有关政策中对此强力扶持。当前，世界性经济危机尚未见底，经济结构由外向型向内需拉动型转型势所必然，国家拉动内需投资应重点向农村土地合作中的"改田改土"集中投入。二是修改《基本农田保护条例》。按照保障国家粮食安全的原则，并根据粮食自给率的要求，在现有"基本农田"内进一步划分"基本粮田"。"基本粮田"实行严格保护，实行占补平衡原则，划设在平原地区或丘陵、山区的沟谷地带，只能种植规定的粮食作物，其土地整治、道路水利等基础设施建设国家重点投入，对农民因种粮减少的收入给予差额补贴。"基本农田"中未划入"基本粮田"部分，既可根据占补平衡要求，由国家投资整治后转为"基本粮田"，也可以退耕还林或转为建设用地。三是进一步明确土地承包经营权的法律地位。进一步明确土地承包经营权"用益物权"的地位，允许其抵押等流转。四是完善土地承包政策。出台促进规模经营的政策措施，有针对性解决规模化流转困难问题；出台流转期限的指导意见，可设定为二轮土地承包期满后 20～30 年。五是建立健全农村社会保障体系，建立多层次的农村社会保障制度，以替代土地对农民的保障功能。

（四）规范土地流转

一是规范合同主体，探索流转主体资质审查制度。二是完善土地承包经营权流转中的备案、登记。三是规范合同条款，探索流转风险保证金制度。以省为单位制定示范文本。对流转期限长，改变田坎、地界的流转，应注重物价变化、情势变更等，在履行、期满复耕等方面进行相关约定或设立流转风险保证金，解决拖延租金、复耕等问题。

（五）搞好土地流转管理服务

建立健全县、乡、村三级土地流转管理服务机构，主要包括业务指导、流转服务、合同管理、纠纷仲裁、监督执行等方面。发展土地流转社会化服务组织，探索开展土地信托、价值评估、抵押融资等社会化服务。

（六）政府主导是土地流转的根本保证

土地流转，农民是主体，政府是主导。土地流转市场是一个新兴的无形市场，交易规则尚未健全和完善，流转过程中有许多问题需要解决，这就需要政府充分发挥服务、引导和监督的作用。凡是市场能做好的事，都由市场来做。政府重点是指导建立规范的制度框架和运行机制，用经济的、法律的手段，确保执行政策不走样，确保土地农业用途不改变，确保土地经营权规范有序流转。

（七）与新农村建设相结合是土地流转持续发展的必由之路

积极稳妥地推进土地流转，就可以实现农村土地由零散向集中、零乱向统一、零星向规模这一经营目标转变，促进生产发展，并为大量离开土地的农民从事第二产业和第三产业提供就业机会，推动城乡一体化发展。因此，必须把土地流转纳入新农村建设，全盘考虑，统筹规划，推进城乡持续协调发展。

（八）市场化运作是土地流转的主导方向

农村土地承包经营权流转关系到农村的稳定。必须实行市场化运作，建立和完善中介服务组织，制定切合本地实际的土地流转规划，收集发布土地供需信息，规范土地流转程序，协调各方利益之间的关系，搭建农产品生产与市场之间的桥梁，真正使土地效益最大化。

（九）融通完整的资金链条是土地流转纵深推进的关键环节

传统农业弱质低效，由单户承包经营向集中规模经营，培植特色支柱产业，最终实现增效增收，这需要一个较长过程。在这个过程中，资金问题始终是困扰土地流转的最大的问题。这就需要财政、金融部门加大支持力度，政府给予前期扶持，整合项目和资金兴建农业产业化龙头企业，工业"反哺"农业，融通完整的资金链条，增强自身"造血"功能，真正实现土地流转工作可持续发展。

（十）建立健全农村社会保障体系是加快土地流转的重要保障

现阶段，土地仍是广大农民最重要的基本生活资料和获取收入的主要来源。因此，加快土地流转，必须高度重视农村社会保障工作，不断加大农村民生事业的投入，逐步建立和完善覆盖城乡的医疗保险、养老保险、大病救助、就业再就业、最低生活保障等社会保障制度，统一纳入社保，建立适合农村经济发展水平的社会保障制度，并逐步与城市社会保障体系接轨、并轨，各级财政要加大农民生产生活及农村基础设施建设的投入，进一步减轻农民负担，使农民真正做到老有所养、病有所医。通过完善农村社会保障，逐步解除土地对农民的基本保障功能，让农民放心、安心地将土地流转出来。加强农民转移就业培训和信息咨询、法律维权、劳务中介等配套服务，加快县城和小城镇建设，扩大城镇规模，引导农民转移到小城镇居住就业。只有这样，才能确保农民离开土地后有事干、有饭吃、有钱花，才能从根本上提高农民离开土地后的安全感和适应市场风险的能力，从而稳步推进农村土地市场发育进程。

（十一）充分发挥政府的宏观调控职能，引导土地流转步入市场化、法制化轨道

政府部门要充分发挥宏观调控职能，制订完善相关政策措施。一是要认真落实《农村土地承包法》，稳定土地承包关系。稳定的土地承包关系是土地流转的前提和基础。但是，至今仍然有一些乡镇、村没有实行二轮承包（也就是没有签订30年承包合同）；有的村承包期不满30年，有的村3年一小调，5年一大调，少数村里甚至一年一次调整；有的村民还没有领到承包权证书，证书还在镇上或村里。这些问题不解决好，土地流转就难以规范、有序地进行。因此，要尽快解决土地承包管理工作的遗存问题，为土地流转奠定基础。二是要制定农村土地流转促进方案，以促进农业的规模经营，培育有效率的专业市场，让留下来的农民专心当好农民，让转出去的农民安心当好非农民。例如，可以建立农地流转补贴专项资金，对出让农地的农民给予补偿，以进一步加大农业规模经营的财政补贴扶持力度。三是要建立农村土地用途登记管理制度，严格界定农用地与非农用地，防止农村土地在流转中变更用途，难以复耕，影响农民长期利益。四是要健全完善农村土地承包仲裁制度，在制度设计上进一步突破，使农地使用权流转尽早走上市场化、规范化、法制化的轨道。

四、大力发展第二产业和第三产业，培育、扶持农业产业化经营龙头企业和种植大户

（一）大力发展第二产业和第三产业，促进农民向非农产业转移，为土地流转创造条件

农村劳动力从第一产业转移到第二产业和第三产业，实现充分就业，使工资性或经营性收入成为收入的主要来源，就能够降低他们对土地收益的依赖度，减少他们经营土地的时间。在这种情况下，农民把自己承包经营的土地有偿流转给他人经营，才有可能成为自觉基础上的自愿行为。因此，要大力发展第二产业和第三产业，促进农民向非农产业转移，为土地流转创造条件。一是要鼓励、扶持农民创业，通过大力发展农村第二产业和第三产业，走农村工业化、城市化的路子，加快农村富余劳力转移，让他们从传统的自给自足的农村自然经济方式中解放出来，从少量的承包土地上解放出来，开辟新的就业门路和生产空间。二是要建立城乡统一的劳动力市场，使农村劳动力能够自由选择职业，把劳动力市场与土地流转市场结合起来，以劳动力的有序转移、流动，促进土地使用权的合理流转，进而建立稳定的农地流转市场。三是要大力推进小城镇建设，为农村劳动力转移提供载体，有效增加流转土地的供给。结合镇驻地的改造，以良好的居住条件和工业项目吸引农民尤其是青年农民在镇驻地居住和就业，使他们变成产业工人，腾出承包土地。

（二）培育、扶持农业产业化经营龙头企业和种植大户，扩大对土地流转的有效需求

土地流转能否形成规模，取得预期的效果，关键在于要大力培育、扶持龙头企业和种植大户，扩大他们对土地流转的有效需求，促进土地流转。一是要大力扶持农业产业化经营龙头企业。企业经济实力越大，对土地的需求也大，流转的土地也就越多，

对耕地的利用率也越高。企业效益好了，兑付租金的能力自然就强。那些特色明显、规模较大的农业产业化龙头企业，以高标准、规范化生产模式带动农户组织标准化生产，并为农户提供资金、管理、技术、信息等支持和服务，在土地流转中能够发挥辐射带动作用。因此，既要扶持壮大本地的龙头企业，充分发挥他们的带动作用，还要眼睛向外，通过开放招商，吸引外地的农业龙头企业参与土地流转和农业产业化经营。二是要积极发展农民专业合作社及其他中介组织，把农村的种植大户扶持起来，扩大对土地流转的有效需求。农民专业合作社及其他中介组织中的农民联合起来进入市场，可以大大增强抵御市场风险的能力，大幅度提高农民收益，促进农业优势产业形成，提高农业集约化、规模化经营水平。还能延伸农业产业链，推进农产品加工业、旅游观光业等第二产业和第三产业的发展，有效拓展农业发展空间，为土地经营权流转奠定组织基础。

附　录

附录1　农村土地承包经营权流转管理办法

中华人民共和国农业部令第47号

2005年3月15日

第一章　总则

第一条　为规范农村土地承包经营权流转行为，维护流转双方当事人合法权益，促进农业和农村经济发展，根据《农村土地承包法》及有关规定制定本办法。

第二条　农村土地承包经营权流转应当在坚持农户家庭承包经营制度和稳定农村土地承包关系的基础上，遵循平等协商、依法、自愿、有偿的原则。

第三条　农村土地承包经营权流转不得改变承包土地的农业用途，流转期限不得超过承包期的剩余期限，不得损害利害关系人和农村集体经济组织的合法权益。

第四条　农村土地承包经营权流转应当规范有序。依法形成的流转关系应当受到保护。

第五条　县级以上人民政府农业行政主管（或农村经营管

理）部门依照同级人民政府规定的职责负责本行政区域内的农村土地承包经营权流转及合同管理的指导。

第二章 流转当事人

第六条 承包方有权依法自主决定承包土地是否流转、流转的对象和方式。任何单位和个人不得强迫或者阻碍承包方依法流转其承包土地。

第七条 农村土地承包经营权流转收益归承包方所有，任何组织和个人不得侵占、截留、扣缴。

第八条 承包方自愿委托发包方或中介组织流转其承包土地的，应当由承包方出具土地流转委托书。委托书应当载明委托的事项、权限和期限等，并有委托人的签名或盖章。

没有承包方的书面委托，任何组织和个人无权以任何方式决定流转农户的承包土地。

第九条 农村土地承包经营权流转的受让方可以是承包农户，也可以是其他按有关法律及有关规定允许从事农业生产经营的组织和个人。在同等条件下，本集体经济组织成员享有优先权。

受让方应当具有农业经营能力。

第十条 农村土地承包经营权流转方式、期限和具体条件，由流转双方平等协商确定。

第十一条 承包方与受让方达成流转意向后，以转包、出租、互换或者其他方式流转的，承包方应当及时向发包方备案；以转让方式流转的，应当事先向发包方提出转让申请。

第十二条 受让方应当依照有关法律、法规的规定保护土地，禁止改变流转土地的农业用途。

第十三条 受让方将承包方以转包、出租方式流转的土地实行再流转，应当取得原承包方的同意。

第十四条　受让方在流转期间因投入而提高土地生产能力的，土地流转合同到期或者未到期由承包方依法收回承包土地时，受让方有权获得相应的补偿。具体补偿办法可以在土地流转合同中约定或双方通过协商解决。

第三章　流转方式

第十五条　承包方依法取得的农村土地承包经营权可以采取转包、出租、互换、转让或者其他符合有关法律和国家政策规定的方式流转。

第十六条　承包方依法采取转包、出租、入股方式将农村土地承包经营权部分或者全部流转的，承包方与发包方的承包关系不变，双方享有的权利和承担的义务不变。

第十七条　同一集体经济组织的承包方之间自愿将土地承包经营权进行互换，双方对互换土地原享有的承包权利和承担的义务也相应互换，当事人可以要求办理农村土地承包经营权证变更登记手续。

第十八条　承包方采取转让方式流转农村土地承包经营权的，经发包方同意后，当事人可以要求及时办理农村土地承包经营权证变更、注销或重发手续。

第十九条　承包方之间可以自愿将承包土地入股发展农业合作生产，但股份合作解散时入股土地应当退回原承包农户。

第二十条　通过转让、互换方式取得的土地承包经营权经依法登记获得土地承包经营权证后，可以依法采取转包、出租、互换、转让或者其他符合法律和国家政策规定的方式流转。

第四章　流转合同

第二十一条　承包方流转农村土地承包经营权，应当与受让方在协商一致的基础上签订书面流转合同。

农村土地承包经营权流转合同一式四份，流转双方各执一份，发包方和乡（镇）人民政府农村土地承包管理部门各备案一份。

承包方将土地交由他人代耕不超过一年的，可以不签订书面合同。

第二十二条　承包方委托发包方或者中介服务组织流转其承包土地的，流转合同应当由承包方或其书面委托的代理人签订。

第二十三条　农村土地承包经营权流转合同一般包括以下内容：

（一）双方当事人的姓名、住所；

（二）流转土地的四至、坐落、面积、质量等级；

（三）流转的期限和起止日期；

（四）流转方式；

（五）流转土地的用途；

（六）双方当事人的权利和义务；

（七）流转价款及支付方式；

（八）流转合同到期后地上附着物及相关设施的处理；

（九）违约责任。

农村土地承包经营权流转合同文本格式由省级人民政府农业行政主管部门确定。

第二十四条　农村土地承包经营权流转当事人可以向乡（镇）人民政府农村土地承包管理部门申请合同鉴证。

乡（镇）人民政府农村土地承包管理部门不得强迫土地承包经营权流转当事人接受鉴证。

第五章　流转管理

第二十五条　发包方对承包方提出的转包、出租、互换或者其他方式流转承包土地的要求，应当及时办理备案，并报告乡（镇）人民政府农村土地承包管理部门。

承包方转让承包土地，发包方同意转让的，应当及时向乡（镇）人民政府农村土地承包管理部门报告，并配合办理有关变更手续；发包方不同意转让的，应当于七日内向承包方书面说明理由。

第二十六条　乡（镇）人民政府农村土地承包管理部门应当及时向达成流转意向的承包方提供统一文本格式的流转合同，并指导签订。

第二十七条　乡（镇）人民政府农村土地承包管理部门应当建立农村土地承包经营权流转情况登记册，及时准确记载农村土地承包经营权流转情况。以转包、出租或者其他方式流转承包土地的，及时办理相关登记；以转让、互换方式流转承包土地的，及时办理有关承包合同和土地承包经营权证变更等手续。

第二十八条　乡（镇）人民政府农村土地承包管理部门应当对农村土地承包经营权流转合同及有关文件、文本、资料等进行归档并妥善保管。

第二十九条　采取互换、转让方式流转土地承包经营权，当事人申请办理土地承包经营权流转登记的，县级人民政府农业行政（或农村经营管理）主管部门应当予以受理，并依照《农村土地承包经营权证管理办法》的规定办理。

第三十条　从事农村土地承包经营权流转服务的中介组织应当向县级以上地方人民政府农业行政（或农村经营管理）主管部门备案并接受其指导，依照法律和有关规定提供流转中介服务。

第三十一条　乡（镇）人民政府农村土地承包管理部门在指导流转合同签订或流转合同鉴证中，发现流转双方有违反法律法规的约定，要及时予以纠正。

第三十二条 县级以上地方人民政府农业行政（或农村经营管理）主管部门应当加强对乡（镇）人民政府农村土地承包管理部门工作的指导。乡（镇）人民政府农村土地承包管理部门应当依法开展农村土地承包经营权流转的指导和管理工作，正确履行职责。

第三十三条 农村土地承包经营权流转发生争议或者纠纷，当事人应当依法协商解决。

当事人协商不成的，可以请求村民委员会、乡（镇）人民政府调解。

当事人不愿协商或者调解不成的，可以向农村土地承包仲裁机构申请仲裁，也可以直接向人民法院起诉。

第六章 附则

第三十四条 通过招标、拍卖和公开协商等方式承包荒山、荒沟、荒丘、荒滩等农村土地，经依法登记取得农村土地承包经营权证的，可以采取转让、出租、入股、抵押或者其他方式流转，其流转管理参照本办法执行。

第三十五条 本办法所称转让是指承包方有稳定的非农职业或者有稳定的收入来源，经承包方申请和发包方同意，将部分或全部土地承包经营权让渡给其他从事农业生产经营的农户，由其履行相应土地承包合同的权利和义务。转让后原土地承包关系自行终止，原承包方承包期内的土地承包经营权部分或全部灭失。

转包是指承包方将部分或全部土地承包经营权以一定期限转给同一集体经济组织的其他农户从事农业生产经营。转包后原土地承包关系不变，原承包方继续履行原土地承包合同规定的权利和义务。接包方按转包时约定的条件对转包方负责。承包方将土地交他人代耕不足一年的除外。

互换是指承包方之间为方便耕作或者各自需要，对属于同一集体经济组织的承包地块进行交换，同时交换相应的土地承包经营权。

入股是指实行家庭承包方式的承包方之间为发展农业经济，将土地承包经营权作为股权，自愿联合从事农业合作生产经营；其他承包方式的承包方将土地承包经营权量化为股权，入股组成股份公司或者合作社等，从事农业生产经营。

出租是指承包方将部分或全部土地承包经营权以一定期限租赁给他人从事农业生产经营。出租后原土地承包关系不变，原承包方继续履行原土地承包合同规定的权利和义务。承租方按出租时约定的条件对承包方负责。

本办法所称受让方包括接包方、承租方等。

第三十六条　本办法自 2005 年 3 月 1 日起正式施行。

附录 2　河南省新乡市人民政府关于推进农村土地承包经营权流转的意见

为积极引导和规范农村土地承包经营权流转（下称农村土地流转），发展农业规模经营，扎实推进我市"三位一体"系统工程，加快城乡一体化进程，根据国家有关政策、法律和法规，结合我市实际，提出如下意见：

一、充分认识农村土地流转的重要意义

随着农业结构战略性调整和农业生产水平的不断提高，农村劳动力就业逐步向第二产业和第三产业和城镇转移，农村土地流转和农业规模经营成为必然趋势。这是稳定和完善农村基

本经营制度的重要内容，是推进产业化经营、发展现代农业的客观要求；是促进土地资源优化配置及合理利用，实现农业增效、农民增收的有效途径；也是统筹城乡经济社会发展，推进城乡一体化的必然选择。目前，我市农村土地流转整体上处于初始阶段，规模较小，水平较低，土地的分散经营与农业产业化、市场化之间的矛盾较为突出，和现代农业的发展要求还不相适应。个别地方对此项工作尚未引起足够重视，流转行为不够规范，流转纠纷时有发生。因此，要进一步提高认识，统一思想，采取有效措施，加强引导扶持，创新模式，使全市农村土地流转工作发展到一个新水平。

二、指导思想、目标任务和基本原则

（一）指导思想。以邓小平理论和"三个代表"重要思想为指导，贯彻落实党的十七大和十七届三中全会精神，坚持科学发展观，在稳定和完善农村土地承包关系的基础上，积极引导扶持农村土地流转，建立农村土地流转市场，创新农村土地流转模式，促进农村土地资源的优化配置，加速农村劳动力转移，提高农业适度规模经营和农业产业化水平，推动现代农业发展，增加农民收入，加快城乡一体化进程，构建城乡统筹发展的和谐社会。

（二）目标任务。经过3~5年的努力，全市"权属清晰，权责明确，保护严格，流转顺畅"的农村土地流转机制基本形成，建立服务功能完善的农村土地流转市场。建立健全农村土地流转管理服务和农村土地承包纠纷仲裁机构。

（三）基本原则。坚持"明确土地所有权、稳定承包权、放活经营权"的原则；坚持"依法、自愿、有偿"的原则；坚持"集中、规模、增效"的原则；坚持因地制宜、循序渐进的原则；坚持培育市场和规范管理相结合的原则。

三、因地制宜，实行多种形式的农村土地流转

农村土地承包经营权可以采取转让、转包、互换、入股、出租、委托代耕或者其他符合国家有关法律和政策规定的方式流转。农村土地承包方有权自主决定承包土地是否流转、流转对象和方式。农村土地流转的受让方经营主体可以是专业大户、家庭农场、农民专业合作社等，也可以是其他按有关法律法规允许从事农业生产经营的组织和个人。农村土地流转无论实行哪种形式，都要充分尊重农民的首创精神，尊重农民的自主选择权利，鼓励和引导农民探索新的土地流转形式，促进土地经营方式的创新。农村土地流转无论实行哪种形式，都不得改变土地集体所有性质，不得改变土地农业用途，不得损害农民土地承包权益。

四、依托主体，通过规模经营推进农村土地流转

（一）鼓励农业龙头企业开展土地规模经营。鼓励有实力的龙头企业投资兴办规模较大和外向度较高的标准化农业生产基地和种养加工项目，实现规模效益。

（二）鼓励土地向种田能手集中。引导和鼓励当地具有较高农艺技能、社会信誉良好的农民种植专业户和农业技术人员先行开展规模经营。允许具有经营能力与经济实力的外来组织和人员来本地进行规模经营，享受与本地经营者同等待遇。

（三）鼓励农民专业合作经济组织开展土地规模经营。通过农民专业合作经济组织的推动作用，使土地得以集中连片规模经营，促进各类农产品加工企业、品牌农产品和标准化生产基地快速发展。

（四）鼓励农村集体经济组织开展土地规模经营。鼓励经济实力雄厚的农村集体经济组织统一进行土地整理、"四荒"开

发，发展农业规模经营。

（五）探索农村土地股份合作。农户可以以土地承包经营权入股的形式组建土地股份合作社或与其他投资经营主体组建股份公司，引导投资主体与流转土地的农户结成利益共同体。

（六）引导社会资本进军农业。加大招商引资力度，鼓励市外社会资本投资我市农业生产，发展农业规模经营。鼓励本地工商业资本成规模进入农业领域。鼓励农民工带资金带技术回乡在农业规模经营方面建功立业。

五、规范程序，促进农村土地流转有序开展

农村土地流转要严格按照《农村土地承包经营权流转管理办法》的规定规范进行。农村土地承包经营权流转一般按照以下程序进行：一是协商。承包方与受让方就流转方式、期限、价格等具体条件自愿进行平等协商，达成流转意向。农村土地流转管理服务部门要对农民流转承包地积极提供政策咨询、价格评估等指导和服务。二是签订流转合同。在承包方与受让方协商一致的基础上，农村土地流转管理服务部门向流转双方提供省农业厅统一规定的文本格式，指导签订规范的流转合同。流转双方有意向对流转合同进行鉴证的，可以到乡（镇）农村土地承包管理部门办理鉴证手续；有意向公证的，可以到有关部门办理公证手续。合同一式四份，流转双方各执一份，发包方和乡（镇）农村土地流转管理服务部门各备案一份。三是登记。农村土地流转管理服务部门建立流转情况登记册，及时记载和反映流转情况。对以转包、出租或其他方式流转的，及时办理相关登记；对以转让、互换方式流转的，及时办理有关承包合同和土地承包经营权证变更手续。四是资料归档。乡（镇）土地流转管理服务部门要对流转合同及有关资料及时进行归档并妥善保管。

六、加大扶持，积极引导农村土地流转

（一）强化财政、金融、工商和税收支持。各级财政每年安排农村土地流转专项预算资金，对从事粮、棉、油等大宗农产品生产的规模经营主体给予适当奖励，对农村土地流转试点、土地流转服务网络与纠纷仲裁庭建设进行补助等；各级政府要积极引导金融机构加大对农业规模经营的信贷投放，有条件的可对采取土地流转实行农业适度规模经营的组织和个人给予贷款贴息支持。各金融机构要创新贷款担保方式，采取土地承包经营权或林权抵押等方式，加大对经济实力强、资信好的农村土地流转经营主体的信贷支持；对通过流转取得农村土地经营权，兴办家庭农场或农业企业的可适当放宽工商登记条件，适当降低登记注册资金，适当扩大经营范围；在国家政策范围内，为经营主体提供最大限度的税收减免。

（二）落实各项优惠政策。通过农村土地流转进行农业规模经营的各类主体可同等享受国家有关强农、惠农政策。对获得"四荒"土地承包经营权的，可依法取得土地承包经营权证或林权证，以此作为经营者在经济交往中的土地使用权凭证。"四荒"土地使用权依法享有继承、转让（租）或参股联营权利。及时抓住国家扩大内需，加大投资，促进经济平稳增长的政策机遇，在国家粮食核心区建设、优质粮工程、农产品质量安全、沼气建设、农业产业化、土地整理、农业开发、规模养殖、农机补贴、农田水利工程等项目方面对土地适度规模经营主体重点给予支持和倾斜。

（三）通过农村劳动力转移就业促进农村土地流转。建立健全以政府为主导、人力资源市场为依托、社会中介为补充的农村劳动力转移就业服务体系。放手发展农村第二产业和第三产业和个体民营经济，拓展农村劳动力转移的空间。进一步搞好

农村劳动力职业技能培训工作，引导社会力量参与劳动技能培训，调动农民参加培训和获取职业技能的积极性。广泛开展农村劳动力转移培训和"阳光工程"培训，重点加强对流转土地承包经营权农民的培训。形成进退有余、多形式、多层次、培训－就业－维权一体化的农村劳动力转移就业新格局。

（四）建立和完善农业风险防范体系。政策性农业保险要把规模经营主体作为重点参保对象，有条件的地方财政可对其保费给予一定的补助。逐步建立和完善农业风险防范体系，降低或转移分散农业风险给经营主体和农民造成的意外损失。

（五）鼓励农村人口到新型农村住宅社区集中居住。到新型农村住宅社区居住的村民由公安机关登记为"新乡市居民户口"，统计为"新乡市城镇居住地居民"。凡到新型农村住宅社区居住的村民，在享受相应城镇居民待遇的同时，按照农业相关政策规定，保留原承包土地。探索建立农民土地承包经营权退出补偿机制，对自愿放弃土地承包经营权的家庭，当地政府和农村集体经济组织可以一定方式给予补偿或奖励。

七、建立机构，规范管理与培育市场相结合

（一）建立农村土地流转管理服务机构。县级依托农村经营管理部门设立农村土地流转管理服务中心，具体负责农村土地承包和农村土地流转监督管理与服务；乡（镇）政府要明确专人负责土地承包与流转各项管理工作，依托便民服务中心开展土地流转服务工作。具体职能包括收集发布信息，指导合同签订，建立农村土地承包和流转台账，开展合同鉴证和备案登记，加强档案管理，监督合同履行，调处合同纠纷等。村级可以根据需要建立农村土地流转工作站或设立信息联络员，业务接受乡（镇）政府指导。

（二）建立健全农村土地承包纠纷仲裁机构。县（市）、区

成立农村土地承包纠纷仲裁委员会，由政府及有关部门代表、有关人民团体代表、农村集体经济组织代表、农民代表及法律、经济等专业人员组成，日常工作由农村土地承包管理部门承担。依法成立的仲裁庭具体负责农村土地承包和流转纠纷的仲裁。逐步建立起民间协商、乡村调解、市县仲裁、司法保障的农村土地承包和流转纠纷调处机制。

（三）完善农村土地承包工作，夯实农村土地流转基础。保持现有土地承包关系稳定并长久不变。各地应妥善解决好二轮延包中的各种遗留问题，稳步开展农村土地承包经营权登记工作，稳妥做好土地承包合同补签和土地承包经营权证书补、换发工作。农村土地承包及流转档案信息进行微机管理，逐步建立完整的土地承包及流转信息库。

八、加强领导，为推进农村土地流转提供保障

农村土地流转工作政策性强、涉及面广，关系到广大农民群众的切身利益和农村改革、发展、稳定的大局，各级政府必须高度重视，把这项工作作为农业农村工作的一项重要内容列入议事日程，做细做实，取得成效。要切实加强领导，建立工作机构，明确责任目标，主要领导亲自抓，分管领导具体抓。形成党委、政府统一领导，主管部门具体负责，有关部门齐抓共管的工作格局。各县（市）、区要结合自身实际，统筹规划，认真研究制定本地区推进农村土地流转的具体意见和办法，落实相应的配套政策和措施，保证正常工作经费。要向群众广泛宣传有关法律、法规和政策，对从事农村土地流转工作人员进行业务培训。要在开展试点取得经验的基础上，推动农村土地流转工作扎实全面开展。

以上意见，望遵照执行。

附录3 河南省洛阳市人民政府关于加强农村土地承包经营权流转工作的意见

各县（市、区）人民政府，市人民政府有关部门，各有关单位：

为认真贯彻落实党的十七届三中全会和《中共中央国务院关于2009年促进农业稳定发展农民持续增收的若干意见》精神，进一步完善农村土地承包经营制度，根据国家有关法律、规章，结合我市实际，现就我市农村土地承包经营权流转（以下简称土地流转）工作提出如下意见：

一、指导思想和基本原则

（一）指导思想

以稳定党在农村的基本土地政策为前提，以优势产业发展为导向，以农业增效、农民增收为核心，以土地集约化、规模化经营为目标，逐步建立"农民自愿、依法有偿、政府引导、市场调节"和适应市场运作的土地经营权流转机制，基本确立适应现代农业发展的土地管理制度，提升农业经营产业化、集约化水平，全面推进我市现代农业发展和社会主义新农村建设。

（二）基本原则

（1）坚持稳定土地承包关系原则。在稳定农村土地家庭承包经营制度不变的基础上，鼓励农村集体土地的所有权、承包权、经营权相分离，采取转包、转让、出租、互换、入股等形式进行流转。

（2）坚持依法、自愿、有偿原则。流转土地不得改变土地集体所有性质，不得改变土地用途，流转期限不得超过承包期的剩余期限。流转土地要尊重农民意愿，坚持平等协商、等价有偿原则，确保农民不失地、不失权、不失利、不失业。

（3）坚持有序流转、适度规模经营原则。建立健全土地流转机制，强化各级组织管理职能，加强协调、引导、服务和管理，促进土地依法规范流转，推进农业适度规模经营。

（4）坚持因地制宜、分类指导原则。推进土地流转必须与当地农村生产力发展水平和区域特色相适应，因地制宜，分类指导，逐步推进。

二、采取多种方式实施土地流转

（一）转让

承包方有稳定的非农职业或者有稳定的收入来源，经承包方申请和发包方同意，将部分或全部土地承包经营权转让给其他从事农业生产经营的农户，由其履行相应土地承包合同的权利和义务。转让后原土地承包关系自行终止，原承包方承包期内的土地承包经营权部分或全部灭失。

（二）转包

承包方将部分或全部土地承包经营权以一定期限转给同一集体经济组织的其他农户从事农业生产经营。转包后原土地承包关系不变，原承包方继续履行原土地承包合同规定的权利和义务。接包方按转包时约定的条件对转包方负责。

（三）互换

承包方之间为方便耕作或者各自需要，对属于同一集体经济组织的承包地块进行交换，同时交换相应的土地承包经营权。

（四）入股

实行家庭承包方式的承包方之间为发展农业经济，将土地承包经营权作为股权，自愿联合从事农业合作生产经营；其他承包方式的承包方将土地承包经营权量化为股权，入股组成股份公司或者合作社等，从事农业生产经营。

（五）出租

承包方将部分或全部土地承包经营权以一定期限租赁给他人从事农业生产经营。出租后原土地承包关系不变，原承包方继续履行原土地承包合同规定的权利和义务。承租方按出租时约定的条件对承包方负责。

三、积极引导和探索土地流转模式

（一）鼓励农村集体经济组织推行和参与土地规模流转

第二产业和第三产业发展较好，集体经济有一定实力的村，可通过多种形式，进行土地集中经营或统一流转。依法收回的承包地和农民自愿放弃的承包地，可由村集体经济组织统一经营、流转，也可发包进行规模经营。对通过土地整理新增的土地及"四荒"地，在确权的基础上可不再发包到户，由本集体经济组织统一组织流转，进行规模经营，规模经营的收益归集体经济组织成员共同所有。

（二）引导社会资本参与土地流转

鼓励社会资本、各类企业、科研机构、城镇人员、大中专毕业生到农村承接、承租土地，领办或联办农业企业。鼓励有资金、懂技术、善经营、会管理的种养大户、农业产业化龙头企业、农民专业合作社、农村集体经济组织、农业科技组织等农业经营主体，按照产业布局规划，集中连片开发农户流转的土地，着力打造一批集中成片的标准化、规模化生产基地，促进农业的规模化、集约化经营。

（三）探索农村宅基地流转方式

按照统一规划、集中建设、节约集约的要求，引导农民向城镇和中心村适度集中居住。退出的宅基地要统一规划、统一整治，有偿流转。

四、规范土地流转管理和服务

(一) 建立乡村服务体系

要依托乡镇农村经营管理部门建立土地流转服务中心，为土地流转提供有关法律政策宣传、流转信息、流转咨询、价格评估、合同签订指导、利益关系协调、纠纷调处等服务。各行政村要建立土地流转服务站，在乡镇流转服务中心指导下开展工作，为土地流转服务。

(二) 发展市场中介组织

大力发展土地流转中介组织，积极开展对土地流转供需双方的资信评估、土地流转价格确定等方面的市场对接，实现土地流转的阳光操作、公平交易。

(三) 严格流转管理

承包方流转农村土地经营权在一年以上的，要与受让方在协商一致的基础上，在乡镇土地承包管理部门的指导下签订土地流转合同。

以转包、出租或者其他方式流转承包土地的，及时办理相关登记；以转让、互换方式流转承包土地的，及时办理有关承包合同和土地承包经营权证变更等手续。

承包方委托发包方或中介服务组织流转的，流转合同可由其书面委托的代理人签订，但承包方必须出具书面土地流转委托书。委托书应载明委托事项、权限和期限等，并由委托人签名或盖章。

通过招标、拍卖和公开协商等方式承包荒沟、荒滩等农村土地，必须依法登记，在取得农村土地承包经营权后，可采取转让、出租、入股或其他方式流转。

承包方将土地交由他人代耕不超过一年的，可以不签订书面合同。

（四）规范土地流转合同文本

签订土地流转合同必须使用土地承包管理部门提供的土地流转合同标准文本。流转合同一般包括以下内容：

（1）双方当事人的姓名、住所；

（2）流转土地的四至、坐落、面积、质量等级；

（3）流转的期限和起止日期；

（4）流转方式；

（5）流转土地的用途；

（6）双方当事人的权利和义务；

（7）流转价款及支付方式；

（8）流转合同到期后地上附着物及相关设施的处理；

（9）违约责任。

（五）建立土地流转备案制度

建立健全农村土地流转备案、登记和档案管理制度。农村集体经济组织对承包方提出的转包、出租、互换或其他方式流转承包土地的要求，应及时办理备案。乡（镇）农村土地承包管理部门要建立农村土地流转情况登记册，落实专人负责土地流转情况登记、流转资料的收集、整理和归档。建立一户一表、一村一册、一乡一柜、一县一网的土地流转台账制度和信息资源库。各县（市、区）和乡（镇）人民政府要组织人员对已流转的土地开展一次全面清理，对流转手续不全的，要尽快补全；对合同条款不清、标的有失公平的流转合同，要通过说服引导、利益平衡等办法引导双方签订新合同，并及时做好备案、登记和归档工作。

（六）建立农村土地流转纠纷调处机制

县（市、区）人民政府要成立农村土地承包仲裁委员会，行政村要成立土地承包纠纷调解委员会，对农村土地流转纠纷进行调处。对调处结果不满的，可向县（市、区）农村土地承包仲裁委员会申请仲裁。对仲裁结果仍不满意的，可通过法律渠道向法院提起诉讼。

五、完善各项保障措施

（一）加强组织领导

市政府成立以市委常委田金钢任组长，市长助理李雪峰、市政府副秘书长邢社军、市农业局局长王须才任副组长，市农经委、市农业局、市发改委、市财政局、市水利局、市林业局、市国土资源局、市烟草局、市司法局、市公安局、市劳动和社会保障局、市卫生局、市农信社等单位负责人为成员的土地流转工作领导小组。领导小组下设办公室，办公室设在市农业局，王须才同志兼任办公室主任，具体负责全市土地流转的日常管理和指导协调工作。各县（市、区）也要成立土地流转管理机构，配备专门人员和力量开展流转管理和服务工作。要加强培训，不断提高流转管理和服务工作人员的整体素质和工作能力。建立明确的工作责任制和经常化、制度化、规范化的工作机制，积极为基层开展流转管理和服务提供必要的工作条件，不断改进和强化工作手段，把流转管理和服务的各项工作落到实处，保证流转管理和服务工作顺利开展。市直各有关部门要根据各自职责，研究制定相应的管理、扶持办法，积极开展土地流转工作，确保各项政策措施落实到位，确保农村土地流转工作健康、规范、快速发展。

（二）加大扶持力度

市和各县（市、区）财政要安排一定资金，专项用于土地流转工作指导、流转信息平台的搭建和发布，服务组织培训和仲裁机构建设以及土地流转工作的奖励。今后对连续 5 年规模经营土地面积 500 平方千米以上的，财政给予适当补助，其基础设施建设纳入农业综合开发和农田水利基本建设项目优先支持范围；在土地规模经营中农业生产者生产销售和初（粗）加工的农产品，视为农民自产、自销、自用。各类金融机构要加大对专业大户、家庭农场、农民专业合作社、龙头企业等规模经营主体的信贷力度，为规模经营提供信贷支持。

（三）积极探索城乡统筹的户籍制度

积极推进户籍制度改革，尽快建立城乡统一的居民证登记制度，放宽中小城镇落户条件，使在城镇稳定就业和居住的农民有序转为城镇居民，推进流动人口服务和管理体制创新。

（四）完善城乡统筹的医疗保障和养老保险制度

逐步完善农村最低生活保障、农村养老保险、农村合作医疗、农村社会医疗保险、大病救助等多层次的农村社会保障体系，扩大农民工工伤、医疗、养老保险覆盖面。逐步弱化土地的保障功能，为土地流转提供强有力的支撑。

（五）制定城乡统筹的就业制度

按照"订单式培训、成建制输出、全方位维权"的思路，健全一条龙服务体系，进一步加大对农村劳动力非农技能的培训力度，提高农村劳动力非农就业能力，拓宽农民就业渠道，加快农村劳动力的转移步伐，引导农民有序外出就业，鼓励农民就近转移就业，扶持农民工返乡创业，降低农民对土地的依赖程度，为农村土地流转和规模经营稳定发展创造条件。

（六）建立土地流转风险防范机制

（1）建立农村土地流转风险基金。健全政策性农业保险制度，形成土地流转风险预防、控制、处置机制。

（2）发展农村保险事业，加快建立农业再保险和巨灾风险分散机制。鼓励土地流转大户（企业）就生产的农作物、畜牧产品进行保险，降低规模经营的意外灾害风险。逐步试行扩大农村居民参保覆盖范围。

（七）加强宣传

要采取多种形式，对土地流转工作进行深入发动，广泛宣传。要认真抓好各类典型，及时总结好的经验和做法，通过典型经验引路，全面推动土地流转工作。各新闻媒体要加大对土地流转的舆论宣传和引导力度，在全市形成鼓励、支持土地流转的良好氛围和舆论环境，真正让基层干部和广大人民群众了解政策，放心流转，形成推进土地流转和规模经营的共识和内在动力，促进工作有序开展。

本意见自印发之日起生效，有效期5年。

农村土地规模经营是农业现代化的必由之路。在现有土地承包关系保持稳定并"长久不变"这一政策背景下，以及相当长期内土地还将承载社会保障功能这一基本国情条件下，不能依靠土地买卖式兼并，只能通过创新机制，规模化、规范化流转，才能实现相对集中、规模经营，最终实现农业现代化。因此，正确分析当前农村土地流转过程中存在的问题，处理好其中的各种主体的利益关系，研究制定有效的政策措施，意义重大。

后　记

　　经过一年多的时间，笔者不惴自己的知识浅陋，勉力以赴，终于完成了这本书。在可以长舒一口气之时，不禁回想写作中的点点滴滴，一幕幕像过电影似的，像是昨天，如在眼前。

　　感谢我的夫人郝秀琴。在写作过程中，她不仅在生活上承担了更多的家务，而且在写作方面也给了我极大的帮助，使我得以顺利完成本书稿。

　　感谢我的儿子。儿子长大了，也越来越懂事了，儿子也是我不断进步的动力。

　　感谢西南财大出版社的孙婧编辑。由于孙编辑的出色工作，本书出版的效率大大提高。

　　太多的感动，如今，我只想真诚地说一句：感谢所有关心过我的亲人、老师、同学和朋友们。有了你们的支持，我对未来充满期待。

参考文献

[1] 邹锡兰. 惠州重拳整顿土地市场 [J]. 中国经济周刊, 2004 (3).

[2] 谈佳隆, 陈婧. 中国农村土地制度及土地流转的政策演变 [J]. 中国经济周刊, 2005 (9).

[3] 邹锡兰, 许社功. 广东: 土地流转早已 "市场化" [J]. 中国经济周刊, 2008 (12).

[4] 刘江. 甘肃: "鸡肋" 土地亟待激活 [J]. 中国经济周刊, 2008 (12).

[5] 王勇, 李珊珊. 河南: 土地经营权 "第一拍" 落槌 [J]. 中国经济周刊, 2008 (12).

[6] 汪孝宗. 陈佩忠. 河南信阳土地流转调查 [J]. 中国经济周刊, 2009 (4).

[7] 张世贤. 土地撂荒是缺农民吗 [J]. 中国经济周刊, 2011 (10).

[8] 曾福生, 曾超群, 文雄. 农地流转的理论模式与机制构建 [M]. 北京: 中国编译出版社, 2012.

[9] 吴晨. 农地流转的交易成本经济学 [M]. 北京: 经济科学出版社, 2011.

[10] 余鹏翼. 中国发达地区农地使用权流转问题研究 [M]. 广州: 暨南大学出版社, 2010.

［11］刘艳. 农地使用权流转研究［M］. 北京：北京师范大学出版社，2010.

［12］王湃. 农地城市流转的选择价值：理论、方法及其运用［M］. 北京：经济科学出版社，2012.